PETER PERNTHALER

Ist Mitbestimmung verfassungsrechtlich meßbar?

Schriften zum Öffentlichen Recht

Band 376

Ist Mitbestimmung verfassungsrechtlich meßbar?

Eine Analyse der Entscheidung des BVerfG
über das Mitbestimmungsgesetz

Von

Univ.-Prof. Dr. Peter Pernthaler

Universität Innsbruck

DUNCKER & HUMBLOT / BERLIN

Alle Rechte vorbehalten
© 1980 Duncker & Humblot, Berlin 41
Gedruckt 1980 bei Buchdruckerei A. Sayffaerth - E. L. Krohn, Berlin 61
Printed in Germany
ISBN 3 428 04655 2

Vorwort

Der Verfassungsstreit um die Mitbestimmung ist durch das Mitbestimmungsurteil des BVerfG zwar nicht beendet, aber auf eine neue juristische Diskussionsgrundlage gestellt worden. Die Bedeutung dieses Urteiles kann nur ermessen, wer die komplizierten rechts- und fachwissenschaftlichen, interessen- und parteipolitischen Auseinandersetzungen im Auge behält, die der Erlassung des MitbestG vorausgingen, den Gesetzgebungsprozeß begleiteten und das Gerichtsverfahren zu beeinflussen versuchten. Das BVerfG hat fast alle diese Auseinandersetzungen mit dem Instrumentarium seiner, in der ständigen Rechtsprechung sicher verankerten Grundrechtsdogmatik klassisch-rechtsstaatlicher Prägung rationalisiert und als Entscheidungsgrundlagen aufgenommen. Schon von daher ist eine Analyse dieser Entscheidung zur Voraussetzung jeder Verfassungsauslegung zur Mitbestimmungsfrage geworden. Sie gewinnt aber über den konkreten Anlaßfall hinaus noch in zwei Richtungen Bedeutung: Einmal werden in dieser Entscheidung die Bedingungen einer *eigenständigen normativen Kraft der Verfassung* wieder sichtbar, die hinter der interessenpolitischen Auseinandersetzung und Diskriminierung im Verfassungsstreit um die Mitbestimmung schließlich völlig verdunkelt worden waren. Zum anderen hat das BVerfG erwiesen, daß das *klassische Grundrechtsdenken*, das den menschenrechtlichen Gehalt der Grundrechte zum Ausgangspunkt aller Rechtsbetrachtung nimmt, keinesfalls „unmodern" und überholt ist, sondern — in Verbindung mit Organisations- und Verfahrensgarantien — auch in den hochdifferenzierten Rechtsverhältnissen der unternehmerischen Mitbestimmung unerhört praktische und zielsichere Lösungen ermöglicht. Auch vor dem Hintergrund der Wandlungen und Variationen des deutschen Grundrechtsdenkens im allgemeinen sollte das Mitbestimmungsurteil des BVerfG als Meisterstück praktischer Grundrechtsdogmatik erkannt werden, das ernsthafter Anstrengung der Auslegung wert ist.

Innsbruck, im Februar 1980

Peter Pernthaler

Inhaltsverzeichnis

I. Eine neue Ebene der verfassungsrechtlichen Mitbestimmungsdiskussion 9

II. Die Vorgeschichte des Verfassungsstreites 13
   1. Die politische Programmatik 13
   2. Die wissenschaftliche Auseinandersetzung 17
   3. Das Gesetzgebungsverfahren 37
   4. Das Verfahren vor dem BVerfG 43

III. Die Frage nach der „richtigen Methode" der Verfassungsprüfung 51
   1. Der Methodenstreit in der Mitbestimmungsfrage 51
   2. Systembetrachtungen oder grundrechtliche Einzelanalyse 52
   3. Die Beurteilung von realen Auswirkungen der Mitbestimmung als Verfassungsproblem 59
   4. Die in Betracht kommenden Verfassungsmaßstäbe 63

IV. Einzelgrundrechte als Maßstab der Mitbestimmung 69
   1. Die Garantie des Eigentums 69
   2. Die Vereinigungsfreiheit 87
   3. Die Berufs-(Unternehmer-)freiheit (Art. 12 und 2 Abs. 1 GG) 92
   4. Die Koalitionsfreiheit (Art. 9 Abs. 3 GG) 100

V. Die Konsequenzen für die Mitbestimmungspraxis 112
   1. Der Grundsatz der „unterparitätischen Mitbestimmung" 112
   2. Der Grundsatz von Kooperation und Integration 120
   3. Prognose und verfassungsrechtliche Kontrolle der Mitbestimmungspraxis 122

Literaturverzeichnis 126

I. Eine neue Ebene der verfassungsrechtlichen Mitbestimmungsdiskussion

1. Das Urteil des Bundesverfassungsgerichts über die Verfassungsmäßigkeit des Mitbestimmungsgesetzes[1] hat in vieler Hinsicht eine Wende in der Auseinandersetzung um die Erweiterung der unternehmerischen Mitbestimmung bewirkt. Der unter beträchtlichem politischen Druck[2], aber auch vor einem schier unübersehbaren wissenschaftlichen Argumentationshaushalt zu allen strittigen Fragen stehenden Entscheidung ist gelungen, was angesichts des Streitstandes schon nicht mehr möglich schien: Es wurden darin einerseits die Grundlinien und Grenzen des *gesellschaftlich-politischen Konsenses* über die Wertgrundlagen und die Sachgerechtigkeit unternehmerischer Mitbestimmung der Arbeitnehmer wieder sichtbar gemacht und die Entscheidung in diesem Wertkonsens sicher verankert[3]. Andererseits hat das Gericht aber keine der aufgeworfenen Rechtsfragen inhaltlich unentschieden gelassen und damit die *normative Schrankenfunktion der Verfassung* in dieser politisch und interessenmäßig so heftig umstrittenen Frage klar formuliert. Dies ist — wie die folgende Untersuchung ergeben wird — dem BVerfG nur dadurch gelungen, daß es seine Entscheidung auf der Grundlage einer judikativ breit abgesicherten rechtsstaatlichen Grundrechtsdogmatik klassischer Prägung gefällt hat und auf methodische Experimente oder Extremlösungen nicht eingegangen ist[4].

Das Ergebnis dieser doppelten Rationalisierungsleistung und Friedensstiftung des Gerichtes ist bis heute in Stellungnahmen der Inter-

---

[1] Urteil des BVerfG vom 1. 3. 1979, 1 BvR 532/77, 533/77, 419/78, 1 BvL 21/78; BVerfGE 50, 290 ff.; abgedruckt u. a. in: NJW 1979, 699 ff.; DÖV 1979, 251 ff.; DB 1979, 593 ff. (in der Folge zitiert als „Mitbestimmungsurteil").

[2] Deutlich vor allem *Friedhelm Farthmann* über die Folgen eines „Blockadeurteils" für das politische und soziale Klima in der Bundesrepublik, dessen Äußerungen das Plenum des BVerfG zu einer Presseerklärung veranlaßten; vgl. Frankfurter Rundschau vom 12. 12. 1978, 4; Die Welt vom 13. 2. 1978 und *Aschke,* Mitbestimmung und Integration, DuR 1979, 166 ff. (167). Unmißverständlich aber auch: (Bundes-Justizminister) *Vogel,* Videant Judices! DÖV 1978, 665 ff.

[3] Siehe zum Inhalt dieses politisch-gesellschaftlichen Wertkonsenses über die Mitbestimmung einerseits die Ausführungen bei Anm. 23 f. und andererseits die Urteilsbegründung, dargestellt bei Anm. 371 - 374.

[4] Siehe dazu vor allem den III. Abschnitt der vorliegenden Untersuchung: Die Frage nach der „richtigen Methode" der Verfassungsprüfung.

essenverbände und in ersten — teils zustimmenden, teils kritischen — Urteilsbesprechungen nur teilweise sichtbar geworden⁵. Aus diesen ersten Stellungnahmen muß der Leser den Eindruck gewinnen, das Gericht habe zwar mit plausiblen Gründen die Verfassungsmäßigkeit des MitbestG bejaht, über die allgemeinen Verfassungsfragen der unternehmerischen Mitbestimmung, insbesondere über das Kernproblem der *paritätischen Mitbestimmung* höchst unklare, widersprüchliche oder überhaupt keine Aussagen getroffen. Die nachfolgende Untersuchung wird ergeben, daß mit einer derartigen Aus-Wertung der Entscheidungsgründe des Mitbestimmungsurteiles nicht nur dessen eigene juristische Rationalisierungsleistung verschüttet wird, sondern die intensive Verfassungsauseinandersetzung, die dem Mitbestimmungsgesetz vorausging und das parlamentarische Gesetzgebungsverfahren wesentlich getragen hat⁶, um ihre eigentlichen Früchte gebracht wird: Das Mitbestimmungsurteil ist nämlich nicht abgeschnitten von diesen verfassungsrechtlichen Auseinandersetzungen deutbar, sondern hat diese — vor allem vermittelt durch die drei Hauptgutachten der Prozeßparteien⁷ — judikativ fast vollständig aufgearbeitet und als Grundlage seiner Entscheidung genommen. Von dieser — am *Mitbestimmungsurteil* überall leicht zu verifizierenden — Grundannahme ausgehend, sollte es rationaler juristischer Argumentation nunmehr gelingen, allgemeine judikative Maßstäbe für die Verfassungsfragen der Mitbestimmung und die verfassungskonforme Auslegung des MitbestG in übereinstimmender Weise zu ermitteln.

---

⁵ Vgl. an bisherigen Stellungnahmen und Urteilsbesprechungen zum Mitbestimmungsurteil insbesondere: *Biedenkopf*, Deutsche Zeitung vom 9. 3. 1979, 6; *Fromme*, FAZ vom 15. 3. 1979, 10; *Bundesvereinigung der deutschen Arbeitgeberverbände*, „Zum Mitbestimmungsurteil des Bundesverfassungsgerichts vom 1. März 1979" (1979); *Glombig*, Frankfurter Rundschau vom 9. 3. 1979; *Vetter*, Frankfurter Rundschau vom 2. 3. 1979; *derselbe*, FAZ vom 2. 3. 1979; *Meesen*, Das Mitbestimmungsurteil des Bundesverfassungsgerichts, NJW 1979, 833 ff.; *Müller*, Das Mitbestimmungsurteil des Bundesverfassungsgerichts vom 1. März 1979, DB 1979, Beilage Nr. 5/79 zu Heft 16/79, 12; *Kittner*, Zur verfassungsrechtlichen Zukunft von Reformpolitik, Mitbestimmung und Gewerkschaftsfreiheit, Gewerkschaftliche Monatshefte 1979, 321 ff. (324); *Aschke*, Mitbestimmung und Integration, Demokratie und Recht 1979, 166 ff. (167); *Berlit / Dreier / Uthmann*, Mitbestimmung unter Vorbehalt? Kritische Justiz 1979, 173 ff.; *Rittner*, Die Wirkungen des Urteils der leisen Töne, FAZ vom 23. 6. 1979.

⁶ Siehe dazu die ausführlichen Darstellungen der wissenschaftlichen Auseinandersetzung und des parlamentarischen Gesetzgebungsverfahrens unter II.2. und 3. dieser Untersuchung.

⁷ Nämlich: *Badura / Rittner / Rüthers*, Mitbestimmungsgesetz 1976 und Grundgesetz. Gemeinschaftsgutachten (1976), in der Folge (wie im Mitbestimmungsurteil) als „*Kölner Gutachten*" zitiert; *Kübler / Schmidt / Simitis*, Mitbestimmung als gesetzgebungspolitische Aufgabe. Zur Verfassungsmäßigkeit des Mitbestimmungsgesetzes 1976 (1978), in der Folge (wie im Mitbestimmungsurteil) als „*Frankfurter Gutachten*" zitiert; *Zweigert*, Mitbestimmung und Grundlagen der Wirtschaftsverfassung (1978).

I. Das Mitbestimmungsurteil

2. Die dennoch fortdauernde Unsicherheit über die Verfassungslage im Streit um die Mitbestimmung ist in Wahrheit nicht dem Urteil des BVerfG anzulasten, dem fast jedermann große juristische Präzision und Klarheit der Entscheidung zugestanden hat. Sie ist vielmehr Ausdruck der weitergehenden interessenpolitischen Auseinandersetzung in dieser Frage und damit eine von den *Parteien dieser Auseinandersetzung* — und nicht von der Verfassung oder gar der Entscheidung des Bundesverfassungsgerichtes — verursachte Unsicherheit der Rechtslage. Niemand wird verkennen können, daß dahinter politische Konflikte und Auseinandersetzungen über die weitere Entwicklung der Unternehmensverfassung[8] — insbesondere in Richtung einer paritätischen Mitbestimmung — stehen. Dies zu verneinen, hieße die *politische* Dimension des Verfassungsrechtes und seiner Auslegung verfehlen.

Aber die fundamentale verfassungsrechtliche Unsicherheit in der Mitbestimmungsfrage hatte bis jetzt noch andere — rational kaum auszuräumende — Gründe auf der eigentlich *„juristischen"* Ebene: Es waren dies die Frage nach der „richtigen" *Methode* der Verfassungsauslegung — insbesondere der Grundrechte — und die damit zusammenhängenden Fragen nach der Zulässigkeit verfassungsrechtlicher Wertungen, Gesamtentscheidungen und Systemzusammenhänge des Grundgesetzes[9]. Dazu kommt eine, zweifellos in der Verfassung selbst angelegte *Offenheit der „Wirtschaftsordnung"*, die eine — sonst durchaus ungewöhnliche — Breite der juristischen Beurteilung ein- und desselben wirtschaftlichen Tatbestandes unter denselben verfassungsrechtlichen Normen auf Grund verschiedener Auslegungen zuzulassen schien[10].

3. Die zuletzt genannten, eigentlich *„juristischen"* Unsicherheiten in der verfassungsrechtlichen Beurteilung der Mitbestimmung, die für viele eine objektive wissenschaftliche Aussage über die Verfassungsmäßigkeit der Grenzen der Mitbestimmung kaum möglich erscheinen ließ[11], wurden durch das Mitbestimmungsurteil des BVerfG

---

[8] Das MitbestG war von Anfang an als vorläufige Regelung der Mitbestimmungsfrage konzipiert, die in eine allgemeine Neuordnung des Unternehmensrechtes münden sollte; vgl. dazu den Hinweis auf die beim BM f. Justiz eingerichtete *„Unternehmensrechtskommission"* und deren Zielsetzungen im Hinblick auf die Mitbestimmungsfrage in der Begründung des Gesetzentwurfes der Bundesregierung, BT-Drs. 7/2172, 17.

[9] Dazu grundlegend *Böckenförde*, Grundrechtstheorie und Grundrechtsinterpretation, NJW 1974, 1529 ff.; *derselbe*, Die Methoden der Verfassungsinterpretation — Bestandsaufnahme und Kritik, NJW 1976, 2089 ff.

[10] Darauf weist mit Recht *Naendrup*, Mitbestimmung und Verfassung, Einleitung, Teil II, in: Fabricius, Gemeinschaftskommentar zum Mitbestimmungsgesetz 1977, Rdnr. 13, 34 und 55, hin.

[11] Vgl. dazu etwa die Kritik von *Mertens*, Über politische Argumente in der verfassungsrechtlichen Diskussion der paritätischen Mitbestimmung,

in vielen Gesichtspunkten so eindeutig mit höchstgerichtlicher Autorität „entschieden", daß eine neuerliche Gesamtuntersuchung auf der Grundlage dieses Urteiles notwendig und sinnvoll erscheint. Dadurch, daß das Gericht alle wichtigen Auslegungsprobleme der Mitbestimmungsfrage — entsprechend den Vorbringen der Parteien — aufgegriffen und in konsequenter Weise in die spezifische rechtsstaatlich-liberale Grundrechtsdogmatik seiner ständigen Judikatur eingebunden — *und danach gelöst hat* — hat es mit seinem Urteil in der Tat eine kopernikanische Wendung der Mitbestimmungsdiskussion bewirkt.

Mag die Erkenntnis auch noch nicht in die Argumentation der Verfassungsausleger und die juristische Tagesliteratur gedrungen sein — für die Mitbestimmungsfrage sind nunmehr sichere *judizielle Maßstäbe* der Verfassungsmäßigkeit gesetzt worden, die — in Verbindung mit dem demokratisch legitimierten Vortritt des parlamentarischen Gesetzgebers[12] — die Verfassung im Hinblick auf die Mitbestimmung *mit einem konkreten Inhalt erfüllt haben.* Ihn zu entfalten, dient die nachfolgende Untersuchung.

RdA 1975, 89 ff.; skeptisch auch *Naendrup,* GK MitbestG, Einleitung II, Rdnr. 12 u. a.

[12] Da die Prüfungskompetenz des BVerfG tatbestandsmäßig auf das zu prüfende Gesetz begrenzt ist, ist schon aus diesem Grunde die Verfassungskonkretisierung vom Gesetzgeber gesteuert; darüberhinaus ist die Ermächtigung des einfachen Gesetzgebers zur *Grundrechtskonkretisierung* unter der nachprüfenden Kontrolle des BVerfG auch im rechtsstaatlich-demokratischen Prinzip und der Gewaltenteilung begründet; vgl. dazu grundlegend *Oberndorfer,* Grundrechte und staatliche Wirtschaftspolitik, ÖJZ 1969, 449 ff. Im konkreten Fall des MitbestG ist in dieser Hinsicht die starke Rolle der *verfassungsrechtlichen* Argumentation im Rahmen des parlamentarischen Gesetzgebungsverfahrens zu beachten, die es in der Tat rechtfertigt, dieses Gesetz als „material an *Letztwertentscheidungen* zum Grundrechtsschutz ausgerichtet" zu sehen (*Naendrup,* Mitbestimmungsgesetz und Organisationsfreiheit, Arbeit und Recht, 225 ff., 231). Auch von diesem Ausgangspunkt her ist das Mitbestimmungsurteil zu verstehen.

II. Die Vorgeschichte des Verfassungsstreites

Wie jede Gerichtsentscheidung ist auch das Mitbestimmungsurteil des BVerfG tatbestandsmäßig auf eine bestimmte Wirklichkeit, ein Stück Geschichte bezogen, die es in seinem Spruch normativ, in seiner Begründung rational verarbeitet und insofern zum Abschluß bringt[13]. Von daher gesehen ist es unmöglich, Entscheidung und Begründung in ihrer eigentlichen Bedeutung zu verstehen, wenn man nicht die Vorgeschichte des Verfassungsstreites um die Mitbestimmung kennt, die sowohl das Mitbestimmungsgesetz selbst, als auch alle Argumente für und wider die Verfassungsmäßigkeit dieses Gesetzes geprägt hat, die im Laufe des Gesetzgebungs- und des Gerichtsverfahrens vorgebracht wurden.

1. Die politische Programmatik

Ausgangspunkt des Urteils und des Verfassungsstreites ist zunächst die politische Zielvorstellung *„paritätische Mitbestimmung"* und ihre Relativierung im MitbestG[14]. Ohne sie wäre weder das Verfahren im ganzen noch irgendein entscheidendes Argument der Begründung des Urteils verständlich.

a) In ihrer allgemeinen Bedeutung geht diese Zielvorstellung von einem typisierten Dualismus der beiden Produktionsfaktoren „Arbeit" und „Kapital" aus und fordert, daß die Anzahl und das Stimmgewicht[15]

---

[13] „Geschichte" ist hier in einem umfassenden, die normativen Akte in ihrem historischen Kontext der gesellschaftlichen *und* verfassungsmäßigen Bedingungen begreifenden Sinne verstanden; vgl. zu dieser Betrachtungsweise einer *„normativen Dialektik"* Ermacora, Allgemeine Staatslehre, 1970, 15 ff.

[14] Daß das MitbestG *ursprünglich* vom Prinzip der paritätischen Mitbestimmung ausging, kann nicht zweifelhaft sein; vgl. den Hinweis auf die (als *erste* genannte!) „allgemeine Erwägung" des Gesetzentwurfes in der Begründung (Drs. 7/2172, 17): „Eine gleichberechtigte und gleichgewichtige Teilnahme von Anteilseignern und Arbeitnehmern an den Entscheidungsprozessen im Unternehmen — auf der Grundlage des geltenden Gesellschaftsrechtes — bedingt, daß sich die Kontrollorgane der großen Unternehmen, die Aufsichtsräte, aus der gleichen Zahl von Mitgliedern der Anteilseigner und der Arbeitnehmer zusammensetzen ..." Ob dieses Prinzip auch noch den schließlich erzielten Kompromiß des MitbestG beherrschte, war der eigentliche Streitpunkt des Verfahrens vor dem BVerfG und aus dem Gesetzestext heraus keinesfalls klar ersichtlich; vgl. dazu Ballerstedt, Das Mitbestimmungsgesetz zwischen Gesellschafts-, Arbeits- und Unternehmensrecht, ZGR 2/1977, 134 ff. (136 f.).

der Vertreter beider gleich groß sei, so daß keine Gruppe für sich genommen Entscheidungen treffen könne, indem sie die andere überstimme.

Theoretisch müßte man für die rechtliche Beurteilung zwischen paritätischer Mitbestimmung bei der Unternehmensführung („wirtschaftliche Mitbestimmung") und bei der Gestaltung der Arbeitsbedingungen („betriebliche Mitbestimmung") unterscheiden, weil der Rechtsgrund für die (mitbestimmten) Anordnungen jeweils ein anderer[16] und ihre Grundrechtsrelevanz verschieden zu beurteilen ist. Praktisch ist es außerordentlich schwierig, zwischen den „Bereichen" der Mitbestimmung nach derartigen materiellen Kriterien zu differenzieren, weil die Auswirkungen der Entscheidungen sich nicht trennen lassen[17].

Dennoch spricht man in der politischen Programmatik und der verfassungsrechtlichen Diskussion heute ganz allgemein von einer „unternehmerischen Mitbestimmung", an die der Maßstab der „Parität" gelegt werden soll. Praktisch ist dies nur dadurch möglich, daß man die paritätische Mitbestimmung *organisatorisch* differenziert und die Forderung nach „Parität" demgemäß auf das Verhältnis der Vertreter der Anteilseigner und der Arbeitnehmer in den Organen des Unternehmens- und Betriebsverfassungsrechtes bezieht[18]. Dabei ist es für die praktische Rechtsentwicklung entscheidend geworden, daß die politische Programmatik der Mitbestimmung keine grundsätzliche rechtliche Neugestaltung der Unternehmensverfassung forderte[19], sondern am be-

---

[15] Daraus erklärt sich der stereotype Dualismus der beiden Kriterien der paritätischen Mitbestimmung „Gleichberechtigung und Gleichgewichtigkeit", der hinter der formalen Betrachtungsweise auch auf *funktionale* Gesichtspunkte abstellt; daß diese beiden Betrachtungsweisen zu sehr unterschiedlichen Ergebnissen führen können, hat in systematischer Weise zuerst der *Mitbestimmungsbericht* (BT-Drs. VI/334) und sodann als Hauptargument das *Kölner Gutachten* an Hand der möglichen Auswirkungen *unterparitätischer* Mitbestimmungsregelungen aufgezeigt.

[16] Bei der betrieblichen Mitbestimmung ist der Rechtsgrund der Unternehmensleitung stets das *arbeitsrechtliche* Grundverhältnis (Arbeitsvertrag, Direktionsrecht u. ä.), während bei der wirtschaftlichen Mitbestimmung in der Regel *eigentumsrechtliche* Anordnungen — häufig „vermittelt" durch das Gesellschaftsrecht — das zivilrechtliche Grundverhältnis bilden, das sozialrechtlich überformt wird. Daher ist paritätische Mitbestimmung im Betriebsverfassungsrecht — für sich genommen — verfassungsrechtlich nicht zu beanstanden, wenn sie sich wirklich auf arbeitsrechtliche Beziehungen beschränkt.

[17] Dies ist eine der Grundthesen des *Kölner Gutachtens* (vgl. insbes. das Kapitel „Unternehmerische und betriebliche Mitbestimmung", 99 ff.), das auch im Betriebsverfassungsgesetz 1972 eine Fülle von Elementen *unternehmerischer* Mitbestimmung aufgedeckt hat.

[18] Die Problematik der Kumulation und personellen Verflechtung der Mitbestimmungsrechte in Betriebsverfassung und Unternehmensleitung wurde im Ansatz schon früh erkannt (vgl. die Hinweise bei *Pernthaler*, Qualifizierte Mitbestimmung und Verfassungsrecht, 1972, 189) und vom *Kölner Gutachten* 129 ff., systematisch untersucht.

stehenden Gesellschaftsrecht und seine Organisationsformen anknüpfte und die klassischen gesellschaftsrechtlichen Organe lediglich in ihrer Zusammensetzung und Funktion verändern wollte.

b) Ihre konkrete Ausprägung hat diese politische Zielvorstellung zunächst in der *Montan-Mitbestimmung* gefunden[20]. Ihre jahrzehntelange praktische Anwendung hat nicht nur eine breite empirische Untersuchung erfahren[21], sondern offenbar auch die praktische Reformpolitik stark geprägt. Insbesondere die Zielsetzung des — die Entwicklung vorantreibenden — DGB ist von Anfang an bis zum heutigen Tage stets auf die Ausdehnung der Montan-Mitbestimmung gerichtet gewesen[22]. Von daher ist nicht nur die vorsichtig pragmatische Grundlinie der deutschen Mitbestimmungsdiskussion geprägt worden, welche stets an das bestehende Gesellschaftsrecht und die privatwirtschaftliche Unternehmensstruktur anknüpfte. Von diesem Ausgangspunkt sind insbesondere auch die im Mitbestimmungsurteil des BVerfG bis in die feinsten Verästelungen der Begründung festgehaltenen Argumente der *erfahrungsmäßigen Grundlage* der gesetzgeberischen Prognosenentscheidung sowie die grundsätzlichen Zielsetzungen der *Funktionsfähigkeit der Unternehmen* und der *Integrationswirkung der Mitbestimmung* verständlich[23].

---

[19] Praktisch unwirksam geblieben sind alle Versuche einer voll ausgebauten Unternehmensverfassung (vgl. etwa das sog. „Professorenmodell" bei *Schwerdtfeger*, Mitbestimmung in privaten Unternehmen. Aktuelle Dokumente 1973, 139) oder einer organisatorischen Einbeziehung der „Öffentlichkeit" in das Unternehmen (vgl. insbes. *Krüger*, Paritätische Mitbestimmung, Unternehmensverfassung, Mitbestimmung der Allgemeinheit, 1973).

[20] Vgl. das Mitbestimmungsgesetz Bergbau, Eisen und Stahl vom 21. Mai 1951, BGBl. I, 347, zuletzt geändert durch Gesetz vom 6. September 1965, BGBl. I, 1185, und das Mitbestimmungs-Ergänzungsgesetz („Holding-Novelle") vom 7. August 1956, BGBl. I, 707, zuletzt geändert durch das Gesetz vom 27. April 1967, BGBl. I, 505, sowie das Mitbestimmungs-Fortgeltungsgesetz vom 29. November 1971, BGBl. I, 1857.

[21] Siehe dazu die Hinweise bei *E. Stein*, Qualifizierte Mitbestimmung unter dem Grundgesetz 1976, 18 ff., sowie die Ausführungen unten, II.2.b.gg. und II.2.c. dieser Untersuchung.

[22] Vgl. dazu zunächst die Denkschrift des Bundesvorstandes des Deutschen Gewerkschaftsbundes: *Mitbestimmung — eine Forderung unserer Zeit* (1966), sodann den DGB-Entwurf eines Gesetzes über die Mitbestimmung der Arbeitnehmer in Großunternehmen und Großkonzernen 1960/1968 und schließlich die Referate und Stellungnahmen, in: Vetter (Hg.), Mitbestimmung, Wirtschaftsordnung, Grundgesetz. Protokoll der Wissenschaftlichen Konferenz des Deutschen Gewerkschaftsbundes vom 1. bis 3. Oktober 1975 in Frankfurt am Main (1976); *Loderer*, Unser Kampf wird weitergehen, Metall, Heft 6/1979, 3 ff.

[23] Eine bedeutende Rolle in diesem Zusammenhang spielten in der wissenschaftlichen Auseinandersetzung der politischen Diskussion und der Begründung des Mitbestimmungsurteils die empirischen Erhebungen des *Mitbestimmungsberichtes* BT-Drs. VI/334.

c) Kann man die zuletzt genannten politischen Zielsetzungen geradezu als eine *allgemeine* gesellschaftliche Wertvorstellung über die unternehmerische Mitbestimmung in der Bundesrepublik Deutschland ansprechen[24], so teilt sich die politische „Generallinie" sehr scharf in der Frage der *Parität*. Gegen eine allgemeine paritätische Mitbestimmung werden seit dem ersten darauf abzielenden Vorstoß des DGB[25] eine Reihe schwerwiegender verfassungsrechtlicher, ökonomischer, gesellschaftspolitischer und rechtspolitischer Bedenken erhoben[26]: Alle Bemühungen ihrer „Widerlegung" haben keinen politischen Konsens erzeugen können, sondern die typisch kontroversielle Situation in dieser Frage eher noch verstärkt.

Vor diesem Hintergrund ist verständlich, daß schon der erste *SPD-Entwurf* über die Neuordnung des Unternehmens- und Betriebsverfassungsrechtes vom 16. 12. 1968[27], von der vollen Ausdehnung der Montan-Mitbestimmung abgesehen hat, der „*Mitbestimmungsbericht*" ein leichtes Übergewicht der Anteilseigner-Seite vorsah[28], und der schließlich eingebrachte *Regierungsentwurf* des MitbestG vom 22. 2. 1974[29] bzw. 29. 4. 1974[30] bereits einen ersten Schritt in jene Richtung eines Stichentscheides der Anteilseignerseite zur Auflösung der Pattsituation im Aufsichtsrat brachte[31], die schließlich zur Grundlage des breiten parlamentarischen Konsenses über das MitbestG wurde.

---

[24] Siehe dazu die politischen Dokumente bei *Schwerdtfeger*, Mitbestimmung 90 ff., sowie die Diskussion im Zuge des parlamentarischen Gesetzgebungsverfahrens über das MitbestG, insbes. 230. Sitzung des BT (18. 3. 1976), 15997 ff. und 433. Sitzung des BR (9. 4. 1976) 141 ff. Besonders klar aber: *Vetter*, in: Mitbestimmung, Wirtschaftsordnung, Grundgesetz (1976) 90: „In der Mitbestimmung indessen — so die Erklärung der Arbeitgeberverbände — bleibe die Funktionsfähigkeit der Unternehmen in einer freiheitlichen verfassungskonformen Ordnung oberster Maßstab. Nun ... *ich glaube auf dieser Basis können wir uns sehr wohl verständigen.*"

[25] Vgl. die Hinweise in Anm. 22 sowie die Hinweise auf frühere Entwürfe bei *Pernthaler*, Mitbestimmung 14.

[26] Vgl. dazu überblickshalber *Schwerdtfeger*, Unternehmerische Mitbestimmung der Arbeitnehmer und Grundgesetz (1972) 30 ff., 111 ff.

[27] BT-Drs. V/3657 (abgedruckt bei *Schwerdtfeger*, Mitbestimmung 125 ff.); dieser Entwurf enthielt nicht mehr die Sperrklausel für die Wahl des *Arbeitsdirektors* zugunsten der Arbeitnehmervertreter (Modell der „Holding-Novelle").

[28] BT-Drs. VI/334, 96 ff. (insbes. 100 f.).

[29] BR-Drs. 200/74; dazu 404. Sitzung des BR (5. 4. 1974): negative Stellungnahme, abgedruckt in BT-Drs. 7/2172, Anlage 2.

[30] BT-Drs. 7/2172, behandelt in 110. Sitzung und 230. Sitzung des BT sowie in vier öffentlichen Informationssitzungen des 11. Ausschusses des BT.

[31] Durch den in § 28 Abs. 4 vorgesehenen Stichentscheid der Hauptversammlung bei der Wahl (Abberufung) des Vorstandes nach vergeblichen Vermittlungsversuchen gemäß § 28 Abs. 3 und 4 des Entwurfes. Diese Lösung wurde im Anhörungsverfahren besonders stark als funktionswidrig kritisiert und im endgültigen Gesetz zugunsten des Stichentscheides durch den Aufsichtsratsvorsitzenden (Zweitstimmrecht) verlassen.

d) Ungeachtet dieser parlamentarischen Einigung — deren Voraussetzungen und Verfahren im folgenden darzustellen sein werden[32] — ging die politische Auseinandersetzung um die volle paritätische Mitbestimmung weiter. Der DGB bezeichnete das MitbestG als Übergangslösung in Richtung der nach wie vor angestrebten allgemeinen Ausdehnung der Montan-Mitbestimmung[33]; die Arbeitgeberseite brachte gegen das MitbestG eine Verfassungsbeschwerde beim BVerfG ein, weil sie in diesem Gesetz — im Zusammenhalt mit dem BetriebsverfassungsG 1972 — bereits jene „*paritätische* Mitbestimmung" (bzw. sogar „*Überparität*") verwirklicht sah, welche nach ihrer Überzeugung verfassungswidrig war[34]. Schließlich zeigte sich auch im Zuge des Verfahrens[35] und an den Kommentaren zum Urteil des BVerfG[36], daß die politischen Auseinandersetzungen um die paritätische Mitbestimmung keinesfalls beendet sind: Jede der beiden Parteien hielt das Verfassungsverfahren und seinen Ausgang vielmehr für eine höchstrichterliche Bestätigung ihres politischen Standpunktes.

Trotzdem hat der Verfassungsstreit im Ergebnis eher zu einer politischen Befriedung als zur Verschärfung der Gegensätze geführt[37]. Ein Beweis dafür, daß die vielgeschmähte „Juridifizierung" des Konfliktes[38] und seine prozessuale Austragung zwar die politische Substanz des Konfliktes nicht aufgehoben, aber zu ihrer Rationalisierung maßgeblich beigetragen haben[39].

2. Die wissenschaftliche Auseinandersetzung

a) Die Frage der *Verfassungsmäßigkeit* der paritätischen Mitbestimmung ist ein Musterbeispiel für die zunehmende Komplexität und Ver-

---

[32] Siehe unten II.3. dieser Untersuchung.

[33] Vgl. etwa *Vetter,* Das neue Mitbestimmungsgesetz: Probleme und Aufgaben für die Gewerkschaften, AuR 1976, 257 ff.

[34] Siehe dazu das *Kölner Gutachten* sowie *Thüsing,* der arbeitgeber 3/78.

[35] Dieses wird unten, III.4. ausführlich dargestellt.

[36] Siehe die Hinweise in den Anm. 1, 3, 4, 5 und 6.

[37] So wurde etwa unmittelbar nach dem Urteil die Wiederaufnahme der eingestellten *Sozialpartnergespräche* angekündigt und inzwischen auch wieder aufgenommen; vgl. dazu auch die treffende Analyse von *Rittner,* FAZ v. 23. 6. 1979.

[38] Massive Vorwürfe in diese Richtung wurden in stereotyper Weise von Gewerkschaftsseite erhoben; vgl. dazu die von dieser Seite stammenden Referate und Diskussionsbeiträge, in: *Vetter* (Hg.), Mitbestimmung, Wirtschaftsordnung, Grundgesetz (1976), die streckenweise in eine pauschale „Juristenschelte" ausarteten, von *Vetter* selbst im Schlußwort (347 f.) allerdings teilweise wieder zurückgenommen wurde.

[39] Dies ist die eigentliche Aufgabe der Verfassungsgerichtsbarkeit. Vgl. dazu schon die „klassische" Untersuchung von *B. Mirkin-Getzewitsch,* Die Rationalisierung der Macht im neuen Verfassungsrecht, ZÖR 1929, 161 ff. (173 f.).

feinerung der Rechtserkenntnis durch die Dialektik der wissenschaftlichen Argumentation. Wenn heute nicht nur die theoretische Diskussion um die Mitbestimmung auf ganz anderer Ebene als im Jahre 1951 geführt wird[40], sondern auch die Gesetzgebungs- und Gerichtsverfahren über das Mitbestimmungsgesetz mit einem bisher unerhörten theoretischen Aufwand an Argumentation und Gegenargumentation geführt wurden, so hat dies nicht nur politische Gründe in der Mächtigkeit der widerstreitenden Gruppen und Interessen: Es äußert sich darin ebenso sehr die Gesetzmäßigkeit des modernen *wissenschaftlichen Erkenntnisvorganges*, in die juristische Analyse, aber auch Entscheidungsfindung heute eingespannt ist. Selbst eine radikal theoriefeindliche Judikatur[41] — wie sie das BVerfG sicher nicht pflegt — wäre dadurch gezwungen, in der Abwägung der Argumentation der Parteien den einmal eingeleiteten verfassungsdogmatischen Erkenntnisvorgang weiter zu treiben und ist umgekehrt nicht mehr ohne diesen denkmöglich.

Wer daher das Mitbestimmungsurteil juristisch „*verstehen*" und damit auch die Tragweite der Entscheidung für die Rechtsentwicklung beurteilen will, muß daher die vorangegangene wissenschaftliche Diskussion wenigstens in ihren Leitlinien zurückverfolgen, weil sich nur von daher der Sinn der höchstgerichtlichen Argumentation — in ihren knappen Auseinandersetzungen mit den Vorbringen der Parteien — voll erschließt[42]. Dies wird im einzelnen anhand der Analyse der wichtigsten Ergebnisse des Urteils klar ersichtlich werden. Im folgenden soll zunächst im grundsätzlichen die Entwicklung der wissenschaftlichen Auseinandersetzung aufgezeigt werden, welche die charakte-

---

[40] Darauf weist mit Recht hin: *Naendrup*, Mitbestimmungsgesetz und Organisationsfreiheit, AuR 1977, 225 ff. (233 f.): „Die hierfür (für die Montanmitbestimmung) beanspruchten verfassungsrechtlichen Wertungen erwachsen aus Grundrechtserwägungen, die, gemessen am Argumentationshaushalt zum Verfassungsstreit und das Mitbestimmungsgesetz 1976, wohl nur als ärmlich bezeichnet werden können."

[41] Musterbeispiel war hierfür bis in die jüngste Zeit herauf die *österreichische* Verfassungsgerichtsbarkeit; vgl. dazu *Pernthaler / Pallwein-Prettner*, Die Entscheidungsbegründung der österreichischen Verfassungsgerichtshofes, in: Sprung, Die Entscheidungsbegründung in europäischen Verfahrensrechten und im Verfahren vor internationalen Gerichten (1974) 209 ff.

[42] Daher gehen alle jene Deutungen von vornherein fehl, die das Mitbestimmungsurteil nur von den damit angeblich verfolgten strategischen Zielen der Arbeitgeberseite her deuten (vgl. Anm. 2, 169 ff.); sie gelangen in die eigentlich juristische Dimension des Urteils nicht, weil sie die Eigengesetzlichkeit des normativ begründeten Diskurses nicht erkennen bzw. akzeptieren; es ist daher doppelt unrichtig, wenn *Berlit / Dreier / Uthmann* (Kritische Justiz 1979, 174) meinen, daß „ein großer Teil dieser Ansätze (der Verfassungsdiskussion um die paritätische Mitbestimmung) durch das Mitbestimmungsurteil Makulatur geworden" sei. Richtig dagegen *Naendrup* AuR 1977, 231, der das MitbestG als Ergebnis des Streites um *Letztwertentscheidungen* zum Grundrechtsschutz auslegt.

2. Die wissenschaftliche Auseinandersetzung

ristisch *theoretische Dimension* der deutschen Mitbestimmungsdiskussion so nachhaltig geprägt hat.

b) Die Diskussion über die verfassungsrechtliche Beurteilung der paritätischen Mitbestimmung ist am leichtesten in ihrer *historischen Entwicklung* zu überblicken, da jede *Systematisierung* der verschiedenartigsten Thesen und Begründungen notwendigerweise im Einordnen unter die vorgewählten Systemgrundsätze dazu tendiert, die einzelnen Untersuchungen zu vergröbern, wenn nicht gar zu verfälschen[43].

aa) Die älteste Phase der Diskussion umfaßt die Auseinandersetzung um die Verfassungsmäßigkeit der *Montanmitbestimmung.* Ausführlicher geprüft wurde damals nur die Vereinbarkeit mit Art. 14 und 15 GG[44], andeutungsweise aber auch schon die Frage einer Beeinträchtigung der Koalitionsfreiheit (Art. 9 III GG) untersucht[45]. Während diese Frage im allgemeinen bejaht wurde, standen sich im Hinblick auf das Eigentumsgrundrecht und die verfassungsmäßige Sozialisierungsermächtigung Befürworter[46] und Gegner[47] der paritätischen Mit-

---

[43] Dieser Gefahr ist — trotz bemerkenswerter Bemühungen um Objektivität und Offenheit der Argumentation — die bis jetzt tiefschürfendste und vollständigste Darstellung des Verfassungsstreites um die paritätische Mitbestimmung (*Naendrup*, im Gemeinschaftskommentar zum MitbestG, Teil II d. Einleitung) nicht entgangen.
[44] Vgl. dazu die umfassenden Nachweise bei *Schwerdtfeger,* Unternehmerische Mitbestimmung 220 f.
[45] *G. Müller*, Tarifvertrag und Mitbestimmung, 1953, 5 ff.; *derselbe*, Zur Tariffähigkeit der unter das Mitbestimmungsgesetz Bergbau und Eisen fallenden Unternehmen (1953) 15; *Dietz*, Das wirtschaftliche Mitbestimmungsrecht (1958) 23; *derselbe*, Die Koalitionsfreiheit, in: Bettermann / Nipperdey / Scheuner, Die Grundrechte III/1 (1958) 417 ff. (432); *Schnorr*, Der Koalitionsbegriff in der Montanindustrie, RdA 1954, 168 f.; *Nipperdey*, Das Erfordernis der Gegnerfreiheit bei Koalitionen, namentlich im Öffentlichen Dienst, in: FS Möhring (1965) 87 ff. (98 ff.).
[46] Vgl.: *Korsch*, Mitbestimmung und Eigentum (1951) 16 f.; *Galperin*, Die Grenzen der Mitbestimmung, BB 1951, 257 ff. (259); *Müller / Lehmann*, Kommentar zum Mitbestimmungsgesetz Bergbau und Eisen (1952) Rdnr. 30 ff. (37) zu § 1; *Kötter*, Mitbestimmungsrecht (1952), Einführung C; *Koenigs*, Grundsatzfragen der betrieblichen Mitbestimmung (1954) 77; *Ipsen*, Enteignung und Sozialisierung, VVDStRL 10 (1952) 74 ff. (116); *E. R. Huber*, Wirtschaftsverwaltungsrecht II (1954) 573; *Benda*, Industrielle Herrschaft und sozialer Staat (1966) 372 u. a.
[47] Insbes. *Giese / Boesebeck*, Rechtsgutachten über Fragen des Mitbestimmungsrechts (1951) 8 ff.; *Giese*, Mitbestimmung und Eigentum (1951) 4 f.; *Jerusalem*, Rheinischer Merkur v. 23. 2. 1951; *Liffers*, Privateigentum und Mitbestimmung, Bergbau und Wirtschaft 1952, 182; Verh. d. deutschen BT, Bd. 6, 5087 (vom 10. 4. 1951); *A. Hueck*, Mitbestimmung und Aufsichtsrat, DB 1951, 166 ff. (185); U.M. (= *E. R. Huber*), Wirtschaftliches Mitbestimmungsrecht und Enteignung, AöR 77 (1951/52) 366 ff.; N.N., B.B. 1951, 140; *Hestermann*, Eigentum und Mitbestimmung (1959) 167; *Böhm*, Das wirtschaftliche Mitbestimmungsrecht der Arbeiter im Betrieb, Ordo IV (1951) 21 ff. (158); *E. R. Huber*, Der Streit um das Wirtschaftsverfassungsrecht, DÖV 1956, 97 ff. (173).

bestimmung im Jahre 1951 genau so schroff einander gegenüber wie 25 Jahre später[48].

Eine Besonderheit der verfassungsrechtlichen Diskussion jener Zeit war die starke Betonung des *Art. 15 GG („Sozialisierung")*, der damals vorzugsweise als Begründung oder Schranke der paritätischen Mitbestimmung verwendet wurde[49], während er gegenwärtig überwiegend als nicht thematisch für die Mitbestimmungsfrage angesehen wird[50]. Als eine zweite bezeichnende Wende sei hervorgehoben, daß fast alle Gegner der paritätischen Mitbestimmung heute den *Montanbereich* aus ihren Erwägungen überhaupt ausklammern und seine Verfassungsmäßigkeit nicht weiter behandeln[51].

bb) Gegen Ende der sechziger Jahre tauchte ein weiterer verfassungsrechtlicher Themenkreis in der Mitbestimmungsdiskussion auf, der — entsprechend seiner realen und typologischen Bedeutung bald zum zentralen Untersuchungsgegenstand wurde: Die Vereinbarkeit der paritätischen Mitbestimmung mit der *Koalitionsfreiheit (Art. 9 III GG)* und dem dadurch verfassungsrechtlich gewährleisteten Arbeitskampf- und Tarifvertragssystem[52]. Der Grundgedanke dieser Argumentation — der als solcher bis heute nirgends widerlegt werden

---

[48] Es kann also keine Rede davon sein, daß die Verfassungsproblematik der paritätischen Mitbestimmung erst seit dem neuerlichen Vorstoß des DGB (siehe Anm. 22) oder der SPD (Anm. 27) durch „unternehmensabhängige Juristen" in die Welt gesetzt worden sei; auch die weitverbreitete These der *historischen* Rechtfertigung der paritätischen Mitbestimmung läßt sich mit dieser historischen Dimension des Verfassungsstreites kaum vereinbaren.

[49] Vgl. dazu die Nachweise bei *Schwerdtfeger*, Unternehmerische Mitbestimmung 221 f.

[50] *v. Plessen*, Qualifizierte Mitbestimmung und Eigentumsgarantie (1969) 97 ff.; *Pernthaler*, Qualifizierte Mitbestimmung 126 ff.; *Scholz*, Paritätische Mitbestimmung und Grundgesetz (1974) 101; *Naendrup*, in: GK MitbestG, Rdnr. 44 f.

[51] *E. R. Huber*, Grundgesetz und wirtschaftliche Mitbestimmung (1970) 130 ff.; *Friedmann*, Unterbewertete Aspekte der paritätischen Mitbestimmung (1970); *Kölner Gutachten* 6; *Friauf / Wendt*, Eigentum am Unternehmen (1977) 78; *Badura*, Der Regierungsentwurf eines Mitbestimmungsgesetzes, ZfA 1974, 357 ff. (378 f.).

[52] Bahnbrechend waren *Biedenkopf*, Auswirkungen der Unternehmensverfassung auf die Grenzen der Tarifautonomie, FS Kronstein (1967) 97 ff. und *Zöllner / Seiter*, Paritätische Mitbestimmung und Art. 9 Abs. 3 Grundgesetz, ZfA 1970, 97 ff.; in der Folge vertieft u. a. von *Scholz*, Paritätische Mitbestimmung 60 f. und 102 ff.; *E. R. Huber*, Grundgesetz 74 ff.; *Hanau*, Was bedeutet paritätische Mitbestimmung für das kollektive Arbeitsrecht, BB 1969, 760 ff.; *derselbe*, Arbeitsrechtliche Probleme der paritätischen Mitbestimmung, BB 1969, 1497 ff.; *Badura*, Unternehmerische Mitbestimmung, soziale Selbstverwaltung und Koalitionsfreiheit, RdA 1976, 275 ff.; *Raiser*, Grundgesetz und paritätische Mitbestimmung (1975) 96 ff. Gegen all diese (mit weiteren Hinweisen) *Raisch*, Mitbestimmung und Koalitionsfreiheit (1975); *Schwegler*, Paritätische Mitbestimmung und Koalitionsfreiheit, AuR 1975, 27 ff.; sowie das *Frankfurter Gutachten*, 214 ff. (230 ff.).

konnte[53] — ist dabei der, daß die Verfassung mit der Koalitionsfreiheit gleichzeitig Gegnerfreiheit (Unabhängigkeit) und Gleichgewichtigkeit der Koalitionen in einem funktionellen Sinne gewährleiste und paritätisch mitbestimmte Unternehmen derartige Koalitionen nicht mehr zuließen[54].

Als weitere, damit in Zusammenhang stehende Frage tauchte das Problem des Verhältnisses von Mitbestimmungsrechten und Rechten aus der Koalitionsfreiheit zueinander auf, wobei insbesondere die Fragen der *Kumulation*, des *Ausschlusses* und der *Harmonisierung* der beiden Ebenen bei der Unternehmensführung und dem einzelnen Arbeitnehmervertreter untersucht wurden[55].

cc) In der Folge trat eine Gruppe von wissenschaftlichen Untersuchungen der paritätischen Mitbestimmung in Erscheinung, die diese nicht mehr unter dem Gesichtswinkel *eines* isolierten Grundrechtes betrachtete, sondern den normativen und systematischen Zusammenhang einer Reihe von einschlägigen Grundrechten erkannte, welche insgesamt die Einführung der paritätischen Mitbestimmung als unzulässigen oder zulässigen Eingriff in Rechte der davon betroffenen Unternehmen und Gesellschaften qualifiziert[56].

Unabhängig davon, ob man ihre Ergebnisse für richtig oder falsch hält, wurde seitdem fast durchgehend als gemeinsamer verfassungsrechtlicher Prüfungsmaßstab der paritätischen Mitbestimmung das Verfassungsgefüge der Art. 14, 9 Abs. 1 und Abs. 3, Art. 2 Abs. 1 und Art. 12 Abs. 1 GG anerkannt. Freilich läuft die Prüfung bei den meisten *Befürwortern* der paritätischen Mitbestimmung in der Regel darauf hinaus, daß eine Reihe (oder gar alle) der genannten Grundrechtsansprüche nach „richtiger" Begriffsbildung von vornherein gar nicht

---

[53] Vgl. *Raiser*, Grundgesetz 98: „Die Argumentation von *Zöllner* und *Seiter* ist, jedenfalls für eine voll paritätische Unternehmensmitbestimmung, nicht zu widerlegen." Als „rein formal-logisch schlüssig" bezeichnet auch *Naendrup*, GK MitbestG, Rdnr. 116, das Grundmuster dieser Argumentation.

[54] Selbstverständlich wurde auch zur „Entkräftung" dieser These wiederum eine Reihe von Gegenargumenten entwickelt, welche die *Vereinbarkeit* der paritätischen Mitbestimmung mit Art. 9 Abs. 3 GG — ja ihre verfassungsrechtliche Grundlegung in diesem Artikel — zu begründen suchte; vgl. dazu außer den Hinweisen in Anm. 52 (am Ende) insbes. *E. Stein*, Qualifizierte Mitbestimmung unter dem Grundgesetz (1976) 93 ff. und *Naendrup*, in: GK MitbestG, Rdnr. 107 ff.

[55] Siehe dazu vor allem *Scholz*, Paritätische Mitbestimmung 70 ff.; *Raiser*, Grundgesetz 100 ff.; *Naendrup*, GK MitbestG 121 ff., insbes. 123.

[56] Vgl. *E. R. Huber*, Grundgesetz; *Pernthaler*, Qualifizierte Mitbestimmung; *Schwerdtfeger*, Unternehmerische Mitbestimmung; *derselbe*, Zur Verfassungsmäßigkeit der paritätischen Mitbestimmung (1978); *Scholz*, Paritätische Mitbestimmung; *E. Stein*, Qualifizierte Mitbestimmung; *Raiser*, Grundgesetz; *Papier*, Unternehmen und Unternehmer in der verfassungsrechtlichen Ordnung der Wirtschaft, VVDStRL 35 (1977) 56 ff.; *Naendrup*, GK MitbestG, und schließlich das *Kölner Gutachten* bzw. das *Frankfurter Gutachten*.

anwendbar seien⁵⁷. Das BVerfG ist im Mitbestimmungsurteil diesem auffälligen *Normreduktionismus*⁵⁸ jedenfalls nicht gefolgt.

dd) Während man der zuerst genannten Gruppe von wissenschaftlichen Untersuchungen eine „Übersteigerung der liberalen Eingriffs- und Schranken-Dogmatik" vorgeworfen hat⁵⁹, welche die *für paritätische Mitbestimmung* sprechenden *Verfassungsprinzipien* nicht ausreichend berücksichtige⁶⁰, kommt eine andere wissenschaftliche Richtung eben auf Grund dieser Prinzipien, der für die Arbeitnehmer geltenden Grundrechte sowie einer absolut verstandenen Sozialisierungsermächtigung zu einer schrankenlosen Rechtfertigung — ja verfassungsrechtlichen Anspruchsgrundlage — der Mitbestimmung⁶¹. Ob paritätische oder überparitätische Mitbestimmung — eine Grundrechtsverletzung der davon betroffenen Unternehmer (Gesellschaften) sei damit in keinem Falle verbunden⁶².

Im Ergebnis würde damit eine verfassungsrechtliche Prüfung der Mitbestimmung überflüssig und die vielberufene „wirtschaftsverfassungsrechtliche Neutralität des Grundgesetzes"⁶³ in einer, alle überkommenen Grundrechtsvorstellungen sprengenden Radikalität herge-

---

⁵⁷ Vgl. etwa *Schwerdtfeger*, Unternehmerische Mitbestimmung 195 ff.; *Raiser*, Grundgesetz 40 ff.; *Scholz*, Paritätische Mitbestimmung 124 f.; *Stein*, Qualifizierte Mitbestimmung 56, 81, 84 f. u. a.; *Frankfurter Gutachten* 59 f., 71 ff., 76 ff., 81 u. a.

⁵⁸ Dieser treffende Ausdruck stammt von einem der besten Kenner aller Verzweigungen des Verfassungsstreites um die Mitbestimmung, *Naendrup* (GK MitbestG, Rdnr. 21): „Auffällig ist, daß die Vertreter einer allgemeinen bzw. modifizierten Verfassungsgemäßheit eine Reduktion der letztlich maßgebenden Verfassungsgrundlagen vornehmen."

⁵⁹ *Naendrup*, GK MitbestG, Rdnr. 50, 76, 83 u. a.

⁶⁰ Insbes. bundesstaatliche Kompetenznormen, Sozialstaatsprinzip, Menschenwürde, Gleichheitssatz, Sozialbindung des Eigentums, Koalitionsfreiheit, Berufsfreiheit der Arbeitnehmer; vgl. zu ihrer Bedeutung für die Mitbestimmung etwa *Schwerdtfeger*, Unternehmerische Mitbestimmung 158 ff.; *Naendrup*, GK MitbestG, Rdnr. 24 ff.; *Frankfurter Gutachten* 30 ff., 80 f. u. a.

⁶¹ Markantester Vertreter dieser Richtung: *Däubler*, Das Grundrecht auf Mitbestimmung (1973) insbes. 129 ff.; *derselbe*, Das Arbeitsrecht (1976) 304 ff.; im Ergebnis (durch Abwertung aller entgegenstehender Grundrechte) ihm stark angenähert auch: *Ridder*, in: Mitbestimmung, Wirtschaftsordnung, Grundgesetz, 285 ff.; *Wahsner*, Mitbestimmung, Koalitionsrecht und Streikrecht, Tarifautonomie, in: Mayer / Reich (Hgg.), Mitbestimmung contra Grundgesetz (1975) 87 ff.; *Bieback*, Grundrechtliche Freiheit und paritätische Mitbestimmung, ebenda, 11 ff.; *Meyer*, Schutz des Eigentums, Grundgesetz und paritätische Mitbestimmung, ebenda, 60 ff.; *Reich*, Eigentumsgarantie, paritätische Mitbestimmung und Gesellschaftsrecht, ebenda 41 ff.

⁶² Auch *Schwerdtfeger*, Verfassungsmäßigkeit 83 ff., 96 f., 109 ff. und 123, kommt unter Einbeziehung des Art. 15 GG als „objektives Ordnungsprinzip" zum Ergebnis, daß „Parität" und „Überparität" verfassungsrechtlich überflüssige Zwischenbegriffe seien.

⁶³ Auf die sich *Däubler*, Arbeitsrecht 308, zur Ablösung des kapitalistischen Wirtschaftssystems und möglichen Reduktion der Anteilseigner auf einen Minimaleinfluß (Minderheitsbeteiligung im Aufsichtsrat) ausdrücklich beruft.

2. Die wissenschaftliche Auseinandersetzung 23

stellt. Weder der parlamentarische Gesetzgeber, noch das BVerfG, noch die überwiegende Mehrheit der Rechtswissenschaft[64] ist dieser extremen Auffassung gefolgt.

ee) Eine weitere Gruppe von wissenschaftlichen Meinungen hielt zwar Mitbestimmung grundsätzlich für verfassungsrechtlich meßbar, kam aber auf Grund von konkurrierenden Verfassungsprinzipien und Grundrechten der Arbeitnehmer sowie auf Grund der von ihr angenommenen weiten Eingriffs- und Gestaltungsermächtigungen des einfachen Gesetzgebers (insbesondere im Rahmen des Eigentumsrechtes) zum Ergebnis, daß die Montanmitbestimmung und ähnliche Modelle paritätischer Mitbestimmung mit dem Grundgesetz vereinbar seien[65]. Diese Gruppe von Wissenschaftlern hielt indessen regelmäßig bestimmte Schranken der Mitbestimmung bzw. Vorkehrungen gegen Überparität für verfassungsrechtlich geboten.

ff) Eine ganz neue Ebene der Argumentation wurde schließlich betreten, als der *Prognosespielraum* des einfachen Gesetzgebers als verfassungsrechtliches Problem der Mitbestimmung eigens thematisiert wurde[66]. Man versteht darunter die Tatsache, daß jede gesetzliche Regelung einerseits auf *geschätzte Erwartungen* der tatsächlichen Entwicklung aufbaut und andererseits auch ihre *grundrechtlichen Auswirkungen* zum Zeitpunkt der Gesetzeserlassung und -prüfung häufig noch nicht vollständig absehbar sind, sondern auf angenommenen Entwicklungen gesellschaftlicher, ökonomischer oder sonstiger Art beruhen[67].

So sei im Zusammenhang mit der Mitbestimmung einerseits ein bestimmtes Entscheidungsverhalten der Unternehmensorgane vorauszusehen und andererseits gewisse Rückwirkungen auf die Ertragslage, Funktionsfähigkeit und den Vermögenswert des Unternehmens bzw. seiner Gesellschaftsanteile zu erwarten. In Übereinstimmung mit der

---

[64] Bezeichnend ist die äußerst zurückhaltende rechtsdogmatische Beurteilung aller „*verfassungsrechtlichen Legitimationsfaktoren für eine Mitbestimmung*" — insbesondere des Ansatzes von *Däubler* — durch *Naendrup*, GK MitbestG, Rdnr. 24 ff., der selbst die paritätische Mitbestimmung für verfassungskonform hält.

[65] Insbes.: *Schwerdtfeger*, Unternehmerische Mitbestimmung 169 f., 265; *Raiser*, Grundgesetz 66; *Scholz*, Paritätische Mitbestimmung 75 ff.; sowie das *Frankfurter Gutachten* in seiner Gesamtargumentation.

[66] Bahnbrechend war: *Mertens*, Über politische Argumente in der verfassungsrechtlichen Diskussion der paritätischen Mitbestimmung, RdA 1975, 89 ff.

[67] Vgl. dazu allgemein: *Breuer*, Legislative und administrative Prognoseentscheidungen, Der Staat 1977, 21 ff.; *Ossenbühl*, Die Kontrolle von Tatsachenfeststellungen und Prognoseentscheidungen durch das Bundesverfassungsgericht, FS 25 Jahre BVerfG, Bd. I (1976) 458 ff.; *Pestalozza*, „Noch verfassungsmäßige" und „bloß verfassungswidrige" Rechtslagen, ebenda, 519 ff.

24   II. Die Vorgeschichte des Verfassungsstreites

Judikatur des BVerfG[68] untersuchte die Lehre in diesem Zusammenhang, ob die Einführung einer paritätischen Mitbestimmung den „verfassungsmäßigen Prognosespielraum" des Gesetzgebers ausnützen oder überschreiten würde.

gg) Damit wurde aber eine Ebene der Diskussion betreten, die im letzten aus der *rechtswissenschaftlichen* Diskussion hinausführen mußte und die Verfassungsfrage vom Ergebnis *sachwissenschaftlicher* Untersuchungen der verschiedensten Art abhängig machte[69]. Insbesondere die in der Diskussion immer häufiger vorkommenden Argumente der Funktionsfähigkeit (Vermeidung der Patt-Situation) und marktwirtschaftlichen Orientierung des Unternehmens sowie die Fragen der ökonomischen Konsequenzen der Mitbestimmung sind Probleme, die einer juristischen Beurteilung ganz unzugänglich sind, dennoch aber auch im Rahmen der Verfassungsdebatte eine zunehmende Rolle spielten[70].

Erschwerend kam dazu, daß selbstverständlich auch in der fachwissenschaftlichen Auseinandersetzung um die realen Auswirkungen der paritätischen Mitbestimmung keinerlei Übereinstimmung erzielt werden konnte[71] und insbesondere auch die im Montanbereich hierüber angestellten Untersuchungen kaum *zwingende* Schlüsse auf die Auswirkungen einer allgemeinen Regelung zuließen[72], so daß es jedenfalls beim Prognosecharakter blieb.

hh) Im Zusammenhang mit dem Inkrafttreten des Betriebsverfassungsgesetzes 1972 geriet zunehmend die Problematik einer *Kombination von Mitbestimmungsrechten* nach diesem Gesetz und nach der

---

[68] Vgl. die Nachweise bei *Breuer*, Der Staat 1977, 25 ff.

[69] In dieser Hinsicht ist die Grundkonzeption des *Mitbestimmungsberichtes*, BT-Drs. VI, 334, der weithin auf empirischer Grundlage aufbaute, außerordentlich einflußreich geworden. Zu den mit dem Abstellen auf Tatsachenfeststellungen verbundenen *methodischen* Problemen vgl. *Naendrup*, GK MitbestG, Rdnr. 65 ff., der indessen auf die spezifisch *rechtswissenschaftlichen* Probleme des Abstellens auf Tatsachenfeststellungen kaum eingeht; vgl. dazu eingehender unten III.3. dieser Untersuchung.

[70] Bezeichnend etwa *Stein*, Qualifizierte Mitbestimmung 18 ff., der auf weiten Strecken mit den tatsächlichen oder wahrscheinlichen Auswirkungen der paritätischen Mitbestimmung argumentiert; eine große Rolle spielte diese Argumentation auch auf der wissenschaftlichen Konferenz des DGB „Mitbestimmung, Wirtschaftsordnung, Grundgesetz" (1976).

[71] Vgl. dazu im einzelnen die Ausführungen unter II.2.c. dieser Untersuchung.

[72] Mit Recht wies daher der *Mitbestimmungsbericht*, BT-Drs. VI, 334, 98 f., darauf hin, daß der Schluß von partiellen auf allgemeine Mitbestimmungsregelungen nicht nur auf Erfahrungen, sondern auf „allgemeinen Einschätzungen" und „Bewertungen" der Erfahrungen beruhe und sich „in so komplexen sozialen Sachverhalten wie der Mitbestimmung selten konkrete, durch keine Gegenbeispiele widerlegbare *Kausalitäten* nachweisen" lassen.

2. Die wissenschaftliche Auseinandersetzung

sog. „unternehmerischen Mitbestimmung" ins Blickfeld verfassungsrechtlicher Untersuchungen[73]. Während immer mehr Wissenschaftler die Problematik einer wechselseitigen Verstärkung der beiden Ebenen der Mitbestimmung verfassungsrechtlich als „Quasiparität" oder gar „Überparität" thematisierten[74], hielten andere auf Grund eingehender arbeits- und gesellschaftsrechtlicher Untersuchungen der verschiedenen Mitbestimmungstatbestände nach wie vor eine verfassungsrechtliche Differenzierung der beiden Ebenen im allgemeinen für richtiger[75].

ii) Damit wird eine weitere Spielart der verfassungsrechtlichen Mitbestimmungsdiskussion angesprochen, die diesen Titel kaum noch zu Recht trägt. Die Argumentation über die paritätische Mitbestimmung aus *unterverfassungsrechtlichen* Systemgrundsätzen des Arbeitsrechtes, Gesellschaftsrechtes, Unternehmensverfassungsrechtes u. a. m.[76]. In zunehmendem Maße werden aus diesen — für sich gewiß bedeutungsvollen — Rechtsbereichen verfassungsrechtliche Postulate für die Mit-

---

[73] *Hanau*, Was bedeutet paritätische Mitbestimmung für das kollektive Arbeitsrecht, BB 1969, 760 ff. und 1497 ff.; *E. R. Huber*, Grundgesetz 17 f., 75 f., 114 f.; *Zöllner*, Die Einwirkung der erweiterten Mitbestimmung auf das Arbeitsrecht, RdA 1969, 68 ff.; *Galperin*, Eine neue Betriebsverfassung, BB 1971, 137; *Buchner*, Das wirtschaftliche Mitbestimmungsrecht nach dem Betriebsverfassungsgesetz in seinem Verhältnis zur Forderung nach qualifizierter Mitbestimmung, Die Aktiengesellschaft 1970, 127 ff.; *Richardi*, Kritische Anmerkungen zur Reform der Mitbestimmung, DB 1971, 621 ff.; *Krüger*, Der Regierungsentwurf eines Betriebsverfassungsgesetzes vom 29. Jänner 1971 und das Grundgesetz (1971); *Biedenkopf*, Anmerkungen zum neuen Betriebsverfassungsgesetz, FS Kaufmann (1972) 91 ff.; *Rüthers*, Arbeitgeber und Gewerkschaften — Gleichgewicht oder Dominanz, DB 1973, 1649 ff.; *Erdmann*, Die Bedeutung des Betriebsrates für die unternehmerische Entscheidung, RdA 1976, 87 ff.

[74] Vgl. insbes. *Scholz*, Paritätische Mitbestimmung 67 ff. und 100 und *Raiser*, Grundgesetz 24 ff. und das *Kölner Gutachten* 129 ff.

[75] Vgl. etwa *Hanau*, Lösungsmöglichkeiten mitbestimmungsbedingter Interessenkonflikte, RdA 1975, 23 ff.; *Raiser*, Mitbestimmung in Betrieb und Unternehmen, FS Duden (1977) 423 ff.; *Auffahrth*, Zur Bedeutung der Beteiligungsrechte des Betriebsrates nach dem Betriebsverfassungsgesetz 1972 für eine paritätische Mitbestimmung der Arbeitnehmer auf Unternehmensebene, RdA 1976, 2 ff.; *Hölters*, Satzungsgestaltung und Organisationsstruktur von Unternehmen bei Einführung der qualifizierten Mitbestimmung, BB 1975, 797 ff.; *Martens*, Allgemeine Grundsätze zur Anwendbarkeit des Mitbestimmungsgesetzes, Die Aktiengesellschaft 1976, 113 ff.; *Frankfurter Gutachten* 168 ff.

[76] Vgl. dazu besonders typisch den Argumentationsduktus sowohl des *Kölner Gutachtens*, das bis S. 180 ausschließlich gesellschafts-, betriebsverfassungsrechtlich und vom Tarifvertragssystem her operiert und den eigentlichen Grundrechtsfragen nur 60 S. von 293 widmet, als auch des *Frankfurter Gutachtens* 109 ff., das einen großen Teil seiner Untersuchungen der „Mitbestimmung als Element des Gesellschafts- und Arbeitsrechts" widmete und im letzten Teil eine rein gesellschaftsrechtlich-dogmatische Analyse des MitbestG liefert. In diesem Argumentationsduktus spiegelt sich die zunehmende Bedeutung einfachgesetzlicher Strukturen und Systemgesichtspunkte in der Verfassungsauseinandersetzung um die Mitbestimmung deutlich wider.

bestimmungsregelungen, aber auch deren verfassungsrechtliche Verträglichkeit, ja Gebotenheit abgeleitet[77].

Ungeachtet der Notwendigkeit einer sorgfältigen arbeits- und gesellschaftsrechtlichen Analyse des *Tatbestandes* der paritätischen Mitbestimmung und seiner Auswirkungen darf diese Analyse nicht zu Norm- und Typenbildung im Verfassungsrecht „nach Maßgabe des einfachen Gesetzgebers" führen, will man nicht zu dem (vielfach als unausgesprochene Leitlinie zugrunde liegenden) Zustand der „*Gesetzmäßigkeit der Verfassung*" gelangen[78].

jj) Eine unbeschränkte Verfassungsermächtigung des einfachen Gesetzgebers für Mitbestimmungsregelungen leiten manche Wissenschaftler schließlich aus der *Entstehungsgeschichte des Grundgesetzes* ab[79]. Weil damals paritätische Mitbestimmung teilweise verwirklicht war und darüber hinaus zum integrierenden Bestand der politischen Programmatik eines Teiles der tragenden Kräfte des Verfassungskompromisses zählte, soll das „Schweigen der Verfassung" als bewußtes *Offenlassen* der einfachgesetzlichen Entwicklung zu deuten sein. Sozialstaatsprinzip und Sozialisierungsermächtigung wiesen in dieselbe Richtung. Dies mache die „*wirtschaftspolitische Neutralität des Grundgesetzes*" aus, eine Maxime, die das BVerfG stets als Grundlinie seiner Judikatur in Fragen der Wirtschaftsordnung eingehalten habe[80].

Abgesehen von der Frage der Deutungsfähigkeit des Schweigens der Verfassung als „dilatorischen Formelkompromiß" (welcher keine normative Aussage zuläßt)[81], ist eine derartige ausschließlich historisch-

---

[77] Vgl. dazu besonders eindrücklich: *Suhr*, Das Mitbestimmungsgesetz als Verwirklichung verfassungs- und privatrechtlicher Freiheit, NJW 1978, 2361 ff.

[78] Nach dem von *Leisner* aufgezeigten Prozeß „Von der Verfassungsmäßigkeit der Gesetze zur Gesetzmäßigkeit der Verfassung" (1964), der im Mitbestimmungsbereich vor allem auf die „wirtschaftsverfassungsrechtliche Neutralität des Grundgesetzes" abgestützt wird.

[79] So vor allem *Zweigert*, Die Neutralität des Grundgesetzes gegenüber der paritätischen Mitbestimmung, in: Vetter (Hg.), Mitbestimmung, Wirtschaftsordnung, Grundgesetz (1976) 205 ff. (ebenso in seinem Gutachten im Verfahren vor dem BVerfG); im selben Sinne aber auch *Naendrup*, GK MitbestG, Rdnr. 58; *Meyer*, in: Mayer / Reich, Mitbestimmung 60 ff.; *Wahsner*, ebenda 87 ff.; *Gromoll*, in: Mayer / Stuby (Hgg.), Die Entstehung des Grundgesetzes (1976) 112 ff. u. a.; kritisch dazu: *Papier*, Zur Verfassungsmäßigkeit der paritätischen Mitbestimmung unter historischen und entstehungszeitlichen Aspekten, Die AG 1978, 241 ff. und 285 ff.

[80] Vgl. dazu auch *Spanner*, Zur Verfassungskontrolle wirtschaftspolitischer Gesetze, DÖV 1972, 217 ff., der als Erfinder einer „economical-question-Doktrin" des BVerfG bezeichnet wird; dazu die berechtigte Kritik von *Lerche*, Grundrechtsverständnis und Normenkontrolle in Deutschland, in: Vogel (Hg.), Grundrechtsverständnis und Normenkontrolle (1979) 218 f.; im selben Sinne auch *Issensee*, Wirtschaftsdemokratie — Wirtschaftsgrundrechte — soziale Gewaltenteilung, Der Staat 1978, 161 ff. (165 f., 173).

2. Die wissenschaftliche Auseinandersetzung

subjektive Auslegungsmethode bzw. die Monopolisierung der „richtigen Auslegungsmethode" überhaupt rechtswissenschaftlich außerordentlich problematisch[82] und in der Judikatur des BVerfG keinesfalls anerkannt[83]. In der ganz herrschenden Dogmatik des deutschen *Verfassungsrechtes* ist eine Monopolisierung oder auch nur ein allgemeiner Vorrang der historischen Auslegungsweise unbekannt[84], so daß auf sie jedenfalls in Deutschland keine konsensfähige Aussage über die unbegrenzte Verfassungsmäßigkeit von Mitbestimmungsregelungen abgestützt werden kann[85].

kk) Als letzte repräsentative Gegenposition zur vorgenannten Auffassung sei schließlich die Argumentation aus dem *„institutionellen Zusammenhang"* einer grundrechtlich verbürgten Unternehmensverfassung angeführt[86]. Diese relativ spät auftauchende Argumentationslinie deutet die in Betracht kommenden Einzelgrundrechte — in Verbindung mit bestimmten objektiven Verfassungsprinzipien — als

---

[81] Nach einer *korrekt* durchgeführten subjektiv historischen Interpretation (siehe dazu *Papier*, Die AG 1978, 242 ff. sowie *Buchner* und *Rittner*, in: Mitbestimmung — Wirtschaftsordnung — Grundgesetz, 231 u. 234) bedeutet das Stillschweigen der Verfassung zur Mitbestimmungsfrage — die damals zweifellos allgemein bekannt war — nämlich weder eine positive noch eine negative Anordnung, weil man sich diesbezüglich nicht festlegen wollte und jede der Parteien annahm aus den übrigen Bestimmungen der Verfassung das für sie günstigere Ergebnis ableiten zu können. Vgl. zu der in Österreich breit gepflegten „historischen Rechtfertigung" einfachgesetzlicher Institutionen kritisch: *Pernthaler*, Die verfassungsrechtlichen Schranken der Selbstverwaltung, Verh. III. ÖJT, Bd. I/3, 7 f.

[82] Dies wird selbst von *Walter*, Grundrechtsverständnis und Normenkontrolle in Österreich, in: Vogel, Grundrechtsverständnis 2 ff., klar hervorgehoben, wenngleich er im allgemeinen die subjektiv-historische Methode für die „rationalere" hält.

[83] *Rupp*, Vom Wandel der Grundrechte, AöR 101 (1976) 161 ff. (163), hält die Kontroverse zwischen subjektiver und objektiver Auslegungsmethode für „ausgetragen" und ein rein historisierendes Verständnis des Verfassungsrechts für „schlechterdings unannehmbar". In dieser überspitzten Formulierung dürfte dies auf die mit wechselnden Methoden „topisch" operierende Verfassungsrechtsprechung auch in Deutschland nicht zutreffen, ein *Vorrang* der historischen Auslegungsmethode ist jedoch sicher nirgends festzustellen.

[84] Vgl. dazu nur die umfassenden Hinweise über die dogmatische Verarbeitung des *„Wandels des Grundrechtsverständnisses"* bei *Lerche*, Grundrechtsverständnis 25, Anm. 4, sowie die beiden grundlegenden Untersuchungen von *Böckenförde*, Grundrechtstheorie und Grundrechtsinterpretation, NJW 1974, 1529 ff.; Die Methoden der Verfassungsauslegung, NJW 1976, 2089 ff.

[85] Bezeichnend hierfür ist, daß *Zweigert* auf der wissenschaftlichen Tagung des DGB in methodischer Hinsicht selbst jene widersprachen, welche vehement für paritätische Mitbestimmung eintraten; vgl. dazu etwa *Drath*, in: Mitbestimmung — Wirtschaftsordnung — Grundgesetz, 226 f.; *Arndt*, ebenda, 251; siehe ferner die zutreffende methodische Kritik von *Papier*, Die AG 291 ff.

[86] Zu dem hier zugrundeliegenden „institutionellen Grundrechtsverständnis" vgl. die Hinweise bei *Böckenförde*, NJW 1974, 1532 ff.; *Rupp*, AöR 1976, 172 ff.; kritisch: *Lerche*, in: Vogel, Grundrechtsverständnis 35.

System bestimmter Ordnungsgrundsätze und institutioneller Normzusammenhänge, welche für die Auslegung der Einzelgrundrechte Bedeutung erlangen[87]. Diese Interpretationsweise nähert sich damit der Vorstellung einer verfassungsrechtlichen *Wirtschaftsordnung* („Wirtschaftsverfassung") an, für die es im Grundgesetz keine ausdrücklichen positivrechtlichen und historischen Anknüpfungspunkte gibt[88].

Allerdings übersieht die gegen diese Auffassung gerne ins Treffen geführte Argumentation mit der „wirtschaftspolitischen Neutralität" des Grundgesetzes[89], daß diese Maxime ebenfalls keine abschließende *verfassungssystematische* Bedeutung haben kann und insbesondere über Schranken der wirtschaftsordnenden Gestaltungsmacht des einfachen Gesetzgebers aus den *Einzelgrundrechten* nichts aussagt. Sofern in diesen Einzelgrundrechten institutionelle Garantien enthalten sind, an denen die paritätische Mitbestimmung zu messen ist — wie dies nach der Rechtsprechung des BVerfG etwa für Art. 9 III, 9 I und 14 I GG zutrifft[90] — liegt in einer solchen Argumentation keine, das positive Recht übersteigende, sondern dieses erst zur Geltung bringende „Systembetrachtung" der Grundrechtsordnung.

c) Die wissenschaftliche Auseinandersetzung um die paritätische Mitbestimmung wurde aber nicht nur auf der Ebene des Verfassungsrechtes geführt. Parallel dazu liefen Bemühungen, in Form *realwissenschaftlicher* und *empirischer* Untersuchungen die positiven oder negativen Konsequenzen der paritätischen Mitbestimmung für die davon betroffenen Unternehmen aufzuzeigen, um daraus Argumente für oder gegen eine Ausdehnung auf andere Wirtschaftsbereiche zu gewinnen. Es handelt sich dabei um volks- und betriebswirtschaftliche, soziologische und politologische Studien, die in stereotyper Weise folgende, auch für die verfassungsrechtliche Beurteilung[91] wesentliche Fragestellungen untersuchten[92]:

---

[87] Vgl. insbes.: *Mestmäcker*, Über Mitbestimmung und Vermögensverteilung (1973) 14; *Rupp*, Grundgesetz und „Wirtschaftsverfassung" (1974) 6 f.; *Scholz*, Paritätische Mitbestimmung 21 ff.; *Badura*, ZfA 1974, 357 ff. (367 f.); *Papier*, VVDStRL 35 (1977) 71 ff.; *derselbe*, Mitbestimmungsgesetz und Verfassungsrecht, ZHR 142 (1978) 71 ff.; *Friauf / Wendt*, Eigentum am Unternehmen (1977) 12 f., 66 ff.; *Issensee*, Der Staat 1978, 174; sowie *Kölner Gutachten* 246 ff.

[88] Dies bestreitet heute niemand mehr; vgl. außer den Vorigen etwa die Hinweise bei: *Pernthaler*, Qualifizierte Mitbestimmung 17; *Badura*, Grundprobleme des Wirtschaftsverfassungsrechts, JuS 1976, 205; *derselbe*, AöR 1967, 382 ff.; *Zacher*, FS Böhm 1965, 63 ff.; *Kölner Gutachten* 249.

[89] Dies stützt sich auf die diesbezügliche Rechtsprechung des BVerfG, vgl. insbes. BVerfGE, 4, 7 (17 f.); 7, 377 (400); 25, 1 (19 f.); 30, 292 (317, 319). Allerdings wird diese Rechtsprechung häufig entgegen ihrem Sinn zu einer pauschalen verfassungsrechtlichen Legitimation wirtschaftspolitischer Gesetze umgemünzt; dagegen mit Recht: *Issensee*, Der Staat 1978, 165.

[90] Dies wird im einzelnen an Hand des Mitbestimmungsurteiles unten nachgewiesen; vgl. IV.1., 2. und 4. dieser Untersuchung.

aa) Art und Ablauf der Entscheidungsverfahren

In diesem Zusammenhang soll insbesondere geklärt werden, wie in einem paritätisch zusammengesetzten Aufsichtsrat überhaupt entschieden werden kann und welche Wechselbeziehungen besonderer Art sich daraus zu den übrigen Unternehmensorganen — insbesondere dem Vorstand — ergeben. Die beiden Kernprobleme sind dabei, ob es durch die paritätische Mitbestimmung zu wesentlichen *Erschwerungen* der Entscheidungsprozesse oder gar zu unlösbaren Pattsituationen kommt und wie sich der Eigentümer- bzw. Arbeitnehmereinfluß in diesen Entscheidungsverfahren gewichten läßt[93].

Beide Fragestellungen haben für den Grundrechtsschutz der Kapitaleigentümer unmittelbare rechtliche Bedeutung: Führt die paritätische Mitbestimmung zu wesentlichen Erschwerungen der Entscheidungsverfahren, ist damit die *Funktionsfähigkeit* des privatwirtschaftlichen Unternehmens schwerstens bedroht[94] und kann sich die Eigentümerseite in den Entscheidungsprozessen als ganze Gruppe nicht mehr durchsetzen, ist die *eigentümerische Verfügungsbefugnis* aufgehoben.

Während die realwissenschaftlichen Untersuchungen im allgemeinen die Funktionsfähigkeit der paritätischen Mitbestimmung als Entscheidungsmuster bejahten[95], geben sie über die dadurch bewirkten wech-

---

[91] Die verfassungsrechtlichen Bezüge der einzelnen fachwissenschaftlichen Fragestellungen werden bei diesen jeweils gesondert aufgezeigt; zu gering bewertet *Scholz*, Paritätische Mitbestimmung 22, die verfassungsrechtliche Relevanz, der mit der paritätischen Mitbestimmung verknüpften Sachfragen, die vor allem im Zusammenhang mit der Prognosebeurteilung des einfachen Gesetzgebers eine *zentrale* und nicht nur eine Randbedeutung erlangen.

[92] Die wichtigsten älteren empirischen Untersuchungen sind bei *E. Stein*, Qualifizierte Mitbestimmung 18, und *Schwerdtfeger*, Unternehmerische Mitbestimmung 55 ff. und 100 ff. angeführt; vgl. zusätzlich aber auch die Beiträge von *Fleischmann* und *Hondrich*, in: Vetter, Mitbestimmung 92 ff. und 126 ff.; *Böhm* und *Briefs* (Hgg.), Mitbestimmung — Ordnungselement oder politischer Kompromiß (1971); *Prosi*, Volkswirtschaftliche Auswirkungen des Mitbestimmungsgesetzes 1976 (1978) sowie die Hinweise im *Frankfurter Gutachten* 146 f.; *Kölner Gutachten* 39 f.

[93] Die wichtigsten Untersuchungen für diese Frage sind — außer dem *Mitbestimmungsbericht* — *D. Brinkmann-Herz*, Entscheidungsprozesse in den Aufsichtsräten der Montanindustrie. Eine empirische Untersuchung über die Eignung des Aufsichtsrates als Instrument der Arbeitermitbestimmung (1972) und *Voigt*, Die Mitbestimmung der Arbeitnehmer in den Unternehmungen, in: Voigt / Weddingen, Zur Theorie und Praxis der Mitbestimmung (1962) 87 ff.

[94] Dies hat wiederum Auswirkungen auf den *Vermögenswert* des Anteilseigentums am Unternehmen und ist daher eine unter dem Gesichtspunkt des Art. 14 GG zu prüfende Sachverhaltsfrage.

[95] Übereinstimmend werden Verzögerungen und Erschwerungen der Entscheidungsfindung festgestellt, die jedoch zu einer stärkeren Berücksichtigung sozialer Gesichtspunkte führen und insofern die Unternehmensführung wieder von möglichen Konflikten entlasten; vgl. dazu *Voigt*, Mitbestimmung

selseitigen Abhängigkeiten keine klare Auskunft. Dies hat auch methodische Gründe: Die hier verwendeten Erhebungstechniken gestatten bestenfalls ein Urteil über die *Aussagen* oder subjektiven *Meinungen* der Befragten, nicht aber ein Urteil über ihre realen Abhängigkeiten und Durchsetzungsmöglichkeiten[96]. Unsicher bleibt auch, ob die in der besonderen Lage der Montanmitbestimmung vorgefundenen Entscheidungsverhalten sich in Wirtschaftsbereichen und Unternehmenstypen ganz anderer Struktur in ähnlicher Weise entwickeln werden.

bb) Ökonomischer Wirkungsgrad (Leistungsfähigkeit)

Das paritätisch mitbestimmte Unternehmen bleibt prinzipiell in seinen Unternehmenszielen *marktwirtschaftlich* orientiert[97]. Gleichzeitig legt seine Organisation aber nahe, sozialen Interessen besonderes Gewicht zuzumessen[98]. Daraus folgen die Fragestellungen: ob diese Zielsetzungen antagonistisch seien und ob die Gewinn- bzw. Ertragsorientierung des Unternehmens gegenüber einem nicht paritätisch mitbestimmten deutlich *zurückgesetzt* werde. Einschlägige Untersuchungen über den Montanbereich verneinen diese Frage im allgemeinen, weil die Arbeitnehmervertreter in ihrer Interessendurchsetzung kaum je konsequent *ertragsfeindlich* vorgehen würden[99]. Daher sei hier auch kein signifikantes Absinken der Rentabilität der Unternehmen bzw. der Gesellschaftsanteile und ihres Wertes festzustellen[100].

392; *Mitbestimmungsbericht* 62 ff., 76 ff.; *Hondrich*, in: Vetter Mitbestimmung 133 ff.; *Koubek / Küller / Schreiber-Lange*, Betriebswirtschaftliche Probleme der Mitbestimmung (1974).

[96] Dies gilt auch für die als „besonders exakte Untersuchung" (*Stein*, Qualifizierte Mitbestimmung 33) gerühmte Analyse von *Brinkmann-Herz*, Entscheidungsprozesse, welche aus der Zahl der (angegebenen!) informellen Kontakte die Einflußstruktur „objektiv" zu rekonstruieren versucht; vgl. dazu auch die methodische Kritik aus allen Lagern, die an der Befragungstechnik des *Mitbestimmungsberichtes* geübt wurde (Anm. 121).

[97] Darüber besteht an sich unter allen Parteien des Streites um die Mitbestimmung Übereinstimmung; die Konflikte entstehen erst in der Beurteilung der Konsequenzen; vgl. dazu *Prosi*, Volkswirtschaftliche Auswirkungen 43 ff. und 54 ff.; *Raiser*, Marktwirtschaft und paritätische Mitbestimmung (1973) 38 ff.

[98] Auch dies ist im allgemeinen unbestritten, wenngleich das *Maß* der Berücksichtigung sozialer Interessen bei Unternehmensentscheidungen kaum quantifizierbar ist und daher sehr verschieden beurteilt wird.

[99] *Mitbestimmungsbericht* 42 ff.; *Voigt*, Mitbestimmung 507; *Langner*, Rechtsposition und praktische Stellung des Aufsichtsrates im unternehmerischen Entscheidungsprozeß (1972) 93.

[100] Dieser These wird — unter Hinweis auf das „Innovations- und Rationalisierungspotential des Unternehmens" — vor allem von *Prosi*, Volkswirtschaftliche Auswirkungen 48 ff., widersprochen; bemerkenswert erscheint aber auch, daß der *Mitbestimmungsbericht* selbst in seinen rechtspolitischen Vorschlägen das Paritätsprinzip ablehnt, weil „das Rentabilitätsinteresse tendenziell stärker von den Anteilseignern als von den Arbeitnehmervertretern im Aufsichtsrat geltend gemacht" werde (102).

2. Die wissenschaftliche Auseinandersetzung

Allerdings kann man schon aus methodischen Gründen nicht empirisch feststellen, wie sich die Ertragsfähigkeit der betreffenden Unternehmen *ohne* paritätische Mitbestimmung entwickelt hätte und wie sich in anderen Bereichen der Wirtschaft die *Änderung* der Unternehmensorganisation auswirken würde[101]. Daher gibt es auch sehr widersprüchliche Prognosen gerade über diese Frage in den einschlägigen volks- und betriebswirtschaftlichen Untersuchungen, die rational kaum auflösbar sind[102].

cc) Emissionsfähigkeit und Handelswert der Gesellschaften

Unmittelbar mit der zuvor genannten Problemstellung hängt die Frage zusammen, ob das paritätisch mitbestimmte Unternehmen am *Kapitalmarkt* prinzipiell schwieriger Kapital beschaffen können, weil seine Geschäftsführung nicht primär am Rentabilitätsprinzip orientiert sei und ob daher der Wert der Gesellschaftsanteile notwendigerweise durch die Einführung der paritätischen Mitbestimmung sinke[103]. Für den Montanbereich haben die meisten Untersuchungen keine negativen Auswirkungen auf die Emissionsfähigkeit der Gesellschaften und die Kapitallenkungsfunktion ihrer Anteile festgestellt[104]. Doch führt jede Verallgemeinerung auch hier zu den oben beschriebenen methodischen Schwierigkeiten, so daß an den relativ eindeutigen Befund die widersprüchlichsten Prognosen und Vorschläge geknüpft werden[105].

dd) Integrationswirkung

Breiten Raum nimmt in den meisten empirischen Untersuchungen die durch die paritätische Mitbestimmung angestrebte Änderung des

---

[101] Dies übersehen alle Argumentationen, die *nur* auf die empirischen Befunde aus dem Montanbereich abstellen und daraus insbesondere auch einen Gegensatz zu den *rechtspolitischen* Vorstellungen des Mitbestimmungsberichtes ableiten. Trotz grundsätzlich richtiger „Vorüberlegungen" ist auch *Stein,* Qualifizierte Mitbestimmung 40 ff., dieser Gefahr nicht entgangen; vgl. dazu selbst *Naendrup,* GK MitbestG, Rdnr. 73.

[102] Es ist daher zumindest mißverständlich, wenn das *Frankfurter Gutachten* 149 f., von einer *übereinstimmenden sozialwissenschaftlichen Bewertung* der paritätischen Mitbestimmung (im Gegensatz zur „zunehmend verwirrenden und polarisierenden juristischen Diskussion") spricht. Vgl. in diesem Zusammenhang etwa die kritischen Gegenargumente in der „Stellungnahme des Arbeitskreises Mitbestimmung zum *Mitbestimmungsbericht*", hg. von der Bundesvereinigung der deutschen Arbeitgeberverbände (1970) 46 ff. und *Gaugler,* Betriebswirtschaftliche Komponenten des Mitbestimmungsgutachtens, in: Böhm / Briefs (Hgg.), Mitbestimmung 109 ff.

[103] *Kölner Gutachten* 73 und dagegen *Frankfurter Gutachten* 149 ff. (beide mit weiteren Hinweisen).

[104] *Mitbestimmungsbericht* 55 (anders 91); sehr verallgemeinernd *Stein,* Qualifizierte Mitbestimmung 60 f., wogegen *Naendrup,* GK MitbestG zurecht auf die Ergebnisse des Anhörungsverfahrens vor dem BT (dazu siehe unten) verweist.

[105] Vgl. etwa den *Mitbestimmungsbericht* selbst (91 f.); *Prosi,* Volkswirtschaftliche Auswirkungen 37 f., sowie die in Anm. 103 angef. Hinweise.

Verhältnisses von „Kapitalvertreter" und „Arbeitnehmervertreter" zueinander ein. Es wird dabei behauptet, daß diese Organisationsform mit ihren Einigungszwängen und Notwendigkeiten verstärkter wechselseitiger Information im ganzen zu einer verstärkten *Kooperation von „Kapital" und „Arbeit"* führe und so zur *Integration der Arbeitnehmer* in das Unternehmen beitrage[106].

Die Untersuchungsergebnisse erweisen im allgemeinen, daß diese Wirkung bestenfalls im Bereich des Aufsichtsrates und des Betriebsrates eintreten, im allgemeinen „Betriebsklima" jedoch höchst widersprüchliche Tendenzen feststellbar sind. Einer gewissen Identifikationswirkung durch die paritätische Mitbestimmung[107] steht eine latente Entfremdung zwischen Arbeitnehmerfunktionären im Aufsichtsrat (Vorstand) und Arbeitnehmer gegenüber, die zu einer verstärkten Bereitschaft zu „spontanen Aktionen" führen kann[108]. Ein signifikanter Unterschied in der *Streikbilanz* zwischen Montanbereich und der übrigen Wirtschaft ließ sich zwar feststellen[109], in seinen komplexen Ursachen aber letztlich nicht eindeutig der Organisationsform zuordnen[110].

d) Eine überragende Rolle in der weiteren politischen und fachwissenschaftlichen Diskussion, aber auch in der Entscheidungsbegründung des BVerfG spielte schließlich der Bericht *„Mitbestimmung im Unternehmen"* einer von der Bundesregierung eingesetzten Sachverständigenkommission[111]. Ihr war der Auftrag gegeben worden, die bisherigen Erfahrungen mit der Mitbestimmung auszuwerten und als Grundlage für weitere Überlegungen (Reformpläne) auf diesem Gebiete zu entwickeln[112].

---

[106] *Voigt*, Mitbestimmung 503; *Pirker / Braun / Lutz / Hammelrath*, Arbeiter, Manager, Mitbestimmung (1955) 420 ff.; *Neuloh*, Der neue Betriebsstil (1960) 232 ff.; *Küpper*, Grundlagen einer Theorie der betrieblichen Mitbestimmung (1974) 209; *Mitbestimmungsbericht* 53 ff.; *Hondrich*, in: Vetter (Hg.), Mitbestimmung 133 f.; kritisch: *Blücher*, Integration und Mitbestimmung (1966).
[107] So alle zuvor Genannten mit Ausnahme von *Blücher;* vgl. dazu auch: EMNID-Institut, Wirksamkeit der erweiterten Mitbestimmung auf die Arbeitnehmerschaft, Bd. I - III (1966).
[108] So vor allem: *M. Körner*, Mitbestimmung der Arbeitnehmer als Instrument gesamtwirtschaftlicher Einkommenspolitik (1974) 112 f.; *Blücher*, Integration 62 ff.; *Stein*, Qualifizierte Mitbestimmung 36 ff.; *Däubler*, Arbeitsrecht 300 f.
[109] *Körner*, Mitbestimmung 104; *Däubler*, Arbeitsrecht 300, berichtet, „daß es seit 1949 in der Montanindustrie zu keinem einzigen gewerkschaftlich organisierten Lohnstreik mehr kam".
[110] Mit Recht wird in diesem Zusammenhang immer wieder auf die hohen staatlichen Umstellungshilfen im Bergbau und die besondere Situation der Eisen(Stahl)industrie im Rahmen der internationalen Situation, die eine freie Preisgestaltung fast nicht zuläßt, hingewiesen.
[111] *Mitbestimmungsbericht*, BT-Drs. VI/334; Stellungnahme der Bundesregierung, in: BT-Drs. VI/1551; *Biedenkopf*, Mitbestimmung im Unternehmen, RdA 1970, 129.

2. Die wissenschaftliche Auseinandersetzung

Die Mitbestimmungskommission faßte diesen Auftrag so auf, daß sie vor allem empirische Erhebungen über die Auswirkungen der Montanmitbestimmung und der Mitbestimmung nach dem BetriebsverfassungsG 1952 durchführte und auf dieser Grundlage sowie auf Grund ihrer eigenen Wertvorstellungen, bestimmter rechtlicher Grundannahmen und Prognosen über die Auswirkungen von Mitbestimmungsregelungen eigene Reformvorschläge erstattete. Die Aussagen und Ergebnisse der Mitbestimmungskommission sind daher methodisch und inhaltlich von sehr unterschiedlicher Natur und erheben daher auch unterschiedliche Richtigkeitsansprüche[113].

aa) Die *rechtspolitischen Reformvorschläge* der Kommission[114] wurden sowohl von der Bundesregierung[115] als auch von Gewerkschaftsseite[116] abgelehnt, weil sie nicht auf das Modell der paritätischen Mitbestimmung hinausliefen, sondern der Eigentümerseite ein leichtes Übergewicht verliehen[117], wobei eine Überstimmung der Arbeitnehmervertreter durch besondere Verfahrensvorschriften regelmäßig ausgeschlossen und lediglich als *Konfliktlösungsmittel* eingerichtet werden sollte[118]. Es ist vom BVerfG zu Recht hervorgehoben worden, daß das Mitbestimmungsgesetz sich im Ergebnis sehr stark diesem organisatorischen Grundgedanken angenähert hat[119].

---

[112] *Mitbestimmungsbericht*, 8. Ob unter diesen Auftrag auch die Formulierung eines konkreten Mitbestimmungsmodells fällt, scheint zweifelhaft, wurde aber von der Kommission vor allem deshalb bejaht, um eine allzu divergente „Auswertung" des Berichtes zu verhüten (*Biedenkopf*, RdA 1970, 129). Diese Absicht ist mißlungen.

[113] Dies bedeutet nicht, daß die einzelnen Teile des *Mitbestimmungsberichtes* hier als mehr oder weniger „richtig" qualifiziert werden, sondern, daß jeweils ein verschiedener Maßstab und Grund für ihre Richtigkeit genommen werden muß; der *Mitbestimmungsbericht* hat dies durch die Gliederung und der deutlich verschiedenartigen Argumentation in den einzelnen Teilen selbst klar genug zum Ausdruck gebracht!

[114] Teil V des *Mitbestimmungsberichtes,* 96 ff.

[115] BT-Drs. VI/1551; wiederaufgenommen in der Begründung der Regierungsvorlage des MitbestG, BT-Drs. 7/2172, 16.

[116] Vgl. insbes. *Vetter*, Der Mitbestimmungsbericht — Analyse, Kritik, Folgerungen (1970).

[117] *Mitbestimmungsbericht* 102 ff.: „Gesichtspunkte für eine Mehrheit der Anteilseignervertreter", „Zusammensetzung des Aufsichtsrates im einzelnen".

[118] Vgl. *Mitbestimmungsbericht* 106: „Die Zuweisung einer Mehrheit an die Anteilseignervertreter im Aufsichtsrat sollte nach der Auffassung der Kommission in mehrfacher Weise institutionell kompensiert werden, um die Möglichkeit einer Übereinstimmung der Arbeitnehmerseite zu erschweren"; ebenda 102: „... unter Bedingungen, die eine Überstimmung der Vertreter im Aufsichtsrat nachhaltig erschweren und deshalb nur für solche Situationen ermöglichen sollen, in denen eine Durchsetzung der von den Anteilsgegnern für unerläßlich gehaltenen Entscheidungen möglich bleiben muß."

[119] *Mitbestimmungsurteil* 57: „Die Empfehlungen, zu denen sie (d.i. die Mitbestimmungskommission) auf dieser Grundlage gelangt ist, sprechen sich

bb) Die *empirischen Erhebungen* aus dem Montanbereich bzw. aus der Mitbestimmungspraxis der übrigen Wirtschaft wurden vor allem von Verteidigern der paritätischen Mitbestimmung sehr begrüßt und als sachwissenschaftliche Grundlage für die Berechtigung einer Ausdehnung der Montanmitbestimmung auf die Gesamtwirtschaft genommen[120]. Von vielen Seiten wurden diese Ergebnisse aus methodischen Gründen kritisiert[121]. Nach der Zusammensetzung und der Arbeitsweise der Kommission[122] muß bedacht werden, daß diese ihre Formulierungen höchst vorsichtig formulierte und bestrebt sein mußte, klare politische Aussagen zu zentralen Arbeitgeber- oder Gewerkschaftsforderungen, aber auch negative Zensuren über die Mitbestimmungspraxis im Montanbereich nach Möglichkeit zu vermeiden[123]. In Verbindung mit den *die paritätische Mitbestimmung ablehnenden* rechtspolitischen Empfehlungen können die Ergebnisse der empirischen Erhebungen der Mitbestimmungskommission daher wohl kaum als Beweis für die sachliche (ökonomische und entscheidungstechnische) *„Bewährung"* (*„Richtigkeit"*) der paritätischen Mitbestimmung als ein Ordnungsmodell der Gesamtwirtschaft genommen werden[124].

cc) Die *Prognosefeststellungen*, welche die Kommission als Grundlage ihrer Empfehlungen genommen hat[125], bestätigen die zuvor dargestellte vorsichtig-kritische Grundhaltung gegenüber der paritätischen Mitbestimmung voll und ganz. Sowohl in der Auswirkung auf die

---

für die Einführung einer qualifizierten Mitbestimmung aus; sie stimmen mit der Gesetz gewordenen Regelung nicht voll, aber doch in wesentlichen Zügen überein."

[120] Vgl. insbes. *Stein*, Qualifizierte Mitbestimmung 26 ff., 43 ff., 60 ff., 79 f., 98 f. u. a.; *Frankfurter Gutachten* 149 ff.; *Raiser*, Grundgesetz 31 ff.

[121] *Brinkmann-Herz / Prim / Rölke*, Bedeutung und Arbeit der Mitbestimmungskommission, Die neue Ordnung 6/1969, 442 ff.; *George*, Mitbestimmung nach *Biedenkopf*, Dialog 2/1970, 10 ff.; *Hartmann*, Mitbestimmung im Unternehmen: Eine Institution auf dem Prüfstand, Zeitschrift für Rechtspolitik 1970, 85 ff.; Stellungnahme des Arbeitskreises Mitbestimmung (Anm. 102) 12 ff.; *Boehm / Briefs*, Mitbestimmung u. a.

[122] Siehe dazu *Mitbestimmungsbericht* 8 ff., und Anlage 1 (120 ff.).

[123] Dies schon deshalb, weil alle Untersuchungen und Ergebnisse des *Mitbestimmungsberichtes* auf den Selbstdarstellungen von Funktionsträgern der Montanindustrie beruhen, die auf weitere Zusammenarbeit angewiesen waren und aus ihrer Praxis heraus kaum taugliche Maßstäbe einer Grundsatzkritik derselben entwickeln konnten; Probleme der „Betriebsblindheit" und Gruppensolidarität wurden im Mitbestimmungsbericht nicht ausdrücklich thematisiert.

[124] Dies ist denn auch nur auf jenem Wege möglich, den der *Mitbestimmungsbericht* gerade ausschließen wollte (Anm. 112): der Abtrennung der Empfehlungen der Kommission von den sie tragenden empirischen Grundlagen und deren isolierte Verwertung als Begründung für anderslautende Mitbestimmungskonstruktionen.

[125] Siehe insbes. die Teile IV.B. („Mitbestimmung als unternehmensinternes Problem") und C. („Die Außenbeziehungen des mitbestimmten Unternehmens") im *Mitbestimmungsbericht*.

Entscheidungsprozesse als auch in den Konsequenzen für die Entscheidungsinhalte wird festgehalten[126], daß die Erfahrungen mit der Montanmitbestimmung nahelegen, eine letzte organisatorische Sicherung der Entscheidungsfähigkeit und Zielorientierung an der Produktivität und Wirtschaftlichkeit des Unternehmens einzubauen. Da die Arbeitnehmerseite typischerweise eher an der Durchsetzung ihrer *sozialen* Interessen bzw. an der *Kontrolle* der Unternehmensentscheidung unter diesem Gesichtswinkel interessiert ist (Ergebnis der empirischen Erhebung!)[127], sei das rein paritätische Entscheidungsmodell — ohne Möglichkeit des Stichentscheides — schon aus rein sachlichen Erwägungen als Ordnungsmodell für die Gesamtwirtschaft nicht zu empfehlen[128].

Dabei hat die Kommission insbesondere auch auf die Auswirkungen der Unternehmensorganisation in der Stellung des Unternehmens am Markt, Kapitalmarkt und in der Gesamtwirtschaft Bedacht genommen[129]. In allen diesen Beziehungen nahm die Kommission auf Grund ihrer Erfahrungen im ganzen durchaus positive Auswirkungen der Mitbestimmung für das Unternehmen an, hielt aber an der zuvor dargestellten Grenze der *nicht voll paritätischen Mitbestimmung* fest[130].

dd) *Die Auswirkungen der Mitbestimmung auf die Tarifautonomie* wurden von der Kommission besonders geprüft[131]. Sie kam dabei zum Ergebnis, daß zwar grundsätzlich von einer Funktions- und Organisationsteilung beider Institutionen auszugehen ist und beide für sich genommen legitime Verwirklichungen des Sozialstaatsauftrages der Verfassung seien. Dennoch könnten Interdependenzen in personeller und funktioneller Hinsicht nicht ausgeschlossen werden[132]. Wenn diese dazu führen, daß die Funktionsfähigkeit der Tarifvertragsautonomie gefährdet wird oder der Tarifvertrag seine Funktion in grundsätzlicher Weise ändert, würde dies nach Meinung der Kommission die Verfassungswidrigkeit der betreffenden Mitbestimmungsregelung indizieren. Auch unter diesem Gesichtspunkt wollte die Kommission die von ihr vorgeschlagene *nicht voll paritätische Mitbestimmung* verstanden wissen[133].

---

[126] *Mitbestimmungsbericht* 76 ff. und 83 ff.
[127] *Mitbestimmungsbericht* 42 ff. (empirischer Teil!).
[128] *Mitbestimmungsbericht* 101 ff. (Empfehlungsteil!).
[129] *Mitbestimmungsbericht* 86 ff., 91 ff.
[130] *Mitbestimmungsbericht* 91: „Dagegen wäre nach Auffassung der Kommission mit negativen Auswirkungen dann zu rechnen, wenn die Anteilseigner durch die Ausgestaltung der Mitbestimmung institutionell daran gehindert wären, auf die unternehmerischen Risiken entscheidend Einfluß zu nehmen, für die sie mit ihrer Einlage haften."
[131] *Mitbestimmungsbericht* 93 ff.
[132] *Mitbestimmungsbericht* 94 f.; leicht anders 47 f., worauf sich *Stein*, Qualifizierte Mitbestimmung 95 ff., stützt, ohne die ganz anders lautenden Erwägungen an der zuerst genannten Stelle zu erwähnen.

ee) *Die verfassungsrechtlichen Schranken jeder Mitbestimmungsregelung* haben die Kommission ebenfalls in ihrer Zurückhaltung gegenüber der paritätischen Mitbestimmung bestärkt. Außer Art. 9 Abs. 3 GG, der zum zuvor dargestellten Ergebnis führte, hat die Kommission dabei insbesondere die Vereinbarkeit von Mitbestimmungsregelungen mit Art. 14 GG geprüft[134]. Sie kam dabei in Übereinstimmung mit der Judikatur des BVerfG zum Ergebnis, daß an sich Mitbestimmungsregelungen Beschränkungen des Anteilseigentums und der daraus erfließenden gesellschaftlichen Mitwirkungsrechte seien, daß aber die von ihr vorgeschlagene Regelung sich noch im Rahmen des gesetzlichen Ermächtigungsspielraumes in Art. 14 GG halte, der insbesondere durch das Sozialstaatsprinzip und die Grundrechte der Arbeitnehmer mit begründet werde[135].

In diesem Zusammenhang hat die Kommission die Auffassung vertreten, daß die Frage der *Wesensgehaltsverletzung des Eigentumsgrundrechtes* hier unter Berücksichtigung des Gesellschaftsrechtes und daraus erfließenden Eigenarten des „Anteileigentums" zu untersuchen sei[136]. Daher sei wohl eine Beschränkung, nicht dagegen eine prinzipielle Aufhebung der körperschaftsrechtlichen Mitwirkungsrechte zulässig[137]. Ebenfalls gehöre es zum Wesensgehalt des Anteilseigentums,

---

[133] *Mitbestimmungsbericht* 94: „Dabei ist insbesondere zu prüfen, ob die institutionelle Mitbestimmung in den Unternehmensorganen durch mögliche Kompetenzanreicherungen nicht dazu führen kann, daß die Tarifautonomie zu einem „leerlaufenden" Instrument der Konfliktslösung wird. Die Kommission ist der Auffassung, daß die von ihr empfohlene Form der Mitbestimmung der Arbeitnehmer im Unternehmen die Entscheidung dieser Frage nicht erforderlich macht." Es ist daher kaum gerechtfertigt, den *Mitbestimmungsbericht* als Begründung für die Vereinbarkeit der paritätischen Mitbestimmung mit der Tarifautonomie heranzuziehen (vgl. etwa *Stein*, Qualifizierte Mitbestimmung 98 f.; *Frankfurter Gutachten* 241).

[134] *Mitbestimmungsbericht* 74 ff.

[135] Der *Mitbestimmungsbericht* 75, hat ohne weitere Begründung angenommen, daß die von ihm als „Rechtfertigung der Mitbestimmung" angeführten Gründe (56 ff.) taugliche *öffentliche* Interessen einer sozialstaatlichen Begrenzung des Eigentums seien; das BVerfG ist im *Mitbestimmungsurteil* (350 f.) weitgehend sogar wörtlich dieser Argumentation gefolgt.

[136] Ohne ausdrücklich Art. 9 Abs. 1 GG zu nennen hat der *Mitbestimmungsbericht* (75) das „Anteilseigentum" einer Kapitalgesellschaft sehr treffend in seinem doppelten verfassungsrechtlichen Bezug „als *Vermögensrecht* und als *körperschaftliches Mitwirkungsrecht* (Herrschaftsrecht)" definiert. Die Frage der Verfassungswidrigkeit einer Umgestaltung dieses Anteilseigentums hängt nach Auffassung des Mitbestimmungsberichtes daher von der organisatorischen Eigenart der Kapitalgesellschaft und ihrer Veränderung durch den Eingriff ab.

[137] Der *Mitbestimmungsbericht* (75 f.) stellt dabei — entgegen einer verbreiteten Argumentation — nicht auf die Herrschaftsbefugnisse des einzelnen Aktionärs ab, sondern auf deren Gesamtheit und betont ausdrücklich die bedeutende Rolle des *Aufsichtsrates* für diese Eigentümerbefugnisse. Aus beiden Gesichtspunkten leitet der Mitbestimmungsbericht die verfassungsrechtliche Relevanz der Mehrheitsverhältnisse im Aufsichtsrat ab.

daß die Gesellschaft verpflichtet sei, damit in einer grundsätzlich am privatwirtschaftlichen Rentabilitätsprinzip orientierten Weise zu wirtschaften[138]. Aus beiden Gesichtspunkten — die übrigens in bemerkenswerter Übereinstimmung in der Begründung des Mitbestimmungsurteiles des BVerfG wiederkehren — hält die Mitbestimmungskommission gerade ihre Regelungsvorschläge für verfassungskonform[139]. Man geht wohl nicht fehl in der Annahme, daß es nicht zuletzt die beiden angeführten verfassungsrechtlichen Schranken des *Wesensgehaltes der Eigentumsgarantie für die Kapitalgesellschaften* waren, welche die Mitbestimmungskommission davon abhielten, eine voll paritätische Mitbestimmung vorzuschlagen.

3. Das Gesetzgebungsverfahren

a) Die *Bundesregierung* hatte in ihrer Stellungnahme zum Mitbestimmungsbericht zwar anerkannt, daß er wesentliche Erkenntnisse zur Bedeutung und Bewährung der Mitbestimmung erbracht habe. Sie verwarf aber die Vorschläge der Mitbestimmungskommission für eine Neuregelung ausdrücklich, weil sie hinter ihren grundsätzlichen Zielvorstellungen über die Einführung einer allgemeinen *paritätischen* Mitbestimmung für alle Großunternehmen zurückblieb[140].

Der in der Folge eingebrachte Gesetzentwurf — der selbst schon deutlichen Kompromißcharakter trug[141] — erfuhr im Zuge seiner parlamentarischen Behandlung eine politische und fachwissenschaftliche Behandlung von ungewöhnlicher Intensität; eine Dokumentation des Deutschen Bundestages allein über die *veröffentlichten* Gesetzesmate-

---

[138] *Mitbestimmungsbericht* 75: „Der Aktionär darf, falls die Satzung nicht etwa gegenteilige Bestimmungen enthält, bei dem Erwerb seiner Beteiligung erwarten, daß die Verwaltungsorgane mit seiner Einlage in einer Weise wirtschaften werden, wie dies nach den bestehenden marktwirtschaftlichen, vom Wettbewerbsprinzip beherrschten Ordnung möglich und geboten ist. Die Erfüllung dieser berechtigten Erwartung gehört zum vermögensrechtlichen Wesensgehalt der grundrechtlichen Verbürgung."

[139] *Mitbestimmungsbericht* 75/76: „Diese Erwartung des Aktionärs wird nach Auffassung der Kommission bei der Verwirklichung der von ihr vorgelegten Empfehlung nicht in einer von der Verfassung mißbilligten Weise enttäuscht. Die Kommission hält ihre Empfehlungen deshalb für verfassungskonform ... In der von ihr vorgeschlagenen Besetzung des Aufsichtsrates mit Vertretern der Arbeitnehmer des Unternehmens sieht die Kommission deshalb auch unter mitgliedschaftsrechtlichen Gesichtspunkten keine verfassungsrechtlich unzulässige Beeinträchtigung der Rechtsstellung des Aktionärs."

[140] Siehe die Hinweise in Anm. 115.

[141] Siehe die Hinweise in Anm. 31 und die dahinter stehenden Koalitionsabsprachen bei *Schwerdtfeger*, Mitbestimmung 204; *Däubler*, Arbeitsrecht 309 f., bezeichnet daher bereits den Regierungsentwurf als *unterparitätische* Mitbestimmung.

rialien — wozu etwa die Ausschußprotokolle (mit Ausnahme der öffentlichen Informationssitzungen) nicht gehören — umfaßt mehr als 800 Seiten[142]. Ebenso ungewöhnlich wie das Verfahren war das Ergebnis: Nachdem noch der eingebrachte Gesetzentwurf der Bundesregierung zunächst vom Bundesrat zur Gänze[143] und von der Opposition in wesentlichen Grundsatzbestimmungen scharf abgelehnt wurde[144], kam es schließlich im federführenden Ausschuß für Arbeit und Sozialordnung nach zweijährigen Verhandlungen auf vielen Ebenen zu einer Kompromißfassung[145], die zwar keine der politischen Parteien voll befriedigte, aber in namentlicher Abstimmung mit der überwältigenden Mehrheit von 409 gegen 22 Stimmen (davon 1 SPD) bei einer Stimmenthaltung angenommen wurde[146]. Der Bundesrat erhob hierauf gegen das Gesetz keinen Einspruch mehr[147], so daß das Gesetz sofort verkündet werden konnte[148].

b) Kernstück des parlamentarischen Beratungsverfahrens waren *drei öffentliche Informationssitzungen* des federführenden Bundestagsausschusses[149], in denen in einem Anhörungsverfahren zunächst 30 Sachverständige aus den Kreisen der Wirtschaft und der Arbeitnehmerorganisationen, Richter des Bundesarbeitsgerichts, zwei Arbeitsdirektoren der Montanindustrie sowie 15 von den Fraktionen benannte Persönlichkeiten aus Unternehmen, die den Mitbestimmungsgesetzen oder dem Betriebsverfassungsgesetz unterlagen, zum Wort kamen[150].

---

[142] Vgl. Deutscher Bundestag, Abt. Wiss. Dokumentation-Parlamentsarchiv, *Veröffentlichte Gesetzesmaterialien* Nr. 7 (Januar 1978).

[143] Siehe dazu die Debatte in der 404. Sitzung des BR (5. 4. 1974) 110 ff., und die Stellungnahme des Bundesrates gemäß Art. 76 Abs. 2 GG, abgedruckt als Anlage 2 zur Regierungsvorlage beim Bundestag 7/2172, 31.

[144] Vgl. dazu das Sten. Prot. der *ersten Beratung* des Mitbestimmungsgesetzes, 110. Sitzung (7. Wahlperiode) vom 20. 6. 1974, 7460 ff., insbes. die Äußerungen der Abg. *Franke*, Graf *Stauffenberg*, Dr. *Blüm* und Dr. v. *Bismarck*.

[145] Siehe den *Antrag* des Ausschusses für Arbeit und Sozialordnung (11. Ausschuß), BT-Drs. 7/4787 (23. 2. 76) und dazu den Bericht der Abg. *Sund*, *Franke* und *Schmidt*, BT-Drs. 7/4845 (10. 3. 1976).

[146] Siehe dazu die zweite und dritte Beratung des MitbestG im Sten. Ber. d. 230. Sitzung des BT (18. 3. 1976) 15 997 ff.

[147] Siehe den Sten. Ber. d. 433. Sitzung (9. 4. 1976) 141 ff. (145): „Ein Antrag gemäß Art. 77 Abs. 2 GG (Einberufung eines gemeinsamen Vermittlungsausschusses) wird nicht gestellt."

[148] Als „Gesetz über die Mitbestimmung der Arbeitnehmer (Mitbestimmungsgesetz-MitbestG) vom 4. Mai 1976", BGBl. I 1153, in Kraft getreten gem. § 41 am 1. Juli 1976.

[149] Siehe dazu die Sten. Prot. der 51., 52. und 55. Sitzung des Ausschusses für Arbeit und Sozialordnung — 11. Ausschuß — 7. Wahlperiode des BT. An den Ausschußberatungen (Befragung) nahmen auch Mitglieder des Ausschusses für Wirtschaft sowie des Rechtsausschusses, der Bundesregierung und des Bundesrates teil.

[150] Die Namen und Funktionen sämtlicher Sachverständigen sind jeweils am Beginn der zuvor genannten Protokolle verzeichnet. Die Sitzungen fan-

In einer weiteren öffentlichen Informationssitzung wurden zehn von den Fraktionen benannte Rechtswissenschaftler — zusätzlich zu den Stellungnahmen der von der Bundesregierung beauftragten beiden Rechtsgutachter— angehört[151]. In diesen Informationssitzungen wurden folgende Sach- und Rechts(Verfassungs-)fragen eingehend behandelt:

aa) Erfahrungen mit der bisherigen Mitbestimmung und Gesamtwürdigung des Gesetzentwurfes.
bb) Willensbildung und Entscheidungsprozesse im Aufsichtsrat.
cc) Wechsel im Vorsitz des Aufsichtsrates.
dd) Beurteilung des Entwurfs in Verbindung mit dem Entwurf des Europäischen Parlaments bzw. des Europäischen Unternehmensrechts.
ee) Die Stellung der Leitenden Angestellten.
ff) Das Wahlverfahren.
gg) Der Geltungsbereich des Gesetzes.
hh) Vereinbarkeit des Gesetzentwurfes mit Art. 9 Abs. 3 und Art. 14 Grundgesetz.

c) Die *verfassungsrechtliche Relevanz* der Anhörungsverfahren für die endgültige Fassung des Mitbestimmungsgesetzes und das Verfahren vor dem BVerfG kann nicht hoch genug eingeschätzt werden: In den vielstündigen Befragungen der führenden Experten und Interessenvertreter und in ihren ausführlichen schriftlichen Stellungnahmen wurde nämlich jene Grundlage für die endgültige Gesetzesregelung geschaffen, die das BVerfG zu Recht als *„vertretbare Prognoseentscheidung"* bezeichnet hat[152] und zum Gesamturteil geführt hat, daß hier — entgegen der Zielsetzung der Regierungsvorlage — *keine paritätische Mitbestimmung*[153] vorliege.

Im Mittelpunkt der Beratungen standen — neben den politisch bedeutsamen Fragen des Wahlverfahrens und des Minderheitenschutzes

---

den im größten Saal des Bundeshauses unter großem Andrang von Presse, Rundfunk und Fernsehen und der Öffentlichkeit statt.

[151] Siehe das Sten. Prot. der 62. Sitzung des Ausschusses für Arbeit und Sozialordnung — 11. Ausschuß (19. 12. 1974) — gleicher Teilnehmerkreis wie in Anm. 149 angeführt. Dieses Protokoll enthält in den *Anlagen* die Thesen der Gutachter der Bundesregierung (*Raiser* und *Scholz*) sowie die schriftlichen Stellungnahmen von 9 Professoren als Sachverständige (*Duden, Mestmäcker, Raisch, Rupp, Säcker, Simitis, Stein, Stern, Zacher*). Themen der Befragung waren ausschließlich die im folgenden unter hh) angeführten Verfassungsfragen.

[152] Siehe dazu den Abschnitt I.2. der Entscheidungsbegründung des *Mitbestimmungsurteiles* (331 ff.) und die Ausführungen unten III.3. dieser Untersuchung.

[153] Abschnitt I.1. der Entscheidungsbegründung des *Mitbestimmungsurteiles* (322 ff.) und dazu die Ausführungen unter III.2.c. dieser Untersuchung.

(insbesondere auch für die Leitenden Angestellten) — von Anfang an die verfassungsrechtlichen Kernthemen der Funktionsfähigkeit des Unternehmens, der Rentabilität und Kapitalbeschaffungsmöglichkeit, der Pattauflösung im Aufsichtsrat und der Funktionsfähigkeit des Tarifvertragssystems. Alle diese prognoseorientierten Funktionsfragen reduzierten sich schließlich auf die eine entscheidende *Organisationsfrage*: Bedarf die paritätische Mitbestimmung als allgemeines Organisationsprinzip für Großunternehmen der Möglichkeit eines Stichentscheides durch die Eigentümerseite, um verfassungsmäßig und gleichzeitig funktionsgemäß zu sein[154]?

Nachdem schon der Mitbestimmungsbericht klar in diese Richtung votiert hatte, zeigten sich im Anhörungsverfahren zwar unterschiedliche Meinungen der Experten und Rechtswissenschaftler, im ganzen aber blieben die Bedenken doch so schwerwiegend, daß auch die Regierungsparteien in der Verwirklichung ihres Paritätsmodelles bzw. in der darin nur ausnahmsweise vorgesehenen Patt-Auflösung durch die Hauptversammlung eine „*verfassungsrechtliche Gefahr*" und eine *sachlich und politisch nicht mehr vertretbare Lösung* erblickten[155].

d) Die schließlich beschlossene Fassung des Gesetzes sieht eine allgemeine Pattauflösung im Aufsichtsrat durch die *Zweitstimme des Vorsitzenden* vor[156]; dieser selbst kann aber im Konfliktsfall von den *Anteilseignern* allein gewählt werden, während der Stellvertreter den Arbeitnehmervertretern vorbehalten bleibt[157]. Geändert wurde auch das Verfahren der Vorstandsbestellung: Auch hier entscheidet im Konfliktsfalle die Zweitstimme des Aufsichtsratsvorsitzenden und nicht mehr die der Hauptversammlung[158].

Damit wurden alle wichtigen sachlichen und verfassungsrechtlichen Einwände gegen die Regelung des Gesamtentwurfes, die im Anhörungsverfahren geäußert wurden, berücksichtigt. Darüber hinaus wurde im Sinne der Anregungen der Opposition und der Vertreter der Leitenden Angestellten das Wahlverfahren für die Arbeitnehmervertreter ge-

---

[154] Aus *verfassungsrechtlichen* Erwägungen siehe dazu die Ausführungen der Experten in der 62. Sitzung, aus *unternehmensorganisatorischen* Erwägungen die Stellungnahmen in der 52. Sitzung des Ausschusses für Arbeit und Sozialfragen.
[155] Siehe dazu den Bericht des Ausschusses für Arbeit und Sozialfragen, BT-Drs. 7/4845, 8: „Damit hat der Ausschuß aus politischen und sachlichen Erwägungen sowie um rechtliche Risiken im voraus zu vermeiden, auch den in verschiedenen Informationssitzungen von den Sachverständigen vorgetragenen Bedenken gegen die Vorschläge des Regierungsentwurfs Rechnung getragen."
[156] § 29 Abs. 2 MitbestG.
[157] § 27 Abs. 2 MitbestG.
[158] § 31 Abs. 4 MitbestG. Ein weiterer Vorbehalt zugunsten der Anteilseigner wurde für Konzernbeteiligungen geschaffen (vgl. § 32 Abs. 1 MitbestG).

ändert[159]. In anderen wichtigen politischen Fragen — wie etwa die allgemeine Direktwahl, der Beteiligung von (unternehmensfremden) Gewerkschaftsvertretern, dem absoluten Vorbehalt der Zweitstimme des Aufsichtsratsvorsitzenden für die Anteilseignerseite und dem Aufgabenbereich des Arbeitsdirektors — konnte sich die Opposition dagegen nicht durchsetzen[160].

Für die komplizierte parteipolitische Situation in der Mitbestimmungsfrage ist kennzeichnend, daß eine Minderheit der CDU noch im Ausschuß gegen die Regierungsvorlage und den schließlich erzielten Kompromiß votierte[161], weil sie für das (von der SPD an sich für richtig gehaltene) Montanmitbestimmungs-Modell eintrat (ebenso *ein* Abgeordneter der SPD bei der Endabstimmung[162]), während eine andere Minderheit auch noch die dargestellte Kompromißlösung ablehnte, weil sie dagegen verfassungsrechtliche oder politische Bedenken hegte[163].

e) Keinen erkennbaren Einfluß auf das Gesetzgebungsverfahren und die schließlich erzielte Kompromißlösung hatte eine vom DGB veranstaltete *wissenschaftliche Konferenz über „Mitbestimmung, Wirtschaftsordnung, Grundgesetz"*, deren erklärtes Ziel es war, die Sachgemäßheit und Verfassungsmäßigkeit der paritätischen Mitbestimmung wissenschaftlich zu untermauern und damit ein Gegengewicht gegen das in eine andere Richtung laufende Anhörungsverfahren vor dem Bundestag zu bieten[164].

---

[159] Siehe § 9 (Anordnung bzw. Möglichkeit der unmittelbaren Wahl), §§ 10 - 12 und 15 (Getrennte Wahl für Arbeiter und Angestellte, einschließlich der leitenden Angestellten; Einführung der Verhältniswahl; Sonderregelungen für den Wahlvorschlag der leitenden Angestellten).

[160] Siehe dazu den Änderungsantrag der CDU/CSU zur zweiten Beratung des MitbestG vom 16. 3. 1976, BT-Drs. 7/4887, der in der Abstimmung durchwegs mit Mehrheit abgelehnt wurde (Sten. Prot. 230. Sitzung/7. WP, 16.018 ff.).

[161] Es handelte sich um die Abgeordneten Dr. *Blüm, Müller* (Remscheid), *Zink* und Frau *Hürland,* die in der Endabstimmung über das MitbestG durchwegs mit „ja" stimmten, im Ausschuß für Arbeit und Sozialordnung jedoch den Antrag auf Ausdehnung der Montan-Mitbestimmung auf die Gesamtwirtschaft gestellt hatten (BT-Drs. 7/4845, 3/4).

[162] Siehe dazu die Erklärung des Abg. *Gansel* (SPD), Anlage 4 des Sten. Ber. der 230. Sitzung (7. WP) des BT, 16 118 f., der seine Ablehnung schwergewichtig mit der Einbeziehung der „Leitenden Angestellten" in die Gruppe der Arbeitnehmer begründete.

[163] Siehe dazu die Erklärungen der Abg. Dr. *Köhler, Schröder,* Dr. v. *Bismarck* und *Niegel* in den Anlagen 2, 3, 5 und 6 des in der vorigen Anm. zit. Sten. Ber.

[164] Siehe dazu die Veröffentlichung der Referate und Diskussionsbeiträge auf dieser Konferenz in: *Vetter* (Hg.), Mitbestimmung, Wirtschaftsordnung, Grundgesetz (1976); über die Zielsetzung der Konferenz vgl. *Vetter,* 9 f. und 16 ff.

Im Rahmen dieser Tagung wurde vor allem die volkswirtschaftliche Leistungsfähigkeit und Funktionsfähigkeit von Unternehmen mit paritätischer Mitbestimmung[165], aber auch die (historisch begründete) Neutralität des Grundgesetzes gegenüber der paritätischen Mitbestimmung[166] ausführlich erörtert. In einer Podiumsdiskussion wurden zur Frage der Verfassungsmäßigkeit freilich auch Gegenmeinungen geäußert[167]. Manche Argumente deckten sich inhaltlich mit Äußerungen im Anhörungsverfahren; andere kehrten in der Argumentation vor dem BVerfG wieder[168].

Im ganzen bot die Konferenz ein deutliches Bild der im DGB offenbar ganz herrschenden Auffassung, daß verfassungsrechtliche Bedenken gegen die Mitbestimmung objektiv in keiner Weise begründet seien, sondern samt und sonders als interessenspolitische Widerstände der Unternehmer und ihrer rechtswissenschaftlichen Hilfskräfte einzustufen seien[169]. Diese Linie der Argumentation ist deshalb bemerkenswert, weil sie auch in die Rechtswissenschaft Eingang gefunden hat und dort zur Relativierung aller Gegenstandspunkte der Befürworter der paritätischen Mitbestimmung dient[170]. Einer derartigen, rein interessenpolitischen Abqualifizierung der verfassungsrechtlichen Argumentation[171] hat das Verfahren vor dem BVerfG und die sorg-

---

[165] Siehe vor allem die Referate von *Fleischmann*, Mitbestimmung und wirtschaftliche Leistungsfähigkeit, und *Hondrich*, Mitbestimmung und Funktionsfähigkeit von Unternehmen, in: Vetter (Hg.), Mitbestimmung 92 ff. und 126 ff.

[166] *Zweigert*, Die Neutralität des Grundgesetzes gegenüber der paritätischen Mitbestimmung, in: Vetter (Hg.), Mitbestimmung 205 ff. sowie die Diskussionsbeiträge von *Drath, Abendroth* u. a., ebenda 276 ff.

[167] Die Thesen der 6 Teilnehmer an der Podiumsdiskussion sind außer bei Vetter (Hg.), Mitbestimmung 266 ff., auch in: Mitbestimmungsgespräch 1975, 166 ff., abgedruckt.

[168] Dies gilt insbesondere von der These der historisch begründeten Neutralität des Grundgesetzes gegenüber der paritätischen Mitbestimmung (*Zweigert*), mit der sich das Mitbestimmungsurteil ausdrücklich auseinandersetzte (siehe unten III.2.b. und c.dd.).

[169] Besonders deutlich in diese Richtung *Muhr* (11 ff.) und *Vetter* (16 ff.), der allerdings im Schlußwort (347) die allgemeine „Juristenschelte" etwas abschwächt; vgl. zu diesem gängigen Argumentationshaushalt besonders klar: *Däubler*, Arbeitsrecht 308 f. unter Berufung auf *Wahsner*, in: Mayer-Reich (Hg.), Mitbestimmung contra Grundgesetz (1975) 87 ff. (91 f.).

[170] So vor allem unter der ebenso unrichtigen wie weitverbreiteten Gesamtparole, daß die Verfassungsmäßigkeit der paritätischen Mitbestimmung erst ab 1970 — im Zusammenhang mit der veränderten politischen Situation — zum Problem gemacht worden sei. Von dieser Tendenz ist insbesondere die (an sich sorgfältige und umfassende) Darstellung des Verfassungsstreites von *Naendrup*, GK MitbestG nicht ganz frei (vgl. besonders typisch Rdnr. 66 f.).

[171] Typisch etwa *Aschke*, Demokratie und Recht 1979, 174: „Auch nach dem Mitbestimmungsurteil haben die Arbeitgeber einen nicht unbedeutenden Diskussionsvorteil durch die bundesverfassungsgerichtlich bestätigte Juridifizierung der politischen Frage der Mitbestimmung"; ebenso *Kittner*,

fältigen Einlassungen des Gerichtes auf alle offenen Verfassungsfragen ein für alle Mal den Boden entzogen.

4. Das Verfahren vor dem BVerfG

a) Der mit dem dargestellten ungewöhnlichen Aufwand an Sachverständigen, Interessenvertretern und politischem Verhandlungsgeschick erzielte Kompromiß des Mitbestimmungsgesetzes brachte zunächst keine Befriedung der politischen und verfassungsrechtlichen Auseinandersetzung um die Mitbestimmung. Im Gegenteil! Die Auseinandersetzungen gingen auf wissenschaftlicher Ebene und bei den Verbänden weiter, als ob keine Entscheidung gefallen wäre[172]. Dazu trugen eine Reihe von Problemen bei, die im Gesetz, aber auch in der Wirklichkeit der Unternehmens- und Verbandspraxis noch ungeklärt waren und daher zu gegensätzlichen Auffassungen und Strategien der Rechtsauslegung und Rechtsanwendung führen mußten.

aa) So herrschte etwa zwischen den Zielsetzungen des Mitbestimmungsgesetzes und seinem objektiven Regelungsgehalt ein grundsätzlicher und unausgetragener Widerspruch, der die *Substanz* der ganzen Mitbestimmungsfrage traf: Handelte es sich beim Mitbestimmungsgesetz — wie die Bundesregierung, aber auch Teile der Opposition noch aus Anlaß der Beschlußfassung betonten[173] — nach wie vor um eine *paritätische Mitbestimmung* oder war dem Gesetzentwurf dieser Charakter im Zuge der parlamentarischen Verhandlungen genommen worden?

Eine eindeutige Antwort hierauf gab es nicht: Stellte man auf die Zahlenverhältnisse und die reguläre Kooperationsstruktur im Auf-

---

Gewerkschaftliche Monatshefte 1979, 340: „Wie sich gezeigt hat, sind Juristen zur Verteidigung eines Status quo bewunderungswürdig erfindungsreich." *Berlit / Dreier / Uthmann*, Kritische Justiz 1979, 174: „... Tendenz zur Umwandlung einer politischen Auseinandersetzung in eine juristische, die mit Verfassungsinterpretation nur wenig ... zu tun hatte."

[172] Siehe dazu die Hinweise in den Anm. 33 f. sowie *Issensee*, Der Staat 1978, 161 ff.; *Suhr*, NJW 1978, 2361 ff.; *Wendt*, NJW 1978, 2369 ff.; *Lerche*, FS Ipsen (1977) 439; *Bieback / Däubler / Fabricius*, MitbestG (1976); *Friauf / Wendt*, Eigentum; *Papier*, ZHR 142 (1978) 71 ff.; *Naendrup*, GK MitbestG u. v. a.

[173] Vgl. Sten. Ber. d. 230. Sitzung des BT (18. 3. 1976) 15 998 (*Sund*, SPD) 16080 (*Arendt*, SPD), aber auch (nicht ganz eindeutig): 16086 f. (*Franke*, CDU/CSU) und BR 433. Sitzung (9. 4. 1976) 143 (*Geißler*, CDU), beide unter dem Stichwort „Partnerschaft" bzw. „gleichberechtigte Kooperation". Dabei ist zu beachten, daß die parlamentarische Beschlußfassung auf den gemeinsamen Antrag *aller Fraktionen* des 11. Ausschusses zurückging, der als gemeinsame Zielvorstellung „*den Grundsatz der Gleichberechtigung und Gleichgewichtigkeit von Arbeitnehmer und Anteilseigner*" angab (Ber. des Ausschusses für Arbeit und Sozialfragen 7/4787 und 7/4845, 1).

sichtsrat ab, kam man zum Ergebnis „paritätische Mitbestimmung"[174]. Hielt man dagegen das Zweitstimmrecht des Aufsichtsratsvorsitzenden und seine Bestellung durch die Anteilseigentümerseite für ausschlaggebend, kam man zum Urteil eines *Übergewichtes der Eigentümer* (und damit zur Entkräftung vieler Verfassungszweifel)[175]. Wählte man dagegen eine funktionelle Betrachtungsweise im Zusammenhang des Gesellschafts- und Betriebsverfassungsrechtes, so kam man wiederum — je nach Standpunkt — zum Ergebnis eines bedeutenden Übergewichtes der Anteilseigner, weil sie allein über Hauptversammlung und Vorstand verfügen könnte[176], oder aber zu einer *„Überparität"* der Arbeitnehmervertreter, weil diese die Mitbestimmungsrechte aus dem MitbestG, der Betriebsverfassung und der Tarifautonomie kombinieren könnten[177].

bb) Die so unlösbar gewordene Frage, ob die *„grundsätzliche Zielsetzung"* des MitbestG[178] nun eigentlich die paritätische Mitbestimmung sei oder nicht, hat indessen nicht nur theoretische Bedeutung. Von ihrer Beantwortung hängt nämlich die eminent praktische und grundsätzliche Strukturfrage des neuen Unternehmensrechtes ab, ob die Durchsetzung der — scheinbar als außergewöhnliche Konfliktslösungsmechanismen konstruierten — *Eigentümerbefugnisse* als ein „Unterlaufen der Mitbestimmung"[179] oder eher als legitime rechtliche Ausgestaltung anzusehen ist[180]. Nach den ersten wissenschaftlichen

---

[174] *Ballerstedt*, ZGR 1977, 136 f.; unbestimmt: *Martens*, Allgemeine Grundsätze zur Anwendbarkeit des Mitbestimmungsgesetzes, Die AG 1976, 113 ff. (133); *Naendrup*, GK MitbestG, Erl. zu § 25, Rdnr. 13; *derselbe* AuR 1977, 269 u. a. (unter dem Stichwort *„Mitbestimmungstelos"*); *Reich*, Das neue Mitbestimmungsgesetz, AuR 1976, 261 ff. (269); *Richardi*, Mitbestimmung — das nicht gelöste Ordnungsproblem, Die AG 1979, 29 ff.

[175] *Raiser*, Das neue Mitbestimmungsgesetz, NJW 1976, 1337 ff.; *Naendrup*, GK MitbestG, Einleitung II, Rdnr. 1 ff. und die Mehrheit der CDU/CSU-Opposition im Rahmen der parlamentarischen Beschlußfassung des Gesetzes (vgl. dazu den Sten. Ber. der 230. Sitzung des BT, 7. WP, 15997 ff.).

[176] *Raiser*, NJW 1976, 1339; *Frankfurter Gutachten* 159 ff.

[177] So die Hauptthese des *Kölner Gutachtens* 98 ff.; vgl. aber in dieselbe Richtung die im *Frankfurter Gutachten* 168, Anm. 133, angeführten 19 weiteren Lit.-Hinweise.

[178] Im Sinne eines verbindlichen *„Mitbestimmungstelos"* (*Naendrup*, AuR 1977, 269) oder *„Leitgedanken"* des MitbestG (*Ballerstedt*, ZGR 1977, 135 ff.) u. v. a.

[179] Siehe dazu besonders typisch: *Reich*, AuR 1976, 269, unter dem Stichwort: „Das doppelte Stimmrecht des Aufsichtsratsvorsitzenden und seine einschränkende Auslegung" sowie *Naendrup*, AuR 1977, 233 und 269 ff., der das Mitbestimmungstelos mit Hilfe der Lehre vom *Rechtsmißbrauch* (der Anteilseignerbefugnisse) schlichtweg zur *„Wirtschaftsdemokratischen Umorganisation"* des Gesellschaftsrechts aufwerten will.

[180] Durchaus zutreffend hält *Naendrup*, AuR 1977, 226, Anm. 8 (gegen die zuvor genannte Auffassung) fest: „Letztentscheidungsrechte als *„subsidiäre" Abwehrrechte* (wessen?) einzustufen, widerspricht dem Prozeßcharakter der gesetzlichen Entscheidungsregeln."

Untersuchungen über „Mitbestimmungsgesetz und Organisationsfreiheit"[181] war abzusehen, daß die eigentlichen Konflikte um die rechtliche Eigentümerpositionen erst im Zuge der Mitbestimmungspraxis auf Grund des bewußt unbestimmten Gesetzes ergeben würden.

cc) Eine weitere Unbestimmtheit des Gesetzes lag in seinem *integrativen Grundzug*: Bedeuteten die nach wie vor primär angeordneten Einigungszwänge eine *Rechtspflicht zur Kooperation*[182]? War demnach die Einsetzung der Konfliktslösungsinstrumente durch die Eigentümer schon als eigentlich mißbräuchliche Rechtsanwendung (Schikane) zu werten[183]? Wenn aber Kooperationspflicht, dann etwa nur einseitig für die Eigentümerseite? Oder waren daraus Verpflichtungen der Arbeitnehmervertreter auf das *Interesse des Unternehmens* — auch im Konfliktsfalle mit persönlichen oder Verbandsinteressen abzuleiten — wie dies für Gesellschaftsorgane schlechthin gilt[184]?

dd) Alle diese Fragen wurzelten letztlich in dem unaufgehobenen Gegensatz zwischen eigentumsbezogenem Gesellschaftsrecht und sozialrechtlich orientiertem Mitbestimmungsrecht, der das MitbestG beherrscht[185]. Dieser Gegensatz hat wiederum seine Grundlage in den

---

Ebenso 271: „Anteilseigner dürften einen — für die verfassungsrechtliche Haltbarkeit einer Unternehmensmitbestimmung nicht unerheblichen — Anspruch darauf haben, in ihrem Vertrauen auf eine marktwirtschaftliche Nutzung ihrer Einlage nicht enttäuscht zu werden."

[181] *Naendrup*, AuR 1977, 225 ff. mit dem bezeichnenden Untertitel: „Strategien zur Bekämpfung oder Vermeidung von (Unternehmens)Mitbestimmung."

[182] So z. B. *Reich*, AuR 1976, 269: „Nicht knappe Mehrheitsentscheidungen, evtl. unter Ausnutzung des doppelten Stimmrechts des Aufsichtsratsvorsitzenden, sondern gründliche Gegenstandsberatung und möglichst einheitliche Entscheidungsfindung sind das gesetzgeberische Leitbild; hier verwirklicht sich der Gedanke der Gleichberechtigung und Gleichgewichtigkeit am besten. Der Gesetzgeber setzt ... auf den Verständigungs- und Einigungszwang zwischen den unterschiedlichen Fraktionen."

[183] Womöglich unter Anknüpfung an die allgemeine „*Rechtsmißbrauchslehre*" des Privatrechtes; vgl. dazu *Naendrup*, AuR 1977, 269.

[184] Siehe dazu *Raisch*, FS Hefermehl 1976, 347 ff.; *Raiser*, FS Reimer Schmidt 1976, 101 ff.; *Flume*, ZGR 1978, 678, 680 ff.; *Mertens*, ZGR, 270, 275 ff.; *Fitting / Wlotzke / Wissmann*, Mitbestimmungsgesetz (1978²) Rdnr. 94 ff. zu § 25; *Raiser*, Mitbestimmungsgesetz (1977) Rdnr. 82 ff. zu § 25; *Kittner / Fuchs / Zachert*, Arbeitnehmervertreter im Aufsichtsrat, Teil I (1977) Rdnr. 1374; *Naendrup*, GK MitbestG, Rdnr. 190 zu § 25; *Unterhinninghofen*, MitbestG 1976, Rdnr. 52, 97 zu § 25.

[185] Dieser Gegensatz ist nirgends besser ausgedrückt als in den (auch von *Naendrup*, AuR 1977, 230 zitierten) sibyllinischen Zielformeln des „historischen Gesetzgebers" selbst; vgl. dazu *Regierungsvorlage* 7/2172, 17: „Eine gleichberechtigte und gleichgewichtige Teilnahme von Anteilseignern und Arbeitnehmer an den Entscheidungsprozessen — auf der Grundlage des geltenden Gesellschaftsrechts — bedingt, daß sich die Kontrollorgane der großen Unternehmen, die Aufsichtsräte aus der gleichen Zahl von Mitgliedern der Anteilseigner und der Arbeitnehmer zusammensetzen ..."; *Ausschußbericht* 7/4845, 1: „... die Mitbestimmung der Arbeitnehmer ist ausgehend

verfassungsrechtlichen Positionen der Anteilseigner und Arbeitnehmer[186] und kann solange nicht angegangen werden, als diese Verfassungsfrage nicht im grundsätzlichen festgelegt wird.

Vor allem aus diesen elementaren rechtspraktischen Unsicherheiten der Gesetzesanwendung — nicht etwa aus dem rechtstheoretischen Interesse an der Auslegung subtiler Grundrechtsfragen oder der Klärung abstrakter Prinzipien — ist das Verfahren vor dem BVerfG in Gang gesetzt worden, und von dorther ist es auch in seiner Entscheidung und Begründung zu verstehen[187]. In diesem Verfahrenszweck kann nur der eine mißbräuchliche Prozeßführung sehen, der in der verfassungsrechtlichen Einbindung des Mitbestimmungsgesetzes und seiner Anwendung eine an sich schon zu verurteilende Unternehmerstrategie erblickt.

b) Das BVerfG hat diese Auffassung in jeder Phase des Verfahrens streng vermieden und an der unparteiischen Rolle des Verfassungsrechtes in der so interessendurchtränkten Materie des Mitbestimmungsgesetzes stets festgehalten. Dies wird sich vor allem aus einer Analyse der tragenden Entscheidungsgründe ergeben, leuchtet aber auch schon aus der Einleitung und dem äußeren Verfahrensablauf des Prozesses eindeutig hervor.

aa) Das Urteil über das MitbestG ist aus der Verbindung von vier verschiedenen Verfahren hervorgegangen: Einer Sammelbeschwerde von 9 Unternehmen, die dem MitbestG unterliegen, einer Sammelbeschwerde von 29 Arbeitgeberverbänden, die (auch) mitbestimmte Unternehmen als Mitglieder haben, der Verfassungsbeschwerde der Deutschen Schutzvereinigung für Wertpapierbesitz e. V. und dem Prüfungsverfahren (Art. 100 Abs. 1 GG) über einen Aussetzungs- und Vorlagebeschluß des Landgerichts Hamburg betreffend §§ 7, 31 des MitbestG[188].

In allen vier Verfahren hat das BVerfG zunächst — was keinesfalls selbstverständlich war[189] — *die Zulässigkeit der Beschwerde bejaht*

---

vom Grundsatz der Gleichberechtigung und Gleichgewichtigkeit von Arbeitnehmern und Anteilseignern auszubauen. Dabei sollen weitgehend die Prinzipien des geltenden Gesellschaftsrechts gewahrt bleiben."

[186] So sehr zutreffend auch *Naendrup*, AuR 1977, 231, der allerdings die im MitbestG verwirklichten „Letztwertentscheidungen zum Grundrechtsschutz" erheblich anders gewichtet als hier.

[187] So auch *Ulmer*, Die Bedeutung des Mitbestimmungsurteiles des Bundesverfassungsgerichts für die Auslegung von Mitbestimmungs- und Gesellschaftsrecht, BB 1979, 398 ff.; vgl. auch den V. Abschnitt dieser Untersuchung.

[188] Die Aktenzahlen der vier verbundenen Verfahren sind in Anm. 1 angeführt.

[189] *Kittner*, GewMH 1979, 324: „§ 93 a des Gesetzes über das Bundesverfassungsgericht hätte es zugelassen, die eingelegten Verfassungsbeschwer-

und damit den Weg zu einer umfassenden und tiefgreifenden materiellen Verfassungsprüfung des MitbestG zu allererst eröffnet. Schon darin zeigte sich die Entschlossenheit des Gerichts, die Verfassungsrechtsfrage der Mitbestimmung als solche ernst zu nehmen und mit juristischen Methoden entscheiden zu wollen.

bb) Das BVerfG hat andererseits ohne irgendwelche Einschränkungen eine große Anzahl weiterer Gegenparteien, Beteiligte und Gutachter am Verfahren zugelassen, wodurch offenbar ein möglichst breiter Informations- und Argumentationsstand in Sach- und Rechtsfragen gesichert werden sollte[190].

Dazu gehörten insbesondere der Deutsche Bundestag, die Bundesregierung, die Senate von Berlin, Bremen und Hamburg sowie der Ministerpräsident von Nordrhein-Westfalen, der Bundesverband der deutschen Industrie, die Bundesvereinigung Deutscher Arbeitgeberverbände, der Deutsche Gewerkschaftsbund, die Deutsche Angestellten-Gewerkschaft und der Christliche Gewerkschaftsbund Deutschlands. An Gutachten wurden vorgelegt: ein Rechtsgutachten der Professoren *Badura*, *Rittner* und *Rüthers*[191] und ein volkswirtschaftliches Gutachten des Professors *Prosi*[192] von Arbeitgeberseite; ein Rechtsgutachten der Professoren *Kübler*, *Schmidt* und *Simitis*[193] von seiten der Bundesregierung, ein Rechtsgutachten des Professors *Zweigert*[194] und ein wirtschaftswissenschaftliches Gutachten des Professors *Kappler*[195] durch die Senate von Berlin, Bremen und Hamburg.

---

den gar nicht zur Entscheidung anzunehmen, weil sie ‚keine hinreichende Aussicht auf Erfolg' hätten." Vgl. ferner die auf fehlende Grundrechtsbetroffenheit hinauslaufende Strategie des „Normreduktionismus" (Anm. 57 und 58), der in den letzten ebenfalls zu einer formal begründeten Zurückweisung führen hätte müssen.

[190] Das Verfahren vor dem BVerfG kann in dieser Hinsicht geradezu als Neuauflage oder Fortsetzung des parlamentarischen Gesetzgebungsverfahrens mit seinen aufwendigen Anhörungen und öffentlichen Abwägungen von Verfassungs- und Sachfragen der unternehmerischen Mitbestimmung angesprochen werden.

[191] Veröffentlicht unter dem Titel „Mitbestimmungsgesetz 1976 und Grundgesetz. Gemeinschaftsgutachten" (1977), hier wie im Mitbestimmungsurteil als „*Kölner Gutachten*" zitiert.

[192] Veröffentlicht unter dem Titel „Volkswirtschaftliche Auswirkungen des Mitbestimmungsgesetzes 1976" (1978) in der Reihe „Grundlagen — Eigentum und Politik" des *Otto A. Friedrich*-Kuratoriums.

[193] Veröffentlicht unter dem Titel „Mitbestimmung als gesetzgebungspolitische Aufgabe. Zur Verfassungsmäßigkeit des Mitbestimmungsgesetzes 1976" (1978), hier wie im Mitbestimmungsurteil als „*Frankfurter Gutachten*" zitiert.

[194] Unter dem Titel „Mitbestimmung und Grundlagen der Wirtschaftsverfassung" (1978).

[195] Unter dem Titel „Ökonomische Beurteilung der Mitbestimmung" (1978).

In der mündlichen Verhandlung, die vom 28.11. bis 1.12.1978 dauerte, hatten für die Beschwerdeführer und Beteiligten nicht weniger als 40 Professoren, Rechtsanwälte, höchste Regierungs- und Verbandsfunktionäre Äußerungen abgegeben. Schon rein äußerlich war das Verfahren daher zu Recht als eines der wichtigsten und aufwendigsten Gerichtsverfahren in der — an aufwendigen Verfahren an sich nicht armen — Geschichte des BVerfG bezeichnet worden[196].

c) Das Urteil des BVerfG, dessen Entscheidungsgründe im folgenden Abschnitt dargestellt und analysiert werden, hat das MitbestG für verfassungsmäßig gehalten und die Verfassungsbeschwerden zurückgewiesen.

aa) Dabei hat das Gericht zunächst eingehend begründet, warum das MitbestG nach seiner Auffassung *keine paritätische Mitbestimmung* begründet, sondern der Anteilseignerseite ein leichtes Übergewicht zukommt[197]. Schon im Aufgreifen dieser — für die Verfassungsfrage ausschlaggebenden — Sachverhaltsuntersuchung erteilte das BVerfG allen jenen weitverbreiteten Auffassungen eine klare Absage, welche „Parität", „Überparität" oder „Unterparität" als verfassungsrechtlich von vornherein irrelevante Scheinprobleme abtun wollten[198].

bb) Das BVerfG hat ferner im allgemeinen Teil begründet, warum nach seiner Auffassung das MitbestG den verfassungsrechtlich zulässigen *Prognosespielraum des Gesetzgebers* eingehalten hat[199]. Das Gericht hat in diesem Zusammenhang nicht nur die Sachuntersuchungen des *Mitbestimmungsberichtes*[200], sondern vor allem auch die oben dargestellten *Anhörungen im parlamentarischen Gesetzgebungsverfahren*[201] als Indiz dafür genommen, daß sich der Gesetzgeber an dem derzeitigen Stand der Erfahrungen und Einsichten orientiert hat. Durch die Rückbindung in die beiden angeführten Erkenntnis- und Erfahrungsgrundlagen des MitbestG ist aber auch deren Argumentationshaushalt über die Voraussetzungen der Funktionsfähigkeit von Unternehmen und *gegen* die Entscheidungsstruktur der paritätischen Mitbestimmung unabtrennbar in die Verfassungsprüfung des BVerfG eingegangen.

---

[196] *Kittner*, GM 1979, 340, bezeichnet das Verfahren unter Berufung auf die einhellige Einschätzung der Medien als „größtes Verfahren („Spektakulum") in der Geschichte des Bundesverfassungsgerichts".
[197] *Mitbestimmungsurteil*, I.1. der Begründung (322 ff.).
[198] Vgl. statt aller: *Schwerdtfeger*, Verfassungsmäßigkeit 109 ff.; *Stein*, Qualifizierte Mitbestimmung 75 f.
[199] *Mitbestimmungsurteil*, I.2. der Begründung (331 ff.).
[200] BT-Drs. VI/334 (4.2.1970).
[201] Protokoll der 51., 52., 55. und 62. Sitzung des BT-Ausschusses für Arbeit- und Sozialordnung (7. WP); siehe dazu die Hinweise unter II.3. dieser Untersuchung.

cc) Im Rahmen der eigentlichen verfassungsrechtlichen Prüfung hat das BVerfG zunächst Gesamtbetrachtungen aus dem „institutionellen Zusammenhang der Wirtschaftsverfassung" und aus der „geschichtlichen Entwicklung der Mitbestimmung bis zum Grundgesetz" zurückgewiesen[202]. Sodann hat das Urteil in einer, sorgfältig in die bisherige Judikatur eingebetteten, Grundrechtsprüfung dargelegt, warum nach seiner Auffassung weder die Gesellschaften, noch die Verbände, noch die Anteilseigner in den Grundrechten nach Art. 14 Abs. 1, Art. 9 Abs. 1 und 3, Art. 12 Abs. 1 und Art. 2 Abs. 1 GG verletzt seien[203].

In allen diesen Grundrechtsprüfungen hat sich das Gericht eingehend mit Argumenten und Gegenargumenten der Parteien — wie sie vor allem in den Gutachten formuliert wurden — auseinandergesetzt und damit zugleich ganze Interpretationslinien der bisherigen Verfassungsdiskussion bestätigt oder verworfen. Keinesfalls ist daher das Gesamturteil berechtigt, daß damit die meisten bisherigen verfassungsrechtlichen Untersuchungen über die Frage der paritätischen Mitbestimmung „zur Makulatur geworden" seien[204]. Es wird sich vielmehr umgekehrt erweisen, daß das Gericht fast alle verfassungsrechtlichen Argumentationsreihen über die Bedenklichkeit der *paritätischen Mitbestimmung* aufgegriffen und als Begründung für die Verfassungsmäßigkeit des MitbestG verwendet hat.

d) Die ersten Stellungnahmen zum Mitbestimmungsurteil sind überwiegend positiv[205]. Jede der beiden Parteien erklärte das Urteil als Erfolg für ihre Sache; kritische Untersuchungen loben die Stringenz und juristische Präzision sowie einzelne, aus dem Zusammenhang gerissene Argumentationsreihen, die als Begründung für wechselnde Standpunkte verwendet werden[206].

Über die Frage, wie das BVerfG nun eigentlich die *paritätische Mitbestimmung* verfassungsrechtlich beurteilt habe oder beurteilen würde, gehen die Meinungen weit auseinander. Von mancher Seite wird die Integrations- und Kooperationstendenz kritisiert, die das BVerfG als Grundlage jeder Mitbestimmungsregelung sieht und die dadurch aufrechterhaltene Vorherrschaft des spätkapitalistischen Systems bedauert[207].

---

[202] *Mitbestimmungsurteil*, II.1. und 2. der Begründung (336 ff.).
[203] *Mitbestimmungsurteil*, III.1. - 3. (339 ff.), IV.1. und 2. (366 ff.); anschließend wurde noch die Verfassungsmäßigkeit des § 33 MitbestG (Arbeitsdirektor) geprüft und für gegeben erachtet (V.1. und 2., 378).
[204] *Berlit / Dreier / Uthmann*, Kritische Justiz 1979, 174.
[205] Siehe die Hinweise in den Anm. 5 und 37.
[206] *Berlit / Dreier / Uthmann*, Kritische Justiz 1979, 175.
[207] *Kittner*, GM 1979, 337; *Aschke*, DuR 1979, 171 ff.

Von daher und von manchen Argumentationsreihen über die verfassungsrechtliche Stellung der Verbände erklären sich einige eher negative Stellungnahmen[208]. Vorwegnehmend und pauschal werden dabei schon für die Zukunft alle Auslegungen als „*juristische Unternehmensstrategie*" verdächtigt, welche sich etwa anmaßen, Gründe des Urteils als verfassungsrechtliche Schranken der paritätischen Mitbestimmung klarzustellen[209]. Das ist exakt jene oben beschriebene globale interessenspolitische Verdächtigung der Verfassungsinterpretation schlechthin[210], der das BVerfG im Mitbestimmungsurteil — und im Ablauf des ganzen Verfahrens — eine so klare Absage erteilt hat. Sie sollte *nach* diesem Verfahren endgültig zugunsten einer rationalen rechtlichen Auseinandersetzung aufgegeben werden, weil sie offenkundig in keiner Hinsicht zielführend war[211].

---

[208] Vgl. die in Anm. 206 und 207 genannten Untersuchungen.

[209] *Aschke*, DuR 1979, 172: „Es unterliegt keinem Zweifel, daß die juristischen Strategien der Arbeitgeber insoweit Erfolg hatten, als die Ausgestaltung einer Mitbestimmungsregelung im Detail nun zur Verfassungsfrage geworden ist." *Kittner*, GM 1979, 334: „Für die Arbeitgeber und die ihnen nahestehenden Kräfte in Politik und Wissenschaft dürfte damit hinreichend ‚Spielmaterial' für die künftige Diskussion geliefert sein."

[210] Siehe die Hinweise in Anm. 169 - 171.

[211] Treffend stellt *Däubler*, Arbeitsrecht 314, fest: „Weder die Abgeordneten noch das Bundesverfassungsgericht lassen sich durch solche Einschätzungen — so richtig sie sind — irgendwie beeindrucken."

III. Die Frage nach der „richtigen Methode" der Verfassungsprüfung

1. Der Methodenstreit in der Mitbestimmungsfrage

Es ist eine Binsenwahrheit, daß die *Methode* der Rechtsanwendung und Rechtsauslegung, wenn schon nicht den „Gegenstand"[212], so zumindest das Ergebnis des Vorganges bestimmt. Methodenkämpfe sind demnach immer schon Auseinandersetzungen um das „richtige Recht".

Nach dem Stand des Streites um die verfassungsrechtlichen Schranken der Mitbestimmung kann es daher nicht verwundern, wenn relativ rasch die methodische Grundsatzebene erklommen wurde, von der aus die Ergebnisse des Gegners „schon von ihrem methodischen Ansatz her" als verfehlt qualifiziert werden konnten[213]. Zur Fruchtbarkeit derartiger methodologischer Auseinandersetzungen trug ungemein bei, daß es für die Auslegung und Anwendung des deutschen Verfassungsrechts, insbesondere der Grundrechte, keine übereinstimmende Theorie gibt und auch die Rechtsprechung des BVerfG sich unter sehr verschiedenen methodischen Leitlinien bewegt und in Anspruch nehmen läßt[214].

Unter diesen Voraussetzungen und im Hinblick auf die Offenheit der in Betracht kommenden Verfassungsnormen glich die Auseinandersetzung um die Verfassungsmäßigkeit der paritätischen Mitbestimmung — in die immer mehr Gelehrte mit „eigenen Ansätzen" hineingezogen wurden — sehr bald einem methodischen Freistilringen, in dem reguläre Auseinandersetzungen mit verbalen Untergriffen frei-

---

[212] So die grundsätzliche Position der „Reinen Rechtslehre"; vgl. etwa *Kelsen*, Allgemeine Staatslehre (1925) 6 ff.; *Walter*, Wirksamkeit und Geltung, ÖZÖR 1961, 531 ff.; *derselbe*, Der Aufbau der Rechtsordnung (1964) 13 ff.

[213] Den Beginn dieser Phase der Auseinandersetzungen bezeichnet wohl die vielzitierte Arbeit von *Mertens*, Über politische Argumente in der verfassungsrechtlichen Diskussion der paritätischen Mitbestimmung, RdA 1975, 89 ff.; breiten Raum nehmen methodologische Zensuren auch bei *Naendrup*, GK MitbestG, Einl. II., Rdnr. 48 ff. ein; den Höhepunkt dieser Welle stellt zweifellos dar: *Ebsen*, Paritätische Mitbestimmung und Grundgesetzinterpreten, Neue Politische Literatur 1976, 302 ff.

[214] Vgl. *Böckenförde*, Grundrechtstheorie und Grundrechtsinterpretation, NJW 1974, 1529 ff.; *derselbe*, Die Methoden der Verfassungsinterpretation — Bestandsaufnahme und Kritik, NJW 1976, 2089 ff.; *Bleckmann*, Allgemeine Grundrechtslehren (1979) insb. 53 ff.; vgl. auch die Hinweise in Anm. 80 ff.

giebig „gewürzt" wurden. Aber auch in dem bewußt gepflegten Methodenstreit und den daran anknüpfenden Skandalisierungen „gegnerischer" wissenschaftlicher Ergebnisse[215] steckt eine bestimmte „Methode" — nämlich die „Offenheit" und „Unbestimmtheit" der Verfassung gegenüber paritätischer (oder überparitätischer) Mitbestimmung durch Verunsicherung jedes bestimmten Ergebnisses der Verfassungsauslegung herbeizuführen.

Unter diesem Gesichtspunkt ist es besonders hoch zu bewerten, daß das BVerfG sowohl im allgemeinen Teil seiner Begründung, als auch bei der Prüfung der grundrechtlichen Einzelfragen die *methodischen* Grundsätze seiner Verfassungsanwendung entweder eigens formulierte oder jedenfalls klar genug zum Ausdruck brachte. Auch im Hinblick auf die geschilderten methodischen Auseinandersetzungen hat das Mitbestimmungsurteil den gesamten Streitstand rational verarbeitet — vor allem vermittelt durch die Gutachten der beiden Parteien[216] — und in eindeutiger Weise entschieden.

Im folgenden sollen die wichtigsten methodischen Prämissen des Mitbestimmungsurteils in systematischer Form dargestellt werden, weil ohne sie weder das Urteil selbst verstanden, noch die Verfassungsfrage der paritätischen Mitbestimmung im Lichte dieses Urteils objektiviert werden kann.

2. Systembetrachtungen oder grundrechtliche Einzelanalyse

a) Die Beschwerdeführer hatten — in Übereinstimmung mit dem Kölner Gutachten — ihre Argumentation schwergewichtig darauf aufgebaut, daß das Mitbestimmungsgesetz eine *Systemänderung* der Wirtschafts- und Arbeitsordnung mit sich brächte und als solche auch verfassungsrechtlich beurteilt werden müsse[217].

---

[215] Von einem „*Interpretationsskandal*" (hinsichtlich der Auslegung des Art. 9 III GG) spricht ausdrücklich *Vetter*, GM 1974, 608, von *Naendrup*, GK MitbestG, Einl. II, Rdnr. 120, mit offensichtlichem Wohlbehagen zitiert.

[216] Sämtliche im folgenden behandelten Methodenfragen finden sich — häufig mit „Widerlegung" des gegnerischen Standpunktes — in den drei juristischen Hauptgutachten des Verfahrens sorgfältig auf Grund bisheriger Literatur und Judikatur analysiert; insofern ist *Richardi*, Mitbestimmung — das nicht gelöste Ordnungsproblem, Die AG 1979, 29 ff., zuzustimmen, der die Verfassungsbeschwerde gegen das MitbestG als theoretisch so hervorragend vorbereitet erachtete, wie kaum je eine Verfassungsklage; vgl. dazu auch *Scholz*, Mitbestimmung und Grundgesetz — Positionen zum Karlsruher Verfassungsstreit, NJW 1978, 2083 ff.

[217] In dieselbe Richtung gehen vor allem auch: *Issensee*, Der Staat 1978, 161 ff.; *Papier*, VVDStRL 35 (1977) 55 ff.; *derselbe*, MitbestG und Verfassungsrecht, ZHR 142 (1978) 71 ff. (m. w. H.).

2. Systembetrachtungen oder grundrechtliche Einzelanalyse 53

aa) In diesem Sinne versucht das Kölner Gutachten zunächst eine *Systematisierung des Tatbestandes*, d. h. der durch das MitbestG in Verbindung mit bereits bestehenden Regelungen geschaffenen Mitbestimmungsrechte in ihrer Auswirkung als ganzes[218]. Es kommt dabei zum Ergebnis, daß — anders, als bei einer isolierten Betrachtung des MitbestG angenommen werden könnte — von einer *Parität* bzw. *Überparität* der Mitbestimmungsrechte der Arbeitnehmer auszugehen ist. Dabei werden insbesondere auch die *betrieblichen* Mitbestimmungsrechte in die Betrachtung einbezogen und ihre Wechselbeziehungen zur unternehmerischen Mitbestimmung hervorgehoben[219]. Darüber hinaus wird auf die mitbestimmungsverstärkenden Auswirkungen der im MitbestG angelegten *Einigungszwänge* abgestellt, die den Stichentscheid des Aufsichtsratsvorsitzenden eher als theoretische Möglichkeit erscheinen lassen[220] und auf die Verstärkung der Mitbestimmung durch die Wirkung der *Konzernbindungen* hingewiesen („Kaskadeneffekt der Mitbestimmung")[221].

bb) Dieser gesamthaft zu erkennende Tatbestand der paritätischen bzw. überparitätischen Mitbestimmung könne nach Auffassung des Kölner Gutachtens nur an einem in sich komplexen Grundrechtsschutz des unternehmerischen Handelns geprüft werden, der seinerseits rechtssystematisch überhöht werde von einem *institutionellen Gesamtzusammenhang der Wirtschaftsverfassung* bzw. einem *objektiven Schutz- und Ordnungszusammenhang* der Grundrechte[222].

Diese verfassungssystematische Gesamtbetrachtung hat zwar beim Kölner Gutachten nicht die ihm von seinen Gegnern und teilweise auch vom BVerfG angelastete Bedeutung der Produzierung einer (vom GG nicht vorgesehenen) *verfassungsrechtlichen Wirtschaftsordnung*[223]

---

[218] *Kölner Gutachten* 23 ff., 98 ff., 137 ff.; dagegen: *Frankfurter Gutachten* 107 ff., 158 ff., 168 ff., 197 ff.

[219] *Kölner Gutachten* 98 ff.; dagegen *Frankfurter Gutachten* 168 ff.; vgl. auch dazu *Rüthers*, Arbeitsrecht und politisches System (1972) 162; *Raiser*, Das neue Mitbestimmungsgesetz, NJW 1976, 1337 ff. (1339); *derselbe*, Mitbestimmung in Betrieb und Unternehmen, FS Duden (1977) 423 ff.; *Martens*, Die AG 1976, 114 (m. w. H.).

[220] *Kölner Gutachten* 30 ff., 53 ff., 56 ff., 64 ff., 188 f., 230; *Martens*, Die AG 1976, 113; *Papier*, ZHR 1978, 72 f.

[221] *Kölner Gutachten* 91 ff. und 128; dagegen *Frankfurter Gutachten* 268 ff.; vgl. dazu auch *Martens*, Mitbestimmung, Konzernbildung und Gesellschaftereinfluß, ZHR 138 (1974) 179 ff.

[222] *Kölner Gutachten* 246 ff., 264 ff., 281 ff. u. ä; dagegen *Frankfurter Gutachten* 87 ff.; zum verfassungsdogmatischen Hintergrund vgl. *Rupp*, Grundgesetz und „Wirtschaftsverfassung" (1974); *derselbe*, Vom Wandel der Grundrechte, AöR 101 (1976) 161 ff.; *E. R. Huber*, Die erweiterte wirtschaftliche Mitbestimmung und der Verfassungsstaat, FS Kaufmann (1972) 237 ff.; *Mestmäcker*, Mitbestimmung und Vermögensverteilung in der Marktwirtschaft, in: *Harbusch / Wiek*, Marktwirtschaft (1975) 279 ff.; *Papier*, VVDStRL 1977, 81 ff.

und daraus abgeleiteter Einzelbedeutungen der Grundrechte, sondern wird eher als zusätzlicher dogmatischer Gesichtspunkt zur Einzelinterpretation der Grundrechte herangezogen[224]. Er bleibt indessen nach seiner logischen Struktur und im Hinblick auf die Auslegungsweise der Einzelgrundrechte durch das Kölner Gutachten nicht ohne Einfluß auf die konkreten Grundrechtsanalysen: Auch hier wird im allgemeinen davon ausgegangen, daß die in Betracht kommenden Grundrechte neben der subjektiven Freiheitsverbürgung wichtige *objektive Ordnungsprinzipien, Funktionen* des Wirtschaftsablaufes und der Arbeitsverfassung sowie konkrete *Institutionen* gewährleisten[225].

b) Eine weitere Form systematischer Gesamtbetrachtung ist die *historische* Rechtfertigung der paritätischen Mitbestimmung vor allen verfassungsrechtlichen Einzelanalysen durch den Hinweis auf die Rechtsentwicklung vor und beim Inkrafttreten des Grundgesetzes[226]. Diese — in der österreichischen Verfassungsdogmatik weitverbreitete[227] — Betrachtungsweise schneidet jede weitere verfassungsrechtliche Prüfung mit dem Argument der subjektiv-historischen Interpretation — der historische Verfassungsgesetzgeber habe ein bestimmtes Ergebnis sicher gewollt oder nicht gewollt — ab und wird schon dadurch problematisch[228]. Noch unsicherer wird die Argumentation, wenn — wie im Falle der Mitbestimmung — positiv-rechtliche Hinweise fehlen und aus dem Schweigen der Verfassung argumentiert werden muß[229].

---

[223] Von dieser Vorstellung hebt sich das *Kölner Gutachten* 248 ff., selbst deutlich genug ab; vgl. allerdings die zutreffenden Bedenken gegen eine „Passepartout-Theorie" des GG bei *Issensee*, Der Staat 1978, 165.

[224] Bezeichnenderweise fehlt dem *Kölner Gutachten* sogar eine zusammenhängende dogmatische Begründung dieses Argumentationsrahmens überhaupt, weshalb das *Frankfurter Gutachten* (87 ff.) nach Zitierung einer Fülle verschiedenster Belegstellen zum (richtigen) Ergebnis gelangt, daß in diesen Formeln letztlich nur eine auf die „Einheit der Verfassung" gegründeten Interpretation wirtschaftsrechts- und arbeitsrechtsbezogener Grundrechte liegt, *gegen die methodisch nichts einzuwenden sei.*

[225] Zur allgemeinen Grundrechtsdogmatik, die hinter dieser Auslegungsweise steht, vgl. die zusammenfassenden Hinweise und Erläuterungen bei *Bleckmann*, Allgemeine Grundrechtslehren (1979) 170 ff., und 202 ff.; vgl. auch die Hinweise in Anm. 80 ff. und 214.

[226] Sie wurde vor allem von *Zweigert* in seinem Beitrag, in: Vetter (Hg.), Mitbestimmung 205 ff. und in seinem Gutachten vor dem BVerfG (Anm. 194) gepflegt, kehrt aber auch sonst bei Befürwortern der paritätischen Mitbestimmung häufig wieder; vgl. *Naendrup*, GK MitbestG, Einl. II, Rdnr. 58, und die übrigen in Anm. 79 angef. Hinweise.

[227] Hier teilweise unter dem bezeichneten Titel „*Versteinerungstheorie*" angewendet; vgl. dazu *Wimmer*, Materiales Verfassungsverständnis (1971) 32 ff.; *Schäffer*, Verfassungsinterpretation in Österreich (1971) 64 f. und 97 ff.; vgl. auch *Walter*, in: Vogel, Grundrechtsverständnis 2 ff.

[228] *Pestalozza*, Kritische Bemerkungen zur Grundrechtsauslegung, Der Staat 2 (1963) 425 ff. (429); *Rupp*, AöR 1976, 163; *Böckenförde*, NJW 1976, 2090 f. u. v. a.

2. Systembetrachtungen oder grundrechtliche Einzelanalyse 55

c) Das BVerfG hat beide Weisen der Gesamtbetrachtung zwar ausdrücklich als solche zurückgewiesen, ihnen aber im Rahmen der grundrechtlichen *Einzelanalyse* durchaus spezielle Anwendungsbereiche zugemessen[230].

aa) Zunächst hat das Gericht in großer Eindringlichkeit das Gesamturteil des Kölner Gutachtens widerlegt, das MitbestG 1976 habe eine *paritätische* oder gar *überparitätische* Mitbestimmung herbeigeführt. Es hat hiezu auf die verschiedenen Organe der betroffenen Gesellschaften abgestellt[231]; die Rechtsbeziehungen im Aufsichtsrat besonders analysiert[232]; die Konzernabhängigkeit in ihren Auswirkungen auf die Mitbestimmung geprüft[233]; es hat schließlich die schwierige Frage der Kumulation von betriebsverfassungsrechtlicher und unternehmerischer Mitbestimmung dadurch entschärft, daß es die paritätische Mitbestimmung des Betriebsrates außer Streit stellte und für ungeeignet hielt, die leicht unterparitätische Mitbestimmung im Aufsichtsrat zu verstärken[234]. Gleichfalls hat das Gericht abgewogen, ob es wahrscheinlich sei, daß die Regelungen des MitbestG in ihrer *praktischen* Auswirkung auf eine paritätische Mitbestimmung hinauslaufen werden, und hat diese Frage ebenfalls verneint[235].

Wie immer man die zum Teil salomonischen Begründungen des Gerichts zu diesem zentralen Tatbestandselement wertet, steht fest, daß das Gericht der Frage, ob das MitbestG „paritätische Mitbestimmung" anordne oder nicht, zwar — entgegen manchem Ratschlag der Verfassungsjuristen[236] — große Bedeutung zugemessen hat, sie aber nicht in einer *funktionalen Gesamtanalyse* lösen wollte[237], sondern in

---

[229] Siehe dazu die treffende Analyse von *Chlosta*, Der Wesensgehalt der Eigentumsgewährleistung (1975) 113 ff. sowie die Hinweise bei Anm. 81 ff.

[230] Vgl. etwa *Mitbestimmungsurteil* 350 f., wo von der „allgemeinen gesellschaftspolitischen Bedeutung der Mitbestimmung" die Rede ist, die durch „Kooperation und Integration ... namentlich als geeignet angesehen worden ist, die Marktwirtschaft politisch zu sichern", womit sie dem „Wohl der Allgemeinheit dienen soll". Ebenda, 333, wird gar lapidar festgestellt: „Das Mitbestimmungsgesetz bewirkt wesentliche Veränderungen auf dem Gebiet der Wirtschaftsordnung."

[231] *Mitbestimmungsurteil* 332.

[232] *Mitbestimmungsurteil* 332 f.

[233] *Mitbestimmungsurteil* 324 ff.

[234] *Mitbestimmungsurteil* 326 ff.

[235] *Mitbestimmungsurteil* 328 ff. Das Gericht ging dabei insbes. auf die Argumente der unzureichenden Sicherung der Mehrheit im Aufsichtsrat, des Einigungszwanges und der Wertlosigkeit der Zweitstimme als „außerordentliche Konfliktmittel" und des „Durchschlagens der Parität auf den Vorstand" ein. Vgl. zu allen diesen Argumentationsreihen die Hinweise in den Anm. 218 ff.

[236] *Schwerdtfeger*, Verfassungsmäßigkeit 109 ff.; *Stein*, Qualifizierte Mitbestimmung 75 ff.; *Däubler*, Arbeitsrecht 308.

[237] Die methodischen und praktischen Schwierigkeiten einer derartigen funktionalen Gesamtanalyse des MitbestG im Zusammenhalt des Gesell-

rechtliche und faktische Einzelbeziehungen aufspaltete, die es jeweils für sich prüfte. Darin liegt ein für ein gerichtliches Verfahren durchaus legitimes Aufbereiten des Entscheidungsmaterials, das strukturell der im folgenden darzustellenden Grundrechtstheorie des BVerG entspricht: Der soziale bzw. einfachgesetzliche Tatbestand wird vom Gericht bereits unter dem Gesichtswinkel des Eingriffs- und Schrankendenkens in entscheidungsrelevante Teilbeziehungen zerlegt[238].

bb) Von grundsätzlicher Bedeutung für die Frage der „richtigen" Grundrechtstheorie zur Beurteilung der Mitbestimmungsfrage sind die Auseinandersetzungen des BVerfG mit dem „institutionellen Zusammenhang der Wirtschaftsverfassung" und dem „Schutz- und Ordnungszusammenhang der Grundrechte"[239]. Das BVerfG folgt hier zunächst der Linie des *Frankfurter Gutachtens* in der Zurückweisung einer, die Grundrechte überhöhenden, verfassungsrechtlichen „Wirtschaftsverfassung" oder dieser gleichzuhaltender Objektivierungen bzw. stillschweigend vorausgesetzter Ordnungsprinzipien[240]. Alle diese Auslegungen stünden in Widerspruch zur „wirtschaftspolitischen Offenheit" des Grundgesetzes — einem seit jeher bekannten Auslegungstopos des BVerfG[241] — und der selbständigen Gestaltungsaufgabe des demokratischen Gesetzgebers, die ebenso wie die Gewährleistung von Grundrechten zu den konstituierenden Elementen der demokratischen Verfassung gehöre[242]. Allerdings wird zugleich betont, daß diese Gestaltungsaufgabe ihre *Schranken* in den *Einzelgrundrechten* finden[243]. Diese

---

schafts-, Arbeits- und Betriebsverfassungsrechtes — die zu den widersprüchlichsten Ergebnissen führt — wurden oben II.4.a. (mit Anm. 172 ff.) dargestellt.

[238] So konnte sich etwa das BVerfG schon aus prozessualen Gründen nicht auf eine Analyse der *Kombination* von Mitbestimmungsrechten nach dem MitbestG und BetrVG einlassen, die zu Parität oder Überparität führte, weil das BetrVG nicht Gegenstand des Verfahrens war (*Mitbestimmungsurteil* 328).

[239] *Mitbestimmungsurteil* 336 ff.

[240] *Mitbestimmungsurteil* 337, in deutlicher Verschärfung der Argumentation des *Frankfurter Gutachtens* 87 ff., das die untrennbare Bezogenheit der systematischen Gesamtzusammenhänge auf die Auslegung der *Einzelgrundrechte* im *Kölner Gutachten* noch deutlich und als methodisch richtig erkannt hat (90).

[241] Das Gericht zitiert in diesem Zusammenhang die in stereotyper Weise überall in diesem Zusammenhang genannten Urteile, BVerfGE 4, 7 (17 f.), BVerfGE 7, 377 (400); BVerfGE 25, 1 (19 f.) und BVerfGE 30, 292 (317, 319); im übrigen ist diese Auslegungsmaxime von beiden Hauptgutachten ausdrücklich außer Streit gestellt worden (*Kölner Gutachten* 248 ff.; *Frankfurter Gutachten* 94 ff.).

[242] *Mitbestimmungsurteil* 337; das Gericht folgt hier unausgesprochen der bekannten Argumentation aus der *Gewaltenteilung* und der daraus ableitbaren Prärogative des demokratischen Gesetzgebers; vgl. Oberndorfer, Grundrechte und staatliche Wirtschaftspolitik, ÖJZ 1969, 449 ff. (453).

[243] Dies wird in der Argumentation mit der „wirtschaftspolitischen Neutralität des GG" gerne übersehen; dazu richtig: Issensee, Der Staat 1978, 165.

2. Systembetrachtungen oder grundrechtliche Einzelanalyse 57

seien auch in der Wirtschaftsordnung in erster Linie als *individuelle Rechte*, Menschen- und Bürgerrechte, die dem Schutz konkreter, besonders gefährdeter Freiheitsbereiche dienten, auszulegen. Die Geltung der Grundrechte als *objektive Prinzipien* sei demgegenüber eine sekundäre Funktion, die nur im Zusammenhang mit der primären Bedeutung der Grundrechte als individuelle Freiheitsrechte gesehen werden dürfe[244].

Damit hat sich das Gericht auf den Standpunkt einer konsequent *rechtsstaatlich-liberalen Grundrechtstheorie*[245] gestellt und institutionell-objektivierende, aber auch sozial- oder demokratietheoretische Aufladungen der Grundrechte als allgemeine Auslegungsmethode zunächst zurückgewiesen. Es wird sich allerdings erweisen, daß — ohne Aufgabe der individuell-freiheitlichen Grundkonzeption — in den Auslegungen der *Einzelgrundrechte* sehr wohl institutionelle Gesichtspunkte, objektive Wertprinzipien und sozialstaatliche Auslegungsmaximen eine bedeutende Rolle spielen können. Sie sind allerdings nirgends in der Lage, das dem liberalen Grundrechtsverständnis eigene *Anspruchs- und Schrankendenken* der verfassungsrechtlichen Gewährleistungen aufzuheben. Nur, wer die Verachtung kennt, die diesem Grundrechtsverständnis heute von weiten Teilen der deutschen Staatsrechtslehre entgegengebracht wird[246], kann die Bedeutung ermessen, die dieser verfassungsdogmatischen Grundsatzentscheidung des BVerfG zukommt[247].

cc) Unmittelbar mit der Grundrechtsdogmatik des „Anspruchs- und Schrankendenkens" verknüpft ist die traditionelle Dogmatik vom Gesetzesvorbehalt und *„eingriffsfesten Kern"* der Grundrechte[248]. Das BVerfG läßt im Grundsatzteil und bei den grundrechtlichen Einzelanalysen keinen Zweifel daran, daß es von dieser Unterscheidung

---

[244] Treffend formuliert schon bei *Zacher*, Der Staat 1975, 128: „Das liberale Verständnis der Freiheitsrechte ist die 1, während all das, worum institutionelle, objektiv-prinzipielle, demokratisch funktionelle und soziale Interpretation und Geltendmachung der Grundrechte deren Sinn bereichern können, nur als Null hinter diese 1 geschrieben Nutzen bringt."

[245] Vgl. *Böckenförde*, NJW 1974, 1530 ff.

[246] Siehe außer *Böckenförde*, NJW 1974, 1531 ff., und den zahllosen Diagnosen des „Wandels der Grundrechte" (*Lerche*, in: Vogel [Hg.], Grundrechtsverständnis 25) etwa den bezeichnenden Unterschied im Literaturhaushalt bei *Bleckmann*, Grundrechtslehre 156 ff. und 160 ff. („aus der unübersehbaren Literatur seien herausgegriffen"); für die Mitbestimmungsproblematik ist in dieser Hinsicht durchaus repräsentativ die Auffassung von *Naendrup*, GK MitbestG, Einl. II, Rdnr. 50 ff. und 59.

[247] Vgl. dazu auch die treffende Analyse von *Schwabe*, Probleme der Grundrechtsdogmatik (1977) 13 ff.

[248] *Bleckmann*, Grundrechtslehren 227 ff., insbes. 265 ff.; *Schwabe*, Probleme 23 ff.; BVerfGE 6, 32 (41); 7, 377 (411); 16, 194 (201); 22, 219; 30, 53 u. v. a.; für die Mitbestimmungsproblematik vgl. dazu am eingehendsten nach wie vor: *Pernthaler*, Qualifizierte Mitbestimmung 59 ff., 114 ff., 168 ff.

bei der verfassungsrechtlichen Beurteilung der Mitbestimmungsregelung ausgeht. Allerdings nimmt der eingriffsfeste Kern bei den einzelnen Grundrechten verschiedene rechtliche Formen und Dimensionen an, von denen wiederum der Eingriffs- und Gestaltungsspielraum des einfachen Gesetzgebers abhängt[249].

Darüber hinaus wird zwischen *„qualitativen"* Grundrechtseingriffen, welche die *„Substanz"* des Grundrechtes treffen, und *„quantitativen"* Eingriffen, die *„nur die Ausübung"* oder den *„Grundrechtsgebrauch"* treffen, unterschieden[250]. Die erste Type von Grundrechtseingriffen ist entweder absolut verboten oder jedenfalls strenger zu prüfen als die zweite, die vor allem unter dem Maßstab der *Verhältnismäßigkeit* steht.

Auf alle diese, in der ständigen Rechtssprechung des BVerfG tief verankerten Auslegungsrichtlinien wird im Rahmen der grundrechtlichen Einzelanalysen — wo sie nur konkrete Gestalt annehmen können — noch zurückzukommen sein. Schon hier sei jedoch darauf hingewiesen, daß im Rahmen der „Substanzbetrachtung" der Grundrechte durchaus institutionelle Erwägungen angestellt und objektive Wertgesichtspunkte angesprochen werden, wenn dies vom verfassungsmäßigen Inhalt des jeweiligen Grundrechtes her geboten erscheint[251].

dd) Das BVerfG hat die pauschale *historische* Rechtfertigung der Mitbestimmung als Auslegungsrichtlinie zwar zurückgewiesen, ihr aber im Rahmen der Interpretation der Einzelgrundrechte mögliche Bedeutung nicht abgesprochen[252]. Insbesondere im Rahmen der Auslegung der *Koalitionsfreiheit (Art. 9 Abs. 3 GG)* hat es in der Tat selbst sehr ausgiebig damit gearbeitet und ist in diesem Zusammenhang auch zu einer partiellen historischen Rechtfertigung der Mitbestimmung gelangt[253]. Im Rahmen der übrigen Grundrechte — insbesondere

---

[249] So schon im Grundsatzurteil BVerfGE 22, 219: „Worin der unantastbare Wesensgehalt eines Grundrechtes besteht, muß für jedes Grundrecht aus einer besonderen Bedeutung im Gesamtsystem der Grundrechte ermittelt werden." Für die Mitbestimmungsproblematik hat dies methodisch am gründlichsten *Chlosta*, Wesensgehalt 39 ff., 140 ff., 174 ff., untersucht.

[250] Insbesondere im Rahmen des *Eigentumsgrundrechtes*, vgl. *Mitbestimmungsurteil*, 345 und 347 (jedesmal unter Gegenüberstellung von „qualitativen Veränderungen" und „quantitativen Beschränkungen" der Grundrechtsbefugnisse); vgl. dazu im einzelnen die Ausführungen unter IV.1.b.dd. dieser Untersuchung.

[251] Belege für diese — dem Kenner der Rechtsprechung des BVerfG ohnedies selbstverständliche — Aussage müssen den unter IV.1. — 4. dargestellten Einzelanalysen der betroffenen Grundrechte entnommen werden.

[252] *Mitbestimmungsurteil* 338: „(Der geschichtlichen Entwicklung der Mitbestimmung bis zum Inkrafttreten des Grundgesetzes) kommt im Rahmen historischer Interpretation der Einzelgrundrechte Gewicht zu; einen selbständigen Gesichtspunkt, der jede weitere Prüfung der Vereinbarkeit des Mitbestimmungsgesetzes mit den Grundrechten erübrigt, enthält sie nicht." Vgl. dazu die Hinweise in den Anm. 79 ff., 226 und 229.

des zentralen Eigentumsrechtes — spielte die historische Auslegung dagegen keine Rolle. Dahinter steht ein sehr pragmatisches Verständnis der traditionellen *Interpretationsmethoden* durch das BVerfG, das jedenfalls einen allgemeinen Vorrang der historischen Methode vor anderen nicht anerkennt[254].

ee) Im Zusammenhang mit der Ablehnung systematischer Gesamtbetrachtungen als Entscheidungsgrundlage steht auch, daß im Mitbestimmungsurteil eine mit großem Aufwand von beiden Gemeinschaftsgutachten geführte Auseinandersetzung überhaupt nicht vorkommt: Die Frage nämlich, ob die Mitbestimmung eine *im traditionellen Privatrecht* bereits angelegte Institution sei oder dieses in seinem Wesen sozialrechtlich derart verändere, daß „die Privatrechtsordnung insoweit außer Kraft gesetzt werde"[255]. Offensichtlich war das BVerfG der Meinung, daß die *Systemfrage*, ob die paritätische Mitbestimmung die Privatrechtsordnung in ihrem Wesen verändere oder eine legitime Aufgabe des Privatrechts (Gesellschaftsrechts) von heute sei[256], der verfassungsrechtlichen Relevanz von vornherein entbehre.

3. Die Beurteilung von realen Auswirkungen der Mitbestimmung als Verfassungsproblem

a) Wie bereits angeführt, spielten in der Auseinandersetzung um die Verfassungsmäßigkeit der paritätischen Mitbestimmung in zunehmendem Maße bestimmte *Sachfragen* und ihre (kontroverse) Beantwortung eine entscheidende Rolle[257]. Dazu gehörten einerseits die Fragen nach möglicher Wertverminderung, Beeinträchtigung der Funktionsfähigkeit und ökonomischen Leistungsfähigkeit des Unternehmens, Auswirkungen auf den Entscheidungsprozeß im Unternehmen, die Kapitalbeschaffung, den Aktienwert u. a. Andererseits liegen auf derselben Ebene viele Argumente der Befürworter paritätischer Mitbestimmung, die ihre positiven Auswirkungen zugunsten der Arbeitnehmer hervor-

---

[253] Siehe dazu die Ausführungen unter IV.4.b.aa. und c.bb. dieser Untersuchung.

[254] Da diese Auslegungsweise seit jeher in der Rechtsprechung des BVerfG die ganz vorherrschende war, ist insbesondere die Kritik unbegründet, das BVerfG habe im Mitbestimmungsurteil „kräftige Revisionen gegenüber dem Verfassungskompromiß von 1949 vorgenommen" (*Aschke*, DuR 1979, 169); zu dieser Auffassung hat vorwegnehmend *Chlosta*, Wesensgehalt 113 f. und 181 f alles Nötige gesagt.

[255] *Kölner Gutachten* 34, 188 f. u. ä.; dagegen *Frankfurter Gutachten* 107 ff.

[256] So vor allem (mit ausführlicher historischer Begründung): *Frankfurter Gutachten* 113; im selben Sinne: *Suhr*, Das Mitbestimmungsgesetz als Verwirklichung verfassungs- und privatrechtlicher Freiheit, NJW 1978, 2361 ff.

[257] Siehe insbes. II.2.c. mit Anm. 92 ff., aber auch im Rahmen des *Mitbestimmungsberichtes* (II.2.d.) und des parlamentarischen Anhörungsverfahrens (II.3.b).

heben, wie etwa Verringerung der Abhängigkeit, Integrations- und Kooperationstendenzen, bessere Berücksichtigung sozialer Gesichtspunkte, Sicherung der Marktwirtschaft u. a. Erschwerend für die Beurteilung derartiger Sachfragen wirkt, daß dabei ständig — und häufig unreflektiv — auf zwei Ebenen argumentiert wird: Einer — mehr oder weniger objektiven — Analyse der bisherigen *Erfahrungen* mit der Mitbestimmung — hauptsächlich im Montanbereich — und einer daraus abgeleiteten *Prognose* über die künftigen Auswirkungen einer allgemeinen Einführung der paritätischen Mitbestimmung im Gesamtbereich der deutschen Wirtschaft[258].

Es liegt auf der Hand, daß möglicherweise auch über den zweiten Bereich Sozialwissenschaften fundiertere Aussagen treffen können als der „gesunde Hausverstand" des Juristen, daß aber insofern von einer *empirischen* Analyse und der dadurch vermittelten Gewißheit nicht die Rede sein kann. Für die juristische Betrachtungsweise folgt daraus, daß ein kurzschlüssiges Rekurrieren auf sozialwissenschaftliche Untersuchungen der Auswirkungen paritätischer Mitbestimmung auch dann nicht zulässig ist, wenn es sich um die Beantwortung der erwähnten Sachfragen handelt[259]. Ihre selbständige Beurteilung bleibt deshalb ein Rechtsproblem, weil es sich um *Wahrscheinlichkeitsaussagen* handelt, deren (rechtliche) Vertretbarkeit nicht nur vom Grad der Gewißheit oder empirischen Fundiertheit, sondern auch von dem *Rechtsgut* abhängig ist, das davon betroffen ist[260].

b) Dieses, dem Juristen seit eh und je geläufige *rechtliche* Zurechnungsproblem von „Ursache" und „Wirkung"[261] hat sich in der außerordentlich sensiblen Grundrechtsdogmatik des BVerfG auch auf die Verfassungskontrolle *des Gesetzgebers* konkretisiert[262]. In der Tat muß

---

[258] *Mertens*, RdA 1975, 89 ff. (93); *Naendrup*, GK MitbestG, Einl. II, Rdnr. 72 f. (mit berechtigten Zweifeln am Prognose-Umfang von *Stein*, Qualifizierte Mitbestimmung 40 ff.).

[259] Dahinter steht die jedem Juristen heute besonders schmerzlich bewußte Dichotomie von prüfendem Sachverstand und wägender Normativität; vgl. dazu etwa *Eichenberger*, Sachkunde und Entscheidungskompetenz in der Staatsleitung, FS Tschudi (1973) 3 ff.; *Imboden*, Bedeutung und Problematik juristischer Gutachten, FS Gutzwiller (1959) 503 ff.; *Koch / Senghaas* (Hgg.), Texte zur Technokratiediskussion (1970).

[260] *Breuer*, Der Staat 1977, 21 ff. (43 ff., 47).

[261] Vor allem im Rahmen des Strafrechtes und der zivilrechtlichen Schadenersatzdogmatik ist die *rechtlich relevante* Kausalitätskette von der „natürlichen" sehr deutlich (und im Grundsätzlichen ganz unbestritten) abzuheben, weil das Recht aus der Fülle der kausalen Elemente eben nur bestimmte als „Ursache" im Rechtssinn *bewerten* will.

[262] Siehe dazu die Hinweise bei *Philippi*, Tatsachenfeststellungen des BVerfG (1971); *Mertens*, RdA 1975, 96 ff.; *Breuer*, Der Staat 1977, 38 ff.; *Ossenbühl*, in: FS BVerfG I (1976) 458 ff.; *Pestalozza*, ebenda 519 ff.; *Seetzen*, Der Prognosespielraum des Gesetzgebers, NJW 1975, 429 ff.; *Thierfelder*, Zur Tatsachenfeststellung durch das BVerfG, JA 1970, 879 ff.

3. Reale Auswirkungen der Mitbestimmung

ja der Gesetzgeber infolge seines wesenhaft in die Zukunft orientierten Regelungsauftrages stets ein bestimmtes Maß an Unsicherheit der Auswirkungen seiner Anordnungen in Kauf nehmen. Diese Unsicherheit steigt mit der Komplexität der gesellschaftlichen und ökonomischen Verhältnisse und der Perfektion der Durchnormierung ständig und zwingt schon aus sachlichen Erwägungen zu einem aufwendigen, breit in Untersuchungen und Erfahrungen fundierten, *vorbereitenden Verfahren* der Gesetzgebung[263]. Die rechtsdogmatische Neuerung in der Judikatur des BVerfG war es nun, dieses Verfahren selbst unter grundrechtlichen Gesichtspunkten als Kriterium der Verfassungsmäßigkeit eigens zu beurteilen[264].

Der damit der Verfassungsprüfung eröffnete Bereich ist seit einigen Jahren als *„Prognosespielraum des Gesetzgebers"* bekannt und auch wissenschaftlich tiefschürfend untersucht worden[265]. In der Rechtsprechung des BVerfG wird dieser Prognosespielraum des Gesetzgebers nicht einheitlich, sondern nach abgestuften Kriterien beurteilt: Das rechtlich geforderte Maß an (vertretbarer) Sicherheit der Auswirkungen hänge dabei von der zu behandelnden Materie, von den Möglichkeiten gesicherter Prognosen und der Bedeutung der auf dem Spiele stehenden Rechtsgüter ab[266]. Hiernach richte sich auch die Intensität der verfassungsrechtlichen Kontrolle, die von einer *Evidenzkontrolle*[267] über eine *Vertretbarkeitskontrolle*[268] bis zu einer intensiven *„inhaltlichen Kontrolle"* reicht, wenn nach Auffassung des BVerfG besonders wichtige Rechtsgüter auf dem Spiele stehen[269].

c) Nur mit Hilfe dieser, in der Rechtsprechung breit fundierten Dogmatik ist es dem BVerfG gelungen, das Problem einer rechtlichen Beurteilung der faktischen Auswirkungen des Mitbestimmungsgeset-

---

[263] *Schwerdtfeger*, in: FS Ipsen (1977) 173 ff. (178 ff.); im Falle des MitbestG erreichte diese Tendenz einen bisher noch nie dagewesenen Verfahrensaufwand; vgl. die Hinweise oben II.3. dieser Untersuchung.

[264] Darauf weist als grundsätzliche Tendenz der neueren Rechtsprechung besonders *Lerche*, in: Vogel (Hg.), Grundrechtsverständnis 30 f., hin; das Mitbestimmungsurteil 56, formuliert ausdrücklich: „Es handelt sich also eher um Anforderungen des Verfahrens. Wird diesen Genüge getan, so erfüllen sie jedoch die Voraussetzung inhaltlicher Vertretbarkeit. . . ."

[265] Siehe die Lit.-Hinweise in Anm. 262.

[266] Im *Mitbestimmungsurteil* 332 f., wird dies als ständige Rechtsprechung ohne weiteres vorausgesetzt; vgl. dazu die theoretische Systematisierung bei *Ossenbühl*, FS BVerfG I (1976) 504 ff.

[267] Vgl. etwa BVerfGE 36, 1 (17) — Grundvertrag; 37, 1 (20) — Stabilisierungsfonds; 40, 196 (223) — Güterkraftverkehrsgesetz.

[268] Vgl. etwa BVerfGE 25, 1 (12 f., 17) — Mühlengesetz; 30, 250 (263) — Absicherungsgesetz; 39, 210 (225 f.) — Mühlenstrukturgesetz.

[269] Vgl. etwa BVerfGE 7, 377 (415) — Apotheken; 11, 30 (45) — Kassenärzte; 17, 269 (276 ff.) — Arzneimittelgesetz; 39, 1 (46, 51 ff.) — 218 StGB; 45, 187 (238) — Lebenslange Freiheitsstrafe.

zes in den Griff zu bekommen. Denn — so entscheidend die faktischen Auswirkungen dieses Gesetzes für die Beurteilung der Verfassungsmäßigkeit auch sein mögen — weder das Gericht noch der Gesetzgeber noch die Wissenschaft vermögen infolge der Komplexität der dafür in Betracht zu ziehenden wirtschaftlichen, betrieblichen und gesellschaftlichen Faktoren eine gesicherte Gesamtprognose abzugeben[270]. Das Gericht konnte unter diesen Voraussetzungen weder einer der (widersprüchlichen) wissenschaftlichen Prognosen folgen noch die Unzulässigkeit des Gesetzes wegen der damit verbundenen Unsicherheit annehmen[271]. Es mußte vielmehr untersuchen, ob der Gesetzgeber den ihm zukommenden Prognosespielraum in *vertretbarer Weise* genutzt habe[272].

Das Gericht bejahte diese Frage im Hinblick auf die dem Gesetzgeber zur Verfügung gestandenen empirischen Erhebungen des *Mitbestimmungsberichtes*[273] und der darin verwerteten politischen und der Fachdiskussion sowie im Hinblick auf das oben dargestellte *parlamentarische Anhörungsverfahren*[274]. Ausdrücklich verwies das BVerfG dabei auf die Tatsache, daß die Empfehlungen der Kommission sich für die Einführung einer „qualifizierten Mitbestimmung" aussprechen, die mit der Gesetz gewordenen Regelung nicht voll, aber doch *in wesentlichen Zügen übereinstimme* und daß auf Grund des Anhörungsverfahrens der Regierungsentwurf in der zum Gesetz gewordenen Fassung *geändert worden ist*[275]. Beides zeigt eindeutig, daß das Gericht wohl die im Gesetz verwirklichte unterparitätische Mitbestimmung für eine vertretbare Prognose gehalten hat, nicht dagegen die paritätische Mitbestimmung, die sowohl im Mitbestimmungsbericht als auch im Anhörungsverfahren auf Bedenken gestoßen ist.

---

[270] Eindrucksvoll ist die Skala der Unsicherheitsfaktoren hinsichtlich der künftigen Auswirkungen des MitbestG im *Mitbestimmungsurteil* 331 f., exemplifiziert; das Gericht verweist hierbei ausdrücklich auf *Mertens*, RdA 1975, 94 f., ohne allerdings dessen verfassungsdogmatische Schlußfolgerung der *Unzulässigkeit* des MitbestG aufzugreifen.

[271] *Mitbestimmungsurteil* 332: „Ungewißheit über die Auswirkungen eines Gesetzes in einer ungewissen Zukunft kann nicht die Befugnis des Gesetzgebers ausschließen, ein Gesetz zu erlassen, auch wenn dieses von großer Tragweite ist. Umgekehrt kann Ungewißheit nicht als solche ausreichen, einen verfassungsgerichtlicher Kontrolle nicht zugänglichen Prognosespielraum des Gesetzgebers zu begründen."

[272] *Mitbestimmungsurteil* 333 f.: „Dieser Maßstab verlangt, daß der Gesetzgeber sich an einer sachgerechten und vertretbaren Beurteilung des erreichbaren Materials orientiert hat. Er muß die ihm zugänglichen Erkenntnisquellen ausgeschöpft haben, um die voraussichtlichen Auswirkungen seiner Regelung so zuverlässig wie möglich abschätzen zu können und einen Verstoß gegen Verfassungsrecht vermeiden."

[273] Siehe die Hinweise unter II.2.d. (mit Anm. 111) dieser Untersuchung.

[274] Siehe die Hinweise unter II.3 (mit Anm. 140) dieser Untersuchung.

[275] *Mitbestimmungsurteil* 335.

d) Entsprechend der Dogmatik des „Prognosespielraumes" weist das BVerfG ausdrücklich darauf hin, daß der Gesetzgeber verfassungsrechtlich zur *Korrektur seines Gesetzes* verpflichtet ist, wenn sich seine Annahmen über die positiven Auswirkungen der Mitbestimmung teilweise oder gänzlich als Irrtum erweisen[276]. Damit wird die laufende Mitbestimmungspraxis, insbesondere im Hinblick auf die ökonomischen, sozialen und innerbetrieblichen Auswirkungen, unmittelbar unter verfassungsrechtliche Kontrolle gestellt. Das bedeutet, daß die Grundrechtsfragen des Mitbestimmungsgesetzes nicht durch das Mitbestimmungsurteil des BVerfG endgültig aus der Welt geschafft wurden, sondern sich in der täglichen Mitbestimmungspraxis ununterbrochen neu stellen werden[277]. Auch diese Konsequenz des Mitbestimmungsurteils gilt es im Auge zu behalten, wenn an die Durchführung des Mitbestimmungsgesetzes geschritten wird[278].

4. Die in Betracht kommenden Verfassungsmaßstäbe

a) Eine der wesentlichen Streitpunkte der Auseinandersetzung um die Verfassungsmäßigkeit der paritätischen Mitbestimmung war die Frage, welche verfassungsrechtlichen Bestimmungen überhaupt thematisch seien. Mit Recht ist beobachtet worden, daß Befürworter regelmäßig weniger Verfassungsnormen und -probleme anerkannten, als jene, die verfassungsrechtliche Bedenken geltend machten[279]. Mit schier unerschöpflicher verfassungsdogmatischer Phantasie wurde ein Grundrecht nach dem anderen als nicht anwendbar oder begrifflich nicht in Betracht kommend erklärt, so daß gegen Ende der Entwicklung teilweise schon die verfassungsrechtliche Argumentation an sich verdächtig erschien[280]. Eine andere Linie der Argumentation ging da-

---

[276] *Mitbestimmungsurteil* 335, unter Hinweis auf BVerfGE 25, 1 (13) und Beschl. v. 8. 8. 1978 — 2 BvL 8/77 unter B.II.2.c. (BVerfGE 49, 130).

[277] Treffend erkennt dies (von einem ganz anderen Standpunkt her) *Aschke*, DuR 1979, 174: „Mit dem Mitbestimmungsurteil ist die Verlagerung der Mitbestimmungsdiskussion auf eine quasi-juristische Ebene keineswegs abgeschlossen. Das Mitbestimmungsurteil wird vielmehr Ausgangspunkt und Bezugsrahmen einer neuen Runde politischer und juristischer Auseinandersetzungen über Praxis und Entwicklung der Mitbestimmung sein." Im selben Sinne auch: *Berlit / Dreier / Uthmann*, Kritische Justiz 1979, 180.

[278] Auf die daraus abzuleitenden Folgen für die Mitbestimmungspraxis wird im letzten Teil dieser Untersuchung (V.1. - 3.) systematisch eingegangen.

[279] *Naendrup*, GK MitbestG, Einl. II, Rdnr. 20 und 21 bzw. 37 ff.

[280] Prägnant: *Vetter*, Gewerkschaften und Mitbestimmung in der sozialstaatlichen Demokratie, in: Vetter (Hg.), Mitbestimmung 23 f.: „Ich habe den Eindruck, daß die juristischen Thesen zur angeblichen Verfassungswidrigkeit der paritätischen Mitbestimmung und zu den behaupteten Grenzen der Gewerkschaftsrechte letztlich nichts anderes sind als eine Übersetzung der neuen Unternehmerideologie ins Juristische." Im selben Sinne alle in Anm. 169 - 171 angeführten Autoren.

hin, *Grundrechte der Arbeitnehmer* und *sonstige Verfassungsnormen* — wie Sozialstaatsprinzip, Demokratiegebot oder gar die bundesstaatlichen Zuständigkeitsnormen — als Begründung der paritätischen Mitbestimmung, derart heranzuziehen, daß der einfache Gesetzgeber als „Ausgleicher" divergierender Grundrechtsansprüche oder Verfassungsprinzipien verstanden wurde[281]. Das BVerfG mußte in dieser Lage zu allererst klären, welche Maßstäbe der Verfassungsprüfung zugrunde zu legen seien. Es hat diese Frage, in Übereinstimmung mit der oben dargestellten rechtsstaatlich-liberalen Grundauffassung[282], im Sinne der *klassischen Grundrechtsdogmatik* gelöst.

b) Thema des Verfahrens waren behauptete Grundrechtsverletzungen der Eigentümer von Unternehmen und Arbeitgeberkoalitionen durch das Mitbestimmungsgesetz. Im Sinne des klassischen Eingriffs- und Schrankendenkens wurde dabei geprüft, ob das Gesetz den Schutzbereich der Grundrechte berührt und wenn ja, ob der verfassungsrechtliche Eingriffsrahmen des Gesetzgebers dabei gewahrt ist[283]. Bemerkenswert ist nicht nur der streng liberale Argumentationsduktus, sondern die lückenlose Anerkennung aller nur irgendwie in Betracht kommender Grundrechtsansprüche der Unternehmer — nämlich Art. 2, 9 I und III, 12 und 14 GG — *als Prüfungsmaßstab:* Es hat in der Tat nirgends in der weitverzweigten Diskussion ein Grundrecht gegeben, das im Mitbestimmungsurteil nicht als möglicher Prüfungsmaßstab anerkannt worden wäre[284]. Wie noch im einzelnen darzustellen sein wird, hat das Gericht dabei ausdrücklich alle jene Auslegungen zurückgewiesen, welche die prinzipielle „Unanwendbarkeit" des einen oder anderen Grundrechtes auf den Tatbestand der Mitbestimmung behauptet hatten.

c) Besondere Bedeutung hat diese extensive Interpretation des Prüfungsmaßstabes im Hinblick auf die vom BVerfG durchgängig an-

---

[281] *Naendrup*, GK MitbestG Einl. II, Rdnr. 24 ff. (ausgesprochen zurückhaltend); systematisch ausgebaut im *Frankfurter Gutachten* 30 ff. und bei den einzelnen Grundrechten; *Schwerdtfeger*, Unternehmerische Mitbestimmung 153 ff.; vgl. dazu allgemein: *Hoffmann-Riem*, Die grundrechtliche Freiheit der arbeitsteiligen Berufsausübung, FS Ipsen (1977) 385 ff.; *Badura*, Grundfreiheiten der Arbeit, FS Berber (1973) 11 ff.; *derselbe*, Das Prinzip der sozialen Grundrechte und seine Verwirklichung im Recht der Bundesrepublik Deutschland, Der Staat 1975, 17 ff.
[282] Siehe die Hinweise bei Anm. 245 ff.
[283] Siehe dazu den allgemeinen dogmatischen Hintergrund dieser Argumentationsreihe bei *Bleckmann*, Grundrechtslehren 227 ff. und *Böckenförde*, NJW 1974, 1531.
[284] Mit der einzigen Ausnahme des als *Schranke* der Mitbestimmung in neuerer Zeit fast einhellig abgelehnten Art. 15 GG; vgl. dazu die treffende Analyse von *Naendrup*, GK MitbestG Einl. II, Rdnr. 44 ff. Allerdings wird diese Verfassungsnorm vom BVerfG auch nicht — wie bei zahlreichen Befürwortern der paritätischen Mitbestimmung — als *Legitimation* des Eingriffsspielraumes des Gesetzgebers herangezogen.

4. Die in Betracht kommenden Verfassungsmaßstäbe

erkannte selbständige verfassungsrechtliche Bedeutung der *Organisations(Verfahrens-)garantien* als Sicherung des (individuellen und kollektiven) Grundrechtsgebrauches[285].

aa) So war etwa bestritten worden, daß Mitbestimmung das *Eigentumsgrundrecht der juristischen Person* berühren könne, weil sich an ihren Außenbeziehungen nichts ändere[286]. Das BVerfG hielt dagegen fest, daß bei Gesellschaften, die Träger von Unternehmen sind, die Organisation und das Verfahren ihrer Willensbildung *„Funktionsbedingung der Garantie des Eigentums* sind" und daher selbständiger verfassungsrechtlicher Prüfung unterliegen[287].

bb) Eine weitere, verbreitete Meinung hielt die Garantie der *Vereinigungsfreiheit* für nicht selbständig anwendbar, weil diese nur eine Gewährleistung kollektiver Rechtsausübung sei und daher nicht weiter reichen könne, als die Schutzwirkung des Art. 14 GG[288]. Das BVerfG ging dagegen von der Auffassung aus, daß Art. 9 Abs. 1 GG den Vereinigungen — also möglicherweise auch der Kapitalgesellschaft — als selbständige Organisations- und Verfahrensgarantie *„die Selbstbestimmung über die eigene Organisation, das Verfahren ihrer Willensbildung und die Führung ihrer Geschäfte"* gewährleiste. Eine Fremdbestimmung würde dagegen dem Schutzzweck des Art. 9 Abs. 1 GG zuwiderlaufen[289].

cc) In gleicher Weise hat das Gericht auch die *innere Unabhängigkeit der Koalitionen* und die *Funktionsfähigkeit der Tarifautonomie* als selbständige verfassungsrechtliche Prüfungsthemen des Art. 9

---

[285] Auf die besondere Bedeutung der Organisations- und Verfahrensgarantien für die Ausübung der individuellen Freiheit und die Erkenntnis ihrer wechselseitigen Verschränkung als Interpretationsaufgabe weist nachdrücklich *Rupp*, AöR 1976, 164 f.; *derselbe*, Grundgesetz und „Wirtschaftsverfassung" (1974) 42 ff., hin.

[286] *Frankfurter Gutachten* 53 und 61; *Stein*, Qualifizierte Mitbestimmung 56 ff.; *Müller*, Gedanken zum Entwurf des Mitbestimmungsgesetzes, DB 1975, 205; *Schwerdtfeger*, Unternehmerische Mitbestimmung 246; *derselbe*, Verfassungsmäßigkeit 58 f.; *v. Plessen*, Qualifizierte Mitbestimmung 53; *Küchenhoff*, Mitbestimmung und Grundrechte, DÖV 1952, 453 ff. (454); *Naendrup*, GK MitbestG, Einl. II, Rdnr. 86 und 87.

[287] *Mitbestimmungsurteil* 351 ff.; scharf kritisiert als „in direktem Gegensatz zur rechtspositivistischen Argumentation" von: *Berlit / Dreier / Uthmann*, Kritische Justiz 1979, 177.

[288] Vgl. *Schwerdtfeger*, Unternehmerische Mitbestimmung 201 ff.; *derselbe*, Verfassungsmäßigkeit 59 ff.; *Scholz*, Der Staat 1974, 102 f.; *derselbe*, Paritätische Mitbestimmung 125 ff.; *Raiser*, Grundgesetz 43; *Kunze*, Unternehmensrechtsreform (1976) 24 f.; *Naendrup*, GK MitbestG, Einl. II, Rdnr. 41; *Frankfurter Gutachten* 71 ff. (75).

[289] *Mitbestimmungsurteil* 354; im selben Sinne *E. R. Huber*, Grundgesetz 49; *Pernthaler*, Qualifizierte Mitbestimmung 22 ff.; *Zacher*, Der Regierungsentwurf eines Mitbestimmungsgesetzes und die Grundrechte des Eigentums, der Berufsfreiheit und der Vereinigungsfreiheit, in: FS Horst Peters (1975) 223 ff. (224 f.); *Kölner Gutachten* 215 ff. (217).

Abs. III GG anerkannt[290]. Auch hier war die Legitimation der Verfassungsprüfung zum „Durchgriff" auf die Innenstruktur der Koalitionen und der Gesellschaften als Arbeitgeber bestritten[291], vom Gericht jedoch im Hinblick auf grundrechtliche Bedeutung der Selbstbestimmung der Koalitionen und Gesellschaften über ihre eigene Organisation, das Verfahren ihrer Willensbildung und die Führung ihrer Geschäfte bejaht worden[292].

dd) In dieser Ausweitung der Grundrechte als Organisations- und Verfahrensgarantien liegt eine bedeutsame Ergänzung des streng individualistisch konzipierten Grundrechtsschutzes, der gerade für die moderne Gesellschaft mit ihren zahlreichen Assoziationsformen besondere Bedeutung hat[293]. Dies liegt durchaus in der Tradition liberalistischen Grundrechtsverständnisses[294] und findet auch in der allgemeinen Grundrechtsdogmatik des BVerfG[295] sowie in grundlegenden Erwägungen der juristischen Organisationstheorie[296] eine nachhaltige Stütze.

d) Das BVerfG hat auch grundsätzlich anerkannt, daß *Grundrechte der Arbeitnehmer* — insbesondere Art. 12 und 9 Abs. 3 GG — im Zusammenhang mit der verfassungsrechtlichen Prüfung der Mitbestimmung zu beachten seien[297]. Freilich nicht in der Form, daß diese Grund-

---

[290] *Mitbestimmungsurteil* 367 ff., insbes. 373 ff.

[291] *Stein*, Qualifizierte Mitbestimmung 93 ff.; *Naendrup*, GK MitbestG Einl. II, Rdnr. 116 f.; *Schwegler*, Paritätische Mitbestimmung und Koalitionsfreiheit, AuR 1975, 27 ff. (29); *Frankfurter Gutachten* 232 ff. (m. w. H.).

[292] Das Gericht folgte in dieser Hinsicht der vielbekämpften Auffassung von *Biedenkopf*, FS Kronstein 97 ff. und *Zöllner / Seiter*, Paritätische Mitbestimmung und Art. 9 Abs. 3 GG (1970) sowie des *Kölner Gutachtens* 234 ff. Vgl. die weiteren Hinweise in Anm. 52.

[293] Vgl. dazu besonders die Verfechter einer „kollektivistisch-liberalen Gesellschaftsordnung" wie *Ramm*, Die Freiheit der Willensbildung (1960) 29 ff.; *Ridder*, Zur verfassungsrechtlichen Stellung der Gewerkschaften im Sozialstaat nach dem Grundgesetz für die Bundesrepublik Deutschland (1960) 12 ff.; aber auch *Pernthaler*, Qualifizierte Mitbestimmung 195 f.; *Rupp*, AöR 1976, 164 f. u. a.

[294] Siehe etwa G. *Jellinek*, System der subjektiven öffentlichen Rechte, 1905², 92: „Zu der freien, lediglich individuellen Interessen dienenden Tat gehört auch die kollektive, durch das Mittel der Assoziation sich äußernde." Vgl. auch die Hinweise auf W. v. *Humboldt* und *Welcker* bei *Ramm*, Willensbildung 31.

[295] Vgl. die Hinweise auf die Verfassungsurteile zu den Fernsehanstalten, wissenschaftlichen Hochschulen oder der Juristenausbildung bei *Rupp*, AöR 1976, 164.

[296] Siehe dazu vor allem: *Serik*, Rechtsform und Realität juristischer Personen (1955); H. J. *Wolff*, Organschaft und Juristische Person I (1933) sowie die ältere liberalistische Theorie (*Gierke, Bernatzik, Jellinek* u. a.), nachgewiesen bei *Pernthaler*, Der Schutz der ethnischen Gemeinschaften durch individuelle Rechte (1964) 50 ff.

[297] *Mitbestimmungsurteil* 349, unter Hinweis auf BVerfGE 7, 377 (397, 398 ff.), sowie 365 (Abwägung der Berufsfreiheit der Unternehmer und

4. Die in Betracht kommenden Verfassungsmaßstäbe

rechte die Grundrechte der Anteilseigner, Unternehmer oder Arbeitgeber *unmittelbar* begrenzen[298], sondern dadurch, daß sie die *soziale Bindung* des Anteilseigentums verdeutlichen und verstärken.

Für eine, an der klassischen Grundrechtsdogmatik orientierte Betrachtungsweise liegt dies deshalb auf der Hand, weil es sich bei den genannten Grundrechten der Arbeitnehmer nicht um Ansprüche auf Einführung einer Unternehmensmitbestimmung handelt[299], sondern ebenfalls um Freiheitsrechte, die sich primär gegen staatlichen Zwang richten[300]. Am ehesten könnte dies noch bei der Koalitionsfreiheit fraglich sein, wenn man diese nach der Rechtsprechung des BVerfG als institutionelle Garantie des Tarifvertrages *und* der Personalvertretung bzw. des Betriebsverfassungsrechtes ansieht[301]. Aber auch hier ist ein Grundrecht auf *paritätische* Mitbestimmung unmittelbar aus der Verfassung keinesfalls ableitbar und auch vom BVerfG im Mitbestimmungsurteil nicht als geltend vorausgesetzt worden[302].

Das BVerfG ist vielmehr der klassischen Grundrechtsvorstellung gefolgt, daß ein Gesetz, das *Zwangsmaßnahmen* anordnet — mögen diese auch in sozialen Erwägungen und den Freiheitsrechten anderer begründet sein — an den Grundrechten derer zu messen ist, gegen die sich die staatliche Zwangsanordnung richtet. Diese Selbstverständlichkeit rechtsstaatlichen Denkens war im Zuge der Mitbestimmungsdiskussion schließlich immer mehr verdunkelt worden[303].

e) Keine Rolle spielen in der Argumentation des BVerfG schließlich die in der Verfassungsdiskussion und politischen Auseinandersetzung

---

Arbeitnehmer) und 372 (Garantie der Mitbestimmung aus dem Koalitionsrecht).

[298] So vor allem die Argumentation des *Frankfurter Gutachtens* 30 f. u. 63 f.

[299] *Mitbestimmungsurteil* 349: „Zwar vermögen Grundrechte der Arbeitnehmer nicht, wie dies namentlich das *Frankfurter Gutachten* annimmt, unmittelbar kraft Verfassungsrechts das Grundrecht der Anteilseigner aus Art. 14 GG zu begrenzen, weil sie — wie auch Art. 74 Nr. 12 GG — keinen verbindlichen Verfassungsauftrag zur Einführung einer Unternehmensmitbestimmung wie derjenigen des Mitbestimmungsgesetzes enthalten."

[300] *Pernthaler,* Qualifizierte Mitbestimmung 87 und 92.

[301] So auch das *Mitbestimmungsurteil* selbst, 372, unter Berufung auf BVerfGE 19, 303 (312 ff.); ebenso übrigens schon: *Pernthaler,* Qualifizierte Mitbestimmung 186 ff., auf den das Verdikt vom diesbezüglichen „Interpretationsskandal" (siehe Anm. 215) also offenbar nicht zutrifft.

[302] Siehe dazu im einzelnen die Ausführungen unten III.4.c.bb. dieser Untersuchung.

[303] Den Beginn des systematischen Ausspielens von Verfassungsnormen, die für oder gegen die Mitbestimmung sprechen, gegeneinander machte *Schwerdtfeger,* Unternehmerische Mitbestimmung 153 ff. und 195 ff.; ihren Höhepunkt erreichte diese Methode im *Frankfurter Gutachten* mit seiner Grundthese der wechselseitigen Aufrechenbarkeit von Arbeitgeber- und Arbeitnehmergrundrechten bzw. objektiven Verfassungsnormen, die für Mitbestimmung sprechen.

III. „Richtige Methode" der Verfassungsprüfung

um die Mitbestimmung ausgiebig verwendeten Berufungen auf *allgemeine Verfassungsprinzipien*, wie Sozialstaat, Demokratie, Menschenwürde oder auch die bundesstaatliche Kompetenzvorschrift des Art. 74 Nr. 12 GG[304].

Soweit das Gericht sozialen Gesichtspunkten im Rahmen der Grundrechtsauslegung Rechnung trug, begründete es dies mit dem konkreten Verfassungsauftrag des Art. 14 Abs. 2 GG zur *Sozialpflichtigkeit des Eigentums*[305]. Auch in dieser Linie der Argumentation wird man die konsequente grundrechtliche *Bereichsdogmatik*[306] und die Zurückweisung aller diese übersteigender Systemgesichtspunkte durch das BVerfG erkennen müssen.

---

[304] So vor allem bei *Schwerdtfeger*, Unternehmerische Mitbestimmung 153 ff.; *Naendrup*, GK MitbestG, Einl. II, Rdnr. 24 ff.; *Frankfurter Gutachten* 30 ff., und bei den einzelnen Grundrechten.

[305] Siehe dazu die Ausführungen unten IV.1.b.bb.(3). und *Mitbestimmungsurteil* 340 ff.

[306] Im Sinne der „praktischen Grundrechtsdogmatik" von *Friedrich Müller*, z. B. in: Normstruktur und Normativität (1966); Normbereiche von Einzelgrundrechten in der Rechtsprechung des BVerfG (1968); Die Positivität der Grundrechte (1969).

IV. Einzelgrundrechte als Maßstab der Mitbestimmung

Im Lichte der angeführten verfassungsdogmatischen Prämissen wird klar, daß sich für das BVerfG die Frage der Verfassungsmäßigkeit der Mitbestimmung ausschließlich auf eine Untersuchung der Vereinbarkeit mit Einzelgrundrechten konkretisiert. Die dabei entwickelten Maßstäbe und Auslegungen — die sich perspektivisch stets auf die *paritätische* Mitbestimmung beziehen — sollen für die einzelnen Grundrechte im folgenden nachgezeichnet werden.

1. Die Garantie des Eigentums

a) Die Frage der Verfassungsmäßigkeit der Mitbestimmung unter dem Gesichtswinkel des Eigentumsgrundrechtes ist die zugleich schwierigste und wesentlichste[307]. Das BVerfG stützte sich insofern nicht auf die zahlreichen theoretischen Aussagen zu diesem Thema oder auf theoretische Untersuchungen überhaupt, sondern entwickelte den grundrechtlichen Prüfungsmaßstab scheinbar ausschließlich aus Gesichtspunkten seiner eigenen Judikatur. Dennoch fließen in seine Argumentation viele Auffassungen der vorangegangenen Verfassungsdebatte ein, welche jedoch durchaus eigenständig zu einem System von Kontrollmaßstäben der durch die Mitbestimmung verursachten Eigentumswandlung verarbeitet werden[308].

Entgegen der Auffassung mancher Befürworter der paritätischen Mitbestimmung braucht das Gericht dazu weder die *Sozialisierungsermächtigung des Art. 15 GG*[309] — die im Urteil überhaupt nicht er-

---

[307] Es gibt — seit der Einführung der Montanmitbestimmung (vgl. Anm. 44 ff.) — keine umfassende verfassungsrechtliche Untersuchung zur Mitbestimmungsfrage, die auf eine (wenigstens vordergründige) Prüfung der Eigentumsproblematik verzichtet hätte; die Schwierigkeit der Verfassungsprüfung liegt in der (auch im *Mitbestimmungsurteil* systematisch thematisierten) *Offenheit* der Verfassungsgarantie gegenüber dem einfachen Gesetzgeber und ihren Schranken; vgl. zu den daraus folgenden Interpretationslinien den (nicht tendenzfreien) Überblick bei *Naendrup*, GK MitbestG, Einl. II, Rdnr. 75 ff.

[308] Es ist daher nunmehr zweifellos auch methodisch zulässig, aus dem *Mitbestimmungsurteil* heraus judikative Standards zur Beurteilung anderer Mitbestimmungsformen und besonderer Verfassungsprobleme der Anwendung des MitbestG zu entwickeln; die diesbezüglichen grundsätzlichen Bedenken von *Naendrup*, GK MitbestG, Einl. II, Rdnr. 103 f., sollten in der folgenden Darstellung berücksichtigt und ausgeräumt werden.

wähnt wird — noch eine Auslegungsstrategie, welche den Inhalt der Eigentumsgarantie schlechthin zur *Disposition des einfachen Gesetzgebers* stellt[310]. Auch die Anwendbarkeit der Eigentumsgarantie auf die Veränderung der *Innenstruktur* der von Mitbestimmung betroffenen Gesellschaften muß nicht von vornherein ausgeklammert werden[311], ebensowenig wie ein Eigentum *ohne Wesensgehaltsgarantie* angenommen werden muß[312], um zur „richtigen" Prüfbarkeit von Mitbestimmungsregelungen zu gelangen. Auch vor dem Hintergrund dieser Verfassungsstrategien muß das im folgenden dargestellte judikative System gesehen werden, um seine wahren Abgrenzungsfunktionen beurteilen zu können.

b) Das System des Art. 14 GG ist nach der Judikatur des BVerfG ebenso spannungsgeladen wie die Stellung des Eigentums in der modernen Rechtsordnung überhaupt.

aa) Zunächst hält das BVerfG *drei normative Grundelemente* der Eigentumsgarantie für wesentlich[313]: den *Regelungsauftrag* des Art. 14 Abs. 1 Satz 2 („Inhalt und Schranken des Eigentums" festzulegen), der begrenzt wird durch die *Bestandsgarantie* des Art. 14 Abs. 1 Satz 1 GG und die *Sozialpflichtigkeit* nach Art. 14 Abs. 2 GG, die als eigener Maßstab die beiden zuvor genannten umklammert. Alle drei Maßstäbe dürfen aber nicht isoliert betrachtet werden, sondern stehen in einem untrennbaren Wechselverhältnis zueinander in der Weise, daß alle zu einem verhältnismäßigen Ausgleich gebracht werden müssen[314].

bb) Aus dem Zusammenspiel dieser drei Grundelemente der Eigentumsgarantie entsteht ein „bewegliches System der Begriffe"[315], das

---

[309] Siehe dazu etwa *Schwerdtfeger*, Unternehmerische Mitbestimmung 240 ff.; *derselbe*, Verfassungsmäßigkeit 83 f., 96, 107 f., 121; *Naendrup*, GK MitbestG, Einl. II, Rdnr. 62; *Ridder*, in: Vetter (Hg.) Mitbestimmung 307; vgl. auch die Hinweise in Anm. 62 und die Kritik von *Aschke*, DuR 1979, 169.

[310] *Ridder*, in: Vetter (Hg.), Mitbestimmung 285, 324; *derselbe*, in: *Spanner / Pernthaler / Ridder*, Grundrechtsschutz des Eigentums (1977) 39 ff. (49 ff.); *Reich* in: Mayer / Reich (Hgg.), Mitbestimmung 41 ff.; *Naendrup*, GK MitbestG, Einl. II, Rdnr. 78, 82 u. ä.

[311] Siehe die Hinweise in Anm. 286.

[312] *Naendrup*, GK MitbestG, Einl. II, Rdnr. 81; *Schwerdtfeger*, Unternehmerische Mitbestimmung 235 f.

[313] Der im folgenden abgesteckte judikative Begriffsrahmen des Mitbestimmungsurteiles ist in bemerkenswerter Übereinstimmung schon bei *Pernthaler*, Qualifizierte Mitbestimmung 77 ff. (insbes. 81 f.), angedeutet.

[314] Die bei *Naendrup*, GK MitbestG, Einl. II, Rdnr. 76 ff., angeführten „widersprüchlichen Eigentumsbegriffe" werden in der Judikatur des BVerfG also nicht als Alternativen behandelt, sondern als dialektische Einheit des verfassungsrechtlichen Bezugrahmens vorausgesetzt; so übrigens *Naendrup* selbst auch, wenn er — trotz prinzipieller Gestaltungsfreiheit des einfachen Gesetzgebers nach Art. 14 Abs. 1 GG — einen verfassungsfesten Kern des Grundrechtes in Form der *Institutsgarantie* anerkennt (ebenda, Rdnr. 88 ff.).

abstrakt (d. h. ohne Anwendung auf eine konkrete rechtliche Ausformung des Eigentums) schwer zu beschreiben ist. Im folgenden soll dies dennoch versucht werden, weil ohne eine derartige *abstrakte* Umgrenzung der verfassungsmäßigen Eigentumsgarantie leicht der unrichtige Eindruck entsteht, daß diese der eigenständigen normativen Bedeutung als Kontrolle des einfachen Gesetzgebers überhaupt entbehre[316]. Nach der geschilderten Wechselwirkung der drei Grundelemente der Eigentumsgarantie kann man jedes der einzelnen Elemente nur unter Zuhilfenahme der beiden anderen zutreffend charakterisieren[317].

(1) Der Regelungsauftrag

Darin liegt eine verfassungsrechtliche Ermächtigung des einfachen Gesetzgebers, Inhalt und Schranken des Eigentumsinstitutes, aber auch des Zuordnungsverhältnisses zum Eigentumsträger zu gestalten bzw. zu verändern[318]. Der Gesetzgeber ist hiebei zunächst in das *Verhältnismäßigkeitsgebot* und die sonstigen Verfassungsschranken gebunden[319]; sodann aber auch an die *beiden übrigen Elemente der Eigentumsgarantie*. Das bedeutet, daß er den allfälligen sozialen Bezug des Eigentums in der Ausgestaltung der Rechtsstellung des Eigentums beachten muß[320], aber auch die Bestandsgarantie des Eigentums als

---

[315] Ausdruck von *Wilburg*, Entwicklungen eines beweglichen Systems im bürgerlichen Recht (1950); *derselbe*, Zusammenspiel der Kräfte im Aufbau des Schuldrechts, AcP 1963, 346 ff.

[316] Dieser Eindruck wird besonders stark, wenn man nicht von einem verfassungsrechtlich festgelegten Begriff des Eigentums, sondern von einer Vielzahl „offener Typen" (Eigentumsarten) ausgeht, die jeweils verschiedene verfassungsrechtliche Schutzobjekte darstellen(insbesondere für die Mitbestimmungsfrage: Typus des „*Aktieneigentums*"); so *Schwerdtfeger*, Unternehmerische Mitbestimmung 227 ff. In Wahrheit sind diese „Eigentumstypen" einfachgesetzliche Konkretisierungen gemäß Art. 14 Abs. 1 GG, die an der Bestandsgarantie und der Sozialpflichtigkeit zu messen sind.

[317] *Mitbestimmungsurteil* 340: „Die Bestandsgarantie des Art. 14 Abs. 1 Satz 1 GG (= „Das Eigentum und das Erbrecht werden gewährleistet"), der Regelungsauftrag des Art. 14 Abs. 1 Satz 2 GG (= „Inhalt und Schranken werden durch Gesetze bestimmt") und die Sozialpflichtigkeit des Eigentums nach Art. 14 Abs. 2 GG (= „Eigentum verpflichtet. Sein Gebrauch soll zugleich dem Wohl der Allgemeinheit dienen") stehen in einem unauflösbaren Zusammenhang. Keiner dieser Faktoren darf über Gebühr verkürzt werden; vielmehr müssen alle zu einem verhältnismäßigen Ausgleich gebracht werden."

[318] Dabei ist zu beachten, daß unter „Eigentum" im Verfassungssinn nicht nur das Sacheigentum im zivilrechtlichen Sinne zu verstehen ist, sondern private Vermögensrechte schlechthin, woraus erst die ganze Breite des Regelungsauftrages sichtbar wird.

[319] *Mitbestimmungsurteil* 341: „Diesen Grundsätzen entspricht es, wenn Eigentumsbindungen stets verhältnismäßig sein müssen; BVerfGE 8, 77 (80) m. w. N.; StRsp. Die gesetzliche Eigentumsbindung muß vom geregelten Sachbereich her geboten sein und darf nicht weitergehen als der Schutzzweck reicht, dem die Regelung dient (BVerfGE 21, 73, 86)."

[320] *Mitbestimmungsurteil* 340: „Dagegen ist die Befugnis des Gesetzgebers zur Inhalts- und Schrankenbestimmung um so weiter, je mehr das Eigen-

äußerste Schranke seiner Gestaltungsfreiheit wahren muß. Die zuletzt genannte Schranke bedeutet, daß jedenfalls die Zuordnung zum Rechtsträger und die „Substanz des Eigentums" gewahrt werden müssen, d. h. aber außerhalb der Dispositionsfreiheit des einfachen Gesetzgebers auf Grund des Regelungsauftrages liegen[321].

(2) Die Bestandsgarantie

Sie wird häufig auch als „grundlegender Gehalt der Eigentumsgarantie"[322], als „Schranke der Regelungsbefugnis des einfachen Gesetzgebers"[323] oder (in älteren Entscheidungen) als „grundlegende Wertentscheidung für das Privateigentum" bezeichnet[324]. Das BVerfG will damit offenbar den eingriffsfesten Kern (Wesensgehalt) der Eigentumsgarantie umschreiben. Es finden sich dafür verschiedene Formulierungen[325], wesentlich ist aber, daß damit die subjektive und die objektive Seite der Eigentumsgarantie (*„Zuordnung"* und *„Substanz"* des Eigentums) in gleicher Weise erfaßt werden[326]. Zur inhaltlichen Bestimmung dieses verfassungsfesten Kernes der Eigentumsgarantie

---

tumsobjekt in einem sozialen Bezug und in einer sozialen Funktion steht; vgl. BVerfGE 21, 73 (83); 31, 229 (242); 36, 281 (292); 37, 132 (140); 42, 263 (294). Maßgebend hierfür ist der in der Art. 14 Abs. 2 GG Ausdruck findende Gesichtspunkt, daß Nutzung und Verfügung in diesem Falle nicht lediglich innerhalb der Sphäre des Eigentümers bleiben ..."

[321] *Mitbestimmungsurteil* 341: „Auch wenn das Eigentum insoweit weitergehenden Beschränkungen unterworfen werden kann als in seiner personalen Funktion, fordert die Bestandsgarantie des Art. 14 Abs. 1 Satz 1 GG in jedem Falle die Erhaltung des Anordnungsverhältnisses und der Substanz des Eigentums; BVerfGE 42, 263 (295); vgl. auch BVerfGE 24, 367 (389)."

[322] So in BVerfGE 31, 240: „Der an das Grundgesetz gebundene Gesetzgeber kann aber hierbei nicht beliebig verfahren. Er muß bei der Festlegung der Befugnisse und Pflichten, die den Inhalt des Rechts ausmachen, den *grundlegenden Gehalt der Eigentumsgarantie* wahren ..."

[323] So in BVerfGE 42, 294: „Art. 14 Abs. 1 Satz 2 GG ermächtigt den Gesetzgeber vielmehr — unter Beachtung bestimmter Voraussetzungen — in bereits begründete Rechte einzugreifen und diesen einen neuen Inhalt zu geben; BVerfGE 31, 275 (293). Seine Regelungsbefugnis ist jedoch — wie der Senat wiederholt dargelegt hat — nicht unbegrenzt; *ihr sind unterschiedliche Schranken gezogen."*

[324] So in BVerfGE 24, 389: „... es ist Sache des Gesetzgebers, Inhalt und Schranken des Eigentums unter Beachtung der *grundlegenden verfassungsrechtlichen Wertentscheidung* zu bestimmen; Art. 14 Abs. 1 Satz 2 GG — vgl. BVerfGE 21, 73 (82)."

[325] Vgl. dazu vor allem die im *Mitbestimmungsurteil* 339 f., als *maßgebende* Präjudizien zitierten Entscheidungen: BVerfGE 24, 367 (389) — Hamburgisches Deichordnungsgesetz; 25, 112 (118) — Niedersächsisches Deichgesetz; 31, 229 (240) — Urheberrechtsgesetz; 37, 132 (140) — Wohnraumkündigungsschutzgesetz; 42, 263 (294) — Contergan.

[326] *Mitbestimmungsurteil* 341: „Auch wenn das Eigentum insoweit weitergehenden Beschränkungen unterworfen werden kann, als in seiner personalen Funktion, fordert die Bestandsgarantie des Art. 14 Abs. 1 Satz 1 GG in jedem Fall die Erhaltung des Zuordnungsverhältnisses und der Substanz des Eigentums; BVerfGE 42, 263 (295); vgl. auch BVerfGE 24, 367 (389)."

werden ferner regelmäßig die Elemente „*Privatnützigkeit*" und „*Verfügungsbefugnis*" herangezogen[327], häufig aber auch betont, daß darunter sowohl die Institutsgarantie als auch der Vermögenswert des Eigentums falle[328]. Wenngleich die Bestandsgarantie ihrerseits wieder begrenzt wird durch das Wechselverhältnis mit Regelungsauftrag und Sozialpflichtigkeit, darf sie nicht so aufgefaßt werden, daß sie erst an das gesetzlich ausgestaltete und begrenzte Eigentum anknüpft[329]. Es wird im Gegenteil vom BVerfG immer wieder hervorgehoben, daß sie in den beiden anderen Elementen je schon als Schranke der Dispositionsfähigkeit des einfachen Gesetzgebers mitverstanden wird.

(3) Die Sozialpflichtigkeit

Dieses Element ist es vor allem, das den Gesetzgeber ermächtigt, den sozialen Bezug und die sozialen Funktionen der Eigentumsordnung auszugestalten[330]. Sein Ermächtigungsrahmen wird dabei als um so weiter angesehen, je mehr sich das Eigentumsobjekt (die Eigentumstype) vom ursprünglichen Gehalt als Sicherung der persönlichen Freiheit des einzelnen entfernt und damit die Begründung in der eigenen Leistung und eigenen Arbeit verliert[331]. Besonders sozialpflichtiges Eigentum sei danach solches, auf das andere Rechtsgenossen zur Freiheitssicherung und verantwortlichen Lebensgestaltung in verstärktem Maße angewiesen seien[332]. Dabei müsse das Element „Sozialpflichtig-

---

[327] Mitbestimmungsurteil 339: „Das verfassungsrechtlich geschützte Eigentum ist in seinem rechtlichen Gehalt gekennzeichnet durch *Privatnützigkeit*, d. h. die Zuordnung zu einem Rechtsträger (BVerfGE 42, 263, 294), in dessen Hand es als Grundlage privater Initiative und in eigenverantwortlichem privaten Interesse „von Nutzen" sein soll, und durch die von dieser Nutzung nicht immer deutlich abgrenzbare grundsätzliche *Verfügungsbefugnis* über den Eigentumsgegenstand; BVerfGE 31, 229 (240); 37, 132 (140); 42, 263 (294)."

[328] BVerfGE 24, 389: „Art. 14 Abs. 1 Satz 1 GG gewährleistet das Privateigentum sowohl als Rechtsinstitut wie auch in seiner konkreten Gestalt in der Hand des einzelnen Eigentümers ... Das Grundrecht des einzelnen setzt das Rechtsinstitut ‚Eigentum' voraus; es wäre nicht wirksam gewährleistet, wenn der Gesetzgeber an die Stelle des Privateigentums etwas setzen könnte, was den Namen ‚Eigentum' nicht mehr verdient."

[329] So im wesentlichen die in Anm. 310 genannten Autoren; dagegen vor allem die bisher gründlichste Aufarbeitung der Problematik bei *Chlosta*, Der Wesensgehalt der Eigentumsgewährleistung (1975) 79 ff. und 140 ff.

[330] Art. 14 Abs. 2 GG ist in dieser Hinsicht als verfassungsrechtliche *Zielformulierung* für den Regelungsauftrag des Art. 14 Abs. 1 Satz 2 GG, aber auch als *Auslegungsrichtlinie* für den Umfang und die Tragweite der Bestandsgarantie aufzufassen; inhaltlich ist die Sozialpflichtigkeit unabgeschlossen, weil der Begriff „Wohl der Allgemeinheit" erst im politischen Prozeß formuliert werden muß; *H. Huber*, Das Gemeinwohl als Voraussetzung der Enteignung, ZSR NF 84 (1965), 1. Halbband 39 ff. (59 f.); *Zezschwitz*, Das Gemeinwohl als Rechtsbegriff (1967).

[331] Vgl. BVerfGE 1, 264 (277 f.); 4, 219 (242 f.); 14, 288 (293 f.); 22, 241 (253); 24, 220 (226); 31, 229 (240 f.); 42, 64 (77); 42, 263 (293 ff.).

[332] *Mitbestimmungsurteil* 340: „Dagegen ist die Befugnis des Gesetzgebers zur Inhalts- und Schrankenbestimmung um so weiter, je mehr das Eigen-

IV. Einzelgrundrechte als Maßstab der Mitbestimmung

keit" freilich mit den beiden anderen Elementen zusammen gesehen werden; sie müsse daher aus dem Wesen der jeweils legitim ausgestalteten *Eigentumstype* heraus bestimmt werden (Regelungsauftrag)[333] und die *Grenzen der Bestandsgarantie* (Zuordnung und Substanz des Eigentums) in jedem Falle wahren[334].

cc) Ein weiteres Spannungsmoment der Eigentumsgarantie liegt in ihrer Doppelnatur als *Institutsgarantie* und *subjektives Recht* des Eigentümers, wobei zwar das letztere rechtlich als Primärgarantie verstanden wird, aber ohne die objektive Institutsgarantie nicht denkbar („inhaltsleer") wäre[335]. Dasselbe gilt für die Doppelnatur des Eigentums als streng *persönlichkeitsbezogenes Freiheitsrecht* — als Primärgarantie — und *sozialbezogenes*, d. h. in bestimmten sozialen Funktionen stehendes *Eigentumsobjekt*, das primär der Sozialpflichtigkeit, daneben aber auch der Bestandsgarantie des Grundrechtes unterliegt[336]. Für die konkrete Frage der Organisierbarkeit des Unternehmenseigentums wesentlich ist neben der mittelbaren Funktionsgarantie des Eigentums vor allem die damit abgesteckte *Grenze* der Sozialpflichtigkeit, die das BVerfG mit der Formel umschreibt, daß die Bestandsgarantie des Art. 14 Abs. 1 Satz 1 GG auch beim gesteigert sozialpflichtigen Eigentum in jedem Falle *die Erhaltung des Zuordnungsverhältnisses* und der *Substanz* des Eigentums fordere[337]. Dabei kann kein Zweifel sein, daß unter „Substanz" des Eigentums nicht nur der Vermögenswert, sondern auch die institutionellen Grund-

---

tumsobjekt in einem sozialen Bezug und einer sozialen Funktion steht; vgl. BVerfGE 21, 73 (83); 31, 229 (242); 36, 281 (292); 37, 132 (140); 42, 263 (294).

[333] *Mitbestimmungsurteil* 342: „Für das Ausmaß zulässiger Sozialbindung des Anteilseigentums an größeren Unternehmen ist dessen Eigenart von Bedeutung."

[334] *Mitbestimmungsurteil* 345: „Das schließt es aus, die *Substanz des verfassungsrechtlich geschützten Anteilseigentums* in über den Schutz des individuellen Anteilsrechts hinausgehenden Funktionen zu erblicken"; ebenda 341: „... fordert die Bestandsgarantie des Art. 14 Abs. 1 Satz 1 GG in jedem Falle die Erhaltung des Zuordnungsverhältnisses und der Substanz des Eigentums." Vgl. zu den Grenzen der Sozialbindung allgemein: *Leisner*, Sozialbindung des Eigentums (1972) 63 ff.; *Kimminich*, Erläuterungen zu Art. 14 GG, Bonner Kommentar, Drittbearbeitung (1976) Rdnr. 104 ff.

[335] Siehe die Hinweise in Anm. 328 und *Mitbestimmungsurteil* 344: „... Er (der Schutz objektiver Funktionen des Eigentums) ist gegenüber der primären Bedeutung der Eigentumsgarantie als Menschenrecht insofern akzessorisch, als das Freiheitsrecht der Rechtseinrichtung Eigentum bedarf, damit der einzelne am Aufbau und an der Gestaltung der Wirtschaftsordnung eigenverantwortlich, autonom und mit privatnützigen Zielen mitwirken kann."

[336] Typisch dafür die Auseinandersetzung des BVerfG mit dem Vorbringen der Beschwerdeführer und des *Kölner Gutachtens* um die *objektiv rechtlichen Funktionen* des Anteilseigentums, denen das Gericht nur als abgeleitete Garantien des individuellen Freiheitsrechts verfassungsrechtlichen Schutz zubilligt (*Mitbestimmungsurteil* 344 f.).

[337] Siehe den Hinweis in Anm. 326.

1. Die Garantie des Eigentums

elemente der *Privatnützigkeit* und *Verfügungsmöglichkeit* gemeint sind[338], die sich im übrigen vom Vermögenswert des Eigentums gar nicht abtrennen lassen.

dd) Eine weitere, in der Judikatur getroffene Unterscheidung der Eigentumseingriffe ist die in *qualitative* Veränderungen und *quantitative* Beschränkungen[339]. Diese Unterscheidung richtet sich offenbar danach, ob das jeweilige Eigentum als Rechtsinstitut „inhaltlich" umgestaltet oder nur in seinen einzelnen Befugnissen begrenzt wird. An sich umfaßt der Regelungsauftrag und die Sozialpflichtigkeit beide Arten der Eigentumsgestaltung, doch wird die erste strenger danach zu prüfen sein, ob sie die *Bestandsgarantie* des Eigentums wahrt, weil sie unmittelbarer auf die Struktur und Substanz des betroffenen Eigentums greift[340].

c) Auf Grund des zuvor geschilderten judikativen Systems der verfassungsmäßigen Eigentumsgarantie konkretisierte das BVerfG die Verfassungsprüfung auf die Rechtsstellung des vom Mitbestimmungsgesetz betroffenen *Anteilseigentums* wie folgt.

aa) Auszugehen ist — im Sinne des Regelungsvorbehaltes — von der konkreten rechtlichen Ausgestaltung des Anteileigentums als *gesellschaftsrechtlich vermitteltes Eigentum*[341]. Das Wesen dieser — hier nicht grundsätzlich in Frage gestellten — Eigentumstype[342] liegt nach der Judikatur des BVerfG in der untrennbaren Verknüpfung des Eigentumsrechtes mit dem (privaten) Gesellschaftsrecht[343]. Danach ist der Anteilseigner zwar regelmäßig von unmittelbarer Verfügung über sein Eigentum ausgeschlossen und insofern auf die Organe der Gesellschaft angewiesen, aber — und darin liegt die verfassungsrechtliche Grundentscheidung — er ist auf Grund des Anteilseigentums nicht nur

---

[338] *Mitbestimmungsurteil* 339 (siehe Anm. 327).

[339] *Mitbestimmungsurteil* 345 und 347, an beiden Stellen in der im Text angegebenen Gegenüberstellung.

[340] Das *Mitbestimmungsurteil* geht von der Annahme aus, daß das MitbestG infolge der Unterparität keine *qualitative* Veränderung des Anteilseigentums bewirkt habe (345 ff.), wohl aber wesentliche *quantitative* Beschränkungen des Anteilseigentums mit sich bringe, welche verfassungsrechtlich zu messen seien.

[341] *Mitbestimmungsurteil* 341 ff.; der Begriff „Anteilseigentum" geht zurück auf BVerfGE 14, 263 (276) — Feldmühle — und wurde in BVerfGE 25, 371 (407) — Rheinstahl — bereits als ständige Rechtsprechung vorausgesetzt.

[342] Es handelt sich hier aber nicht um eine *verfassungsrechtlich* vorgeformte „Eigentumstype" im Sinne der Begriffsbildung von *Schwerdtfeger*, Unternehmerische Mitbestimmung 227 ff., sondern um eine konkrete Ausprägung des Regelungsvorbehaltes, der verfassungsrechtlich zu messen ist.

[343] Die stehende judikative Formulierung lautet: „Das Anteilseigentum ist in seinem mitgliedschaftsrechtlichen und in seinem vermögensrechtlichen Element gesellschaftsrechtlich vermitteltes Eigentum" (*Mitbestimmungsurteil* 342).

Eigentümer des Anteilsrechtes, sondern — gesellschaftsrechtlich vermittelt — auch *Eigentümer des Unternehmens bzw. Vermögens der Gesellschaft*[344].

Dies ist keinesfalls selbstverständlich, weil ja auch zwischen dem Eigentum der juristischen Person und dem „nur obligatorischen" Anteilsrecht getrennt werden kann und sich danach die individuelle Eigentümerposition rechtlich zur Mitbestimmungsproblematik in überhaupt keine Beziehung mehr setzen ließe[345]. Daß das BVerfG nicht dieser Begriffsbildung folgt, zeigt einerseits, daß es von einer selbständigen *verfassungsrechtlichen* Kategorie „Eigentum" ausgeht und andererseits der Grundrechtsschutz des Eigentums den „Durchgriff" durch gesellschaftsrechtliche Verhältnisse ohne weiteres zuläßt, ja gebietet, wenn dies zum Schutz des typischen Grundrechtsgehaltes erforderlich ist[346]. Anders wäre es nämlich gar nicht denkbar, daß das BVerfG auch die *gesellschaftsrechtliche* Stellung des Anteilseigners unter dem Eigentumsgrundrecht mißt, weil ja hier nach der privatrechtlichen Begriffsbildung keinesfalls Eigentumsbeziehungen vorliegen.

bb) Nach dem System des verfassungsrechtlichen Eigentumsschutzes kommt es aber für die Beurteilung der Verfassungsmäßigkeit des Anteilseigentums wesentlich auf dessen *gesellschaftsrechtliche Position und Befugnisse* an[347]. Die folgt schon aus der sorgfältigen Analyse des BVerfG über *Parität* und *Unterparität* im MitbestG[348], die sinnlos wäre, wenn sie nicht an die Unterscheidung zwischen Anteilseigner- und Arbeitnehmervertreter im Gesellschaftsrecht angeknüpft werden

---

[344] Dies steckt an sich schon im Begriff „*Anteilseigner*" und wird im *Mitbestimmungsurteil* 342, ausdrücklich wie folgt formuliert: „Der Eigner kann sein Eigentum regelmäßig nicht unmittelbar nutzen und die mit ihm verbundenen Verfügungsbefugnisse wahrnehmen, sondern er ist hinsichtlich der Nutzung auf den Vermögenswert beschränkt, während ihm Verfügungsbefugnisse — abgesehen von der Veräußerung oder Belastung — *nur mittelbar über die Organe der Gesellschaft zustehen.*"

[345] Vgl. etwa *Stein*, Qualifizierte Mitbestimmung 58: „Diese Befugnis (zur Verfügung über Unternehmenseigentum) steht rechtlich und faktisch nicht den Aktionären zu, sondern den Organen der das Unternehmen tragenden Kapitalgesellschaft ..."; noch schärfer *Suhr*, NJW 1978, 2365.

[346] Dies ist auch als Entsprechung der Tendenz des BVerfG zu sehen, *Organisations(Verfahrens-)garantien* als Sicherung des individuellen und kollektiven Grundrechtsgebrauches anzuerkennen; siehe dazu *Mitbestimmungsurteil* 351: „Demgemäß ist in der Rechtsprechung seit jeher anerkannt, daß auch Organisations- und Verfahrensrecht unter den Geboten der materiellen Grundrechte steht und daß seine Gestaltung gegen diese verstoßen kann."

[347] Diese sind also Prüfungsgegenstand und nicht Prüfungsmaßstab, wie es die mißverständliche Terminologie vom verfassungsrechtlichen Typus Aktieneigentum (*Schwerdtfeger*) oder vom „Aktieneigentum" schlechthin (*Suhr*, Eigentumsinstitut und Aktieneigentum, 1966) nahelegen.

[348] Siehe dazu die Ausführungen unter III.2.c.aa. mit Anm. 231 ff.

könnte. Auch der Ausdruck „gesellschaftsrechtlich *vermitteltes* Eigentum" setzt eben voraus, daß die Eigentümerposition durch das Gesellschaftsverhältnis organisiert und damit verändert, aber nicht grundsätzlich aufgehoben wird. Der *Maßstab des Gesellschaftsrechtes* bleibt also die Eigentumsgarantie in bezug auf den einzelnen Gesellschafter.

Die Schwierigkeit der Verfassungsprüfung liegt dabei in der stark wechselnden Rechtsstellung der Anteilseigner und ihrer Abhängigkeit von den organisatorischen Besonderheiten der einzelnen Gesellschaftsformen und Gesellschaften[349]. Es kann also verfassungsrechtlich kein bestimmtes, ja nicht einmal ein individuelles Verfügungsrecht des Anteilseigners garantiert werden, sondern lediglich die Organisationsstruktur der Kapitalgesellschaft als *Organ der Anteilseigner insgesamt* und ihre damit vorausgesetzte Zuordnung in eigentümerischer Substanz und Verfügungsmöglichkeit zu den *Anteilseignern als Kollektiv*[350].

cc) Dieses gesellschaftsrechtliche Zuordnungsverhältnis zu den Anteilseignern ist durch das *Sozialordnungsrecht* zugunsten der Arbeitnehmer des Unternehmens und ihrer Vertreter in den Gesellschaftsorganen noch weiter beschränkbar[351]. Wie weit diese Beschränkung gehen kann, hat das BVerfG im Mitbestimmungsurteil nicht ausdrücklich abgesteckt. Es hat jedoch Maßstäbe entwickelt, nach denen die Intensität und der Umfang sozialordnungsrechtlicher Beschränkungen des gesellschaftsrechtlich organisierten Eigentums gemessen werden können. Das Gericht unterscheidet insofern zwischen der subjektiv-rechtlichen *Substanz des Anteileigentums* sowie *qualitativen Änderungen* und *quantitativen Beschränkungen* desselben, welche verfassungsrechtlich zu messen seien.

(1) Die verfassungsrechtlich ausschlaggebende „*Substanz des Anteileigentums*" hält das BVerfG im *individualrechtlichen* Anteilseigentum

---

[349] Dies arbeitet das *Mitbestimmungsurteil* 342 und 348, deutlich heraus; ähnlich *Chlosta*, Wesensgehalt 161 ff.
[350] Dies ist die exakte Gegenposition zu *Suhr*, NJW 1978, 2361 ff. (2366), an der das *Mitbestimmungsurteil* durchgehend festhält; vgl. z. B. ebenda 346: „Hat die *Anteilseignerseite* auf Grund der rechtlichen Regelung *das Übergewicht*, so kann allein aus dem Umstand, daß sie dieses bei Zusammengehen einer Minderheit mit der Arbeitnehmerseite verlieren kann, keine rechtlich relevante Struktur- oder Substanzänderung des Anteilseigentums erblickt werden", *ebenda* 347: „Das Gesellschaftsrecht verleiht der *Gesamtheit der Anteilseigner* mit dem Recht zur Wahl der Aufsichtsratsmitglieder eine Herrschaftsbefugnis von Gewicht ...!"
[351] Die bekannte Formulierung, das Mitbestimmungsrecht liege „*am Schnittpunkt von Gesellschaftsrecht und Sozialordnungsrecht*", stammt aus BVerfGE 25, 371 (407) — Rheinstahl und wurde vom Mitbestimmungsurteil in konsequenter Weise als Grundlage der Inhalts- und Schrankensystematik nach Art. 14 Abs. 1 und 2 GG genommen; vgl. in diesem Sinne schon *Pernthaler*, Qualifizierte Mitbestimmung 81 ff. sowie (abwertend) *Naendrup*, GK MitbestG Einl. II, Rdnr. 50.

und seinem Schutz gelegen, der auch den Schutz der *Funktion* des gesellschaftsrechtlich vermittelten Eigentums begründe und bestimme[352]. Zwar genießen nach Auffassung des BVerfG auch die objektivrechtlichen Funktionen des Anteileigentums — insbesondere Ansammlung des zum Betrieb moderner Wirtschaftsunternehmen erforderlichen Kapitals, differenzierte privatrechtliche Organisation der Kapitalgesellschaften sowie Grundlage einer auf Dezentrierung und Verteilung von Macht, Chancen, Risiko und Herrschaft beruhenden Wirtschaftsordnung — verfassungsrechtlichen Schutz[353]. Dieser sei jedoch ein vom Schutz des individuellen Anteilsrechts abgeleiteter Verfassungsschutz und füge diesem daher keine neue Bedeutung zu. Dies gilt allerdings nur dann, wenn man mit der Rechtsprechung des BVerfG als wesentlichen Bestandteil des individualrechtlichen Verfassungsschutzes auch die Garantie der *Rechtseinrichtung Eigentum* mitversteht[354].

(2) Als *qualitative Veränderung* des Anteilseigentums bezeichnet das BVerfG jene Maßnahmen, welche die *Substanz* des Anteilseigentums verändern. Nach der zuvor entwickelten gesellschaftsrechtlich definierten Begriffsbildung[355] sind dies sozialordnungsrechtliche Regelungen, die der *Anteilseignerseite* in den Gesellschaftsorganen Verfügungsrechte im wesentlichen Umfang entziehen oder in einer Weise verändern, daß die Privatnützigkeit und eigentumsrechtliche Zuordnung der Anteilsrechte nicht mehr gegeben erscheint[356]. Dies trifft auf die

---

[352] Im *Mitbestimmungsurteil* 344 f., wird zweimal ausdrücklich von der „verfassungsrechtlich geschützten *Substanz* des Anteilseigentums" gesprochen, die im „*individuellen Anteilsrecht*" liege. Schon diese Terminologie stellt unzweifelhaft klar, daß das Gericht damit von der klassischen Inhalts- und Schrankendogmatik der Grundrechtsinterpretation ausgeht; vgl. dazu die Hinweise bei Anm. 245 ff.

[353] *Mitbestimmungsurteil* 344 (unter ausdrücklicher Zitierung der im Text genannten objektivrechtlichen Funktionen): „Zwar genießen jene Funktionen des Anteilseigentums verfassungsrechtlichen Schutz; dieser läßt sich jedoch von dem Schutz der individuellen Anteilsrechte nicht lösen und ihm gegenüber verselbständigen."

[354] *Mitbestimmungsurteil* 344: „... das Freiheitsrecht bedarf der *Rechtseinrichtung Eigentum*, damit der einzelne am Aufbau und der Gestaltung der Wirtschaftsordnung eigenverantwortlich, autonom und mit privatnütziger Zielsetzung mitwirken kann." Zur Bedeutung der in ständiger Rechtsprechung entwickelten „Institutsgarantie" des Eigentums siehe die Hinweise in Anm. 335 und bei *Kimminich*, Erläuterungen zu Art. 14 GG, Bonner Kommentar (Drittbearbeitung 1976), Rdnr. 92 f.

[355] Siehe die Hinweise bei Anm. 347 ff.

[356] Der erste Fall der *Möglichkeit* einer qualitativen Eigentumsveränderung („Struktur- oder Substanzveränderung") durch Mitbestimmung wird vom Gericht an Hand des hypothetischen Beispiels der Überstimmung der Mehrheit der Eigentümerseite durch die Minderheit und Arbeitnehmervertreter entwickelt; der zweite an Hand der Verlagerung der Vorstandswahl von reinen Eigentümerorganen auf mitbestimmte Organe. In beiden Fällen sei das MitbestG aus den im Text angeführten Gründen verfassungsrechtlich

1. Die Garantie des Eigentums

Regelungen des MitbestG nicht zu. Einerseits hat die Anteilseignerseite hier im Aufsichtsrat ein leichtes Übergewicht, das ihre Überstimmung rechtlich ausschließt[357], andererseits bleibt die Anteilseignerversammlung als oberstes Unternehmensorgan in der Lage, erheblichen Einfluß auf die Geschäftsführung auszuüben[358].

Zwar läßt das Gericht die Frage offen, welche verfassungsrechtliche Konsequenzen eine „qualitative" Veränderung des Anteilseigentums nach sich ziehen würde[359], doch kann nach den allgemeinen Begriffsbildungen kein Zweifel daran bestehen, daß hier die Schranke der *unaufhebbaren Bestandsgarantie*[360] sehr rasch erreicht wird, weil eben das Wesen des Eigentums am Spiel steht. Nicht zuletzt unter diesem Gesichtspunkt ist die Feststellung des BVerfG, daß im MitbestG keine paritätische Mitbestimmung und daher keine *qualitative* Veränderung des Anteilseigentums gegeben sei[361], zu verstehen.

(3) Als *quantitative Beschränkung* des Anteilseigentums bezeichnet das Gericht eine Reduktion der *mitgliedschaftsrechtlichen* Position der Anteilseigner in ihrer Gesamtheit oder des *Vermögenswertes* des Anteilsrechtes[362]. Die zuletzt genannte Wirkung ist gegenwärtig noch nicht feststellbar, nach der vertretbaren Prognose[363] des Gesetzgebers des MitbestG sollte sie auch in Zukunft nicht eintreten, weshalb das Gericht insofern keine Eigentumsbeschränkung angenommen hat[364].

---

unbedenklich, ja es lägen nicht einmal echte Fälle einer qualitativen Veränderung des Anteilseigentums vor.

[357] Eine *faktische* Überstimmung der Eigentümermehrheit durch die Minderheit gemeinsam mit der Arbeitnehmerseite hält das *Mitbestimmungsurteil* 346, für verfassungsrechtlich unerheblich; dies schließt an die Feststellung des Gerichtes im Zusammenhang mit der Analyse der Unterparität (330) an, daß *faktische* Einigungs- und Kooperationszwänge nicht der *rechtlichen* Konfliktsregelung des MitbestG (Übergewicht der Anteilseignerseite) zugerechnet werden können.

[358] Dies hebt das BVerfG vor allem für die Gesellschaftsformen hervor, bei denen das MitbestG zwangsweise die Aufsichtsratsbefugnisse der AG einführt (GmbH, Genossenschaften, bergrechtliche Gewerkschaften usw.). In dieser Aussage liegt gleichzeitig eine Auslegungsregel für das verfassungskonforme Verhältnis von Gesellschaftsrecht und Mitbestimmungsrecht, auf die im V. Teil dieser Untersuchung zurückzukommen ist.

[359] *Mitbestimmungsurteil* 345: „Beides führt zu keiner qualitativen Veränderung des Anteilseigentums, so daß offenbleiben kann, welche Folgerungen sich aus einer solchen für die verfassungsrechtliche Würdigung ergeben würden."

[360] Siehe die Hinweise bei Anm. 322 ff.

[361] Ausdrücklich auf die (rechtlichen) Mehrheitsverhältnisse im Aufsichtsrat stellt das *Mitbestimmungsurteil* 346 ab: „Hat die Anteilseignerseite auf Grund der rechtlichen Regelung das Übergewicht, so kann allein in dem Umstand, daß sie dieses bei Zusammengehen einer Minderheit mit der Arbeitnehmerseite verlieren kann, keine rechtlich relevante Struktur- oder Substanzänderung des Anteilseigentums erblickt werden ..."

[362] *Mitbestimmungsurteil* 347 ff.

[363] Siehe die Hinweise bei Anm. 272 ff.

80 IV. Einzelgrundrechte als Maßstab der Mitbestimmung

Wohl aber stellt die Neuorganisation des Aufsichtsrates eine verfassungsrechtlich zu messende Einschränkung der *Verfügungsrechte* der Eigentümerseite dar. Sie ist grundsätzlich im intensiven sozialen Bezug des Anteilseigentums im Verhältnis zu den *Arbeitnehmern* gerechtfertigt[365]. Diese haben zwar keinen Grundrechtsanspruch auf Mitbestimmung oder auch nur auf Beschränkung des Eigentums des Unternehmers[366]; durch Mitbestimmung wird aber ihr Grundrechtsgebrauch gefördert, was der Gesetzgeber im Rahmen der Sozialbindung des Eigentums durch Mitbestimmung zu berücksichtigen hat[367].

Organisations- und Verfahrensregelungen zum Ausgleich der rechtlich-organisatorischen Zuordnung des Unternehmens zum Kapitaleigner und der unternehmensinternen Freiheitssphären[368] sind daher prinzipiell zulässig, aber auch verfassungsrechtlich meßbar. Die Grenze der Beschränkbarkeit des Anteilseigentums wird vom BVerfG nicht endgültig festgelegt, aber folgende Merkmale einer *verfassungsmäßigen Regelung* hervorgehoben[369]:

---

[364] Bemerkenswert sind die *Kriterien*, an denen die Prognose über die vermögensrechtlichen Auswirkungen der Mitbestimmung nach Auffassung des Gerichtes zu messen sei: vgl. *Mitbestimmungsurteil* 347: „Bei dieser Sachlage kann für die verfassungsrechtliche Prüfung nicht davon ausgegangen werden, daß die Mitbestimmungsgesetz den *Vermögenswert* der Anteilsrechte, die *Renditeaussichten* der Anteilseigner oder die *Kapitallenkungsfunktion* der Anteilsrechte in nennenswertem Umfang beschränkt."

[365] Das *Mitbestimmungsurteil* (347 f.) folgt insoweit scheinbar auf weiten Strecken der Argumentation der Befürworter der paritätischen Mitbestimmung, deren Kernargument seit jeher der besondere *soziale Bezug* des Anteilseigentums und seine geringe Nähe zur *personalen* Substanz des Eigentums als Schutzobjekt des Art. 14 Abs. 1 GG war (vgl. etwa *Chlosta*, Wesensgehalt 140 ff.; *Stein*, Qualifizierte Mitbestimmung 53 ff.; *Frankfurter Gutachten* 63 ff.); allerdings führt die Argumentation des BVerfG im Ergebnis eben nicht zur Begründung paritätischer Mitbestimmung, sondern — ähnlich wie im *Mitbestimmungsbericht* — zur Begründung der leicht unterparitätischen Mitbestimmung; dazu vgl. die unmittelbar folgenden Ausführungen im Text und *Mitbestimmungsurteil* 349.

[366] Dies in Abgrenzung gegenüber der Linie des *Frankfurter Gutachtens* (30, 65 u. a.) und vergleichbarer Argumentationen (siehe Anm. 281).

[367] Dies ist übrigens auch die Grundannahme der vielgeschmähten „liberalen Grundrechtsdogmatik" in Zusammenhang mit der Mitbestimmung; vgl. *Pernthaler*, Qualifizierte Mitbestimmung 85 ff. insbes. 87: „Eine objektive verfassungsrechtliche Abwägung dieser Zielsetzungen mit den dadurch bewirkten Eigentumsbeeinträchtigungen kann nicht darin bestehen, diese Zielsetzungen — *zum Teil entgegen der Verfassungslage* — argumentativ abzuwerten."

[368] So ausdrücklich *Mitbestimmungsurteil* 349; es verdient angesichts des Standes der Mitbestimmungsdiskussion hervorgehoben zu werden, daß das BVerfG ausdrücklich von der „*rechtlich-organisatorischen Zuordnung des Wirtschaftsunternehmens zum Kapitaleigner*" ausgeht und nicht etwa von einem Sozialverband „Wirtschaftsunternehmen" oder einem eigentumslosen „Unternehmen an sich", wo Mitbestimmung von vornherein keine Eigentümerpositionen mehr beeinträchtigen kann.

[369] *Mitbestimmungsurteil* 349 f.

1. Die Garantie des Eigentums

α) Über das im Unternehmen investierte Kapital kann nicht *gegen den Willen aller Anteilsgegner* entschieden werden.

β) Diese verlieren nicht auf Grund der Mitbestimmung die *Kontrolle über die Führungsauswahl* im Unternehmen.

γ) Es wird ihnen das *Letztentscheidungsrecht* belassen.

Nach keinem dieser drei Kriterien wäre die *paritätische* Mitbestimmung verfassungsgemäß[370].

dd) Mitbestimmungsregelungen sind aber auch danach verfassungsrechtlich zu messen, ob die mit ihnen verbundenen Beschränkungen des Anteilseigentums *sachgerecht* und *angemessen* sind[371].

(1) Als Maßstab der Sachgerechtigkeit wertet das BVerfG in weitgehender Übereinstimmung mit dem Mitbestimmungsbericht[372]

α) die durch die institutionelle Beteiligung an den unternehmerischen Entscheidungen „*gemilderte Fremdbestimmung*";

β) die Ergänzung der *ökonomischen* Legitimation der Unternehmensleistung durch eine *soziale;*

γ) und schließlich die dadurch herbeigeführte *Kooperation* und *Integration* der Interessengruppen, die eine politische Sicherung der Marktwirtschaft bewirken kann.

Es kann nicht übersehen werden, daß in allen diesen Sachlichkeitskriterien letztlich reine Wertentscheidungen über wünschenswerte soziale und politische Verhältnisse stecken[373], die in der Verfassung, aber auch in gesellschaftlichen Erfahrungen nur in entferntem Sinne

---

[370] Es widerspricht also eindeutig den Tatsachen oder den logischen Denkgesetzen, zu behaupten, das BVerfG habe über die Verfassungsrelevanz der paritätischen Mitbestimmung nichts ausgesagt, wenn das Gericht die *Verfassungsmäßigkeit* des MitbestG hier — wie an allen entscheidenden Stellen — ganz eindeutig durch *Abgrenzung von der paritätischen Mitbestimmung* begründet.

[371] Von der allgemeinen Grundrechtssystematik her gesehen ist dieser Maßstab eine Begrenzung des verfassungsmäßigen *Regelungsauftrages* (siehe bei Anm. 319) bzw. der *Sozialpflichtigkeit* des Eigentums (siehe bei Anm. 333); zur allgemeinen grundrechtsdogmatischen Bedeutung dieses Maßstabes aller Eingriffsermächtigungen des einfachen Gesetzgebers siehe die Hinweise bei *Bleckmann*, Grundrechtslehren 256 ff.

[372] Das BVerfG zitiert selbst zur Begründung der folgenden Thesen: *Mitbestimmungsbericht* 56 f., 76 und 68 f. (siehe dazu die Ausführungen oben II.2.d. mit Anm. 111 ff.) und hebt auch an dieser Stelle ausdrücklich von der *paritätischen* Mitbestimmung ab, die weder der Mitbestimmungsbericht noch das MitbestG begründet haben.

[373] Dies hat an sich der *Mitbestimmungsbericht* (56 und 66 ff.) deutlich hervorgehoben; es ist selbstverständlich, daß daher auch an diesen Wertgrundlagen der Entscheidung des BVerfG dieselbe Kritik möglich ist, die gegen den *Mitbestimmungsbericht* in dieser Hinsicht geäußert wurden; vgl. dazu W. *Weber,* Die sozialethischen Implikationen im Mitbestimmungsbericht der Sachverständigenkommission („Wertentscheidung") in: Böhm / Briefs (Hgg.), Mitbestimmung 51 ff.

„begründet" sind. Das BVerfG befindet sich aber mit diesen Wertungen der Mitbestimmung offenkundig auf dem Boden eines sehr umfassenden gesellschaftlichen Wertkonsenses, der sich im Mitbestimmungsbericht, im parlamentarischen Gesetzgebungsverfahren und — ex post — in der Aufnahme des Mitbestimmungsurteiles selbst geäußert hat[374]. Entscheidende Voraussetzung dieses allgemeinen Wertkonsenses war freilich die Ausklammerung der paritätischen Mitbestimmung.

(2) Dieses Problem taucht jedoch notwendigerweise auf, wenn die Frage der *Angemessenheit* der Beschränkungen des Anteilseigentums durch Mitbestimmungsregelungen zu prüfen ist. Hier stellte denn auch das BVerfG klar darauf ab, daß nach dem MitbestG

α) in jedem Fall der *maßgebliche Einfluß* und das *Letztentscheidungsrecht* den Anteilseignern verbleiben und

β) von einer ins Gewicht fallenden Beeinträchtigung des *Vermögenswertes* der Anteilsrechte und ihrer *gesamtwirtschaftlichen Funktion* nicht ausgegangen werden kann[375].

Beide Kriterien stellen aber unbestreitbar die Grenze zur paritätischen Mitbestimmung dar: Das erste aus organisationsrechtlichen Gründen, das zweite im Hinblick auf den *Prognosespielraum* des Gesetzgebers, der nach den Ergebnissen des Mitbestimmungsberichtes und des parlamentarischen Anhörungsverfahrens in Richtung einer leicht unterparitätischen Mitbestimmung begrenzt ist[376].

ee) Die Verfassungsmäßigkeit einer paritätischen Mitbestimmung erscheint aber auch nach der eingangs dargelegten *allgemeinen Schranke der Sozialpflichtigkeit* des Eigentums[377] ausgeschlossen: Wenn der eingriffsfeste Kern der Bestandsgarantie des Art. 14 Abs. 1 Satz 1 GG in jedem Fall die Erhaltung des Zuordnungsverhältnisses und der Substanz des Eigentums fordert, so kann keine sozialordnungsrechtliche Organisation des Gesellschaftsrechtes zulässig sein, die für die *Gesamtheit der Anteilseigner*[378] die gesellschaftsrechtliche Verfügungs-

---

[374] Auf diesen politischen Grundkonsens in der Mitbestimmungsfrage und seine Grenzen wurde bereits eingangs (II.1.c mit Anm. 24) hingewiesen; daß das BVerfG im Mitbestimmungsurteil diesem Konsens richtig artikuliert hat, zeigt sich vor allem in der Aufnahme des Urteils selbst, vgl. dazu Anm. 5 und 37.

[375] *Mitbestimmungsurteil* 351 unter Bezugnahme auf die wirtschaftliche Prognose-Prüfung des Gesetzgebers, ebenda 347.

[376] So das *Mitbestimmungsurteil* selbst (335) unter ausdrücklicher Bezugnahme auf die weitgehende *Übereinstimmung* des MitbestG mit den Empfehlungen des Mitbestimmungsberichtes und die *Abänderung* des Regierungsentwurfes im Zuge des parlamentarischen Gesetzgebungsverfahrens.

[377] Siehe die Hinweise bei Anm. 334.

[378] Daß es für die Beurteilung der Verfassungsmäßigkeit der Mitbestimmung nicht auf die stark wechselnde Position des einzelnen Anteilseigners, sondern auf die Rechtsstellung der *Gesamtheit der Anteilseigner* ankommt,

möglichkeit über ihr Eigentum und damit die privatnützige Zuordnung desselben *aufhebt*[379] und nicht nur *beschränkt*, wie dies bei der leicht unterparitätischen Mitbestimmung der Fall ist. In dieser Hinsicht ist vor allem zu beachten, mit welcher Sorgfalt das BVerfG das MitbestG von einer *paritätischen* Mitbestimmung abgrenzt[380] und in allen entscheidenden Phasen der Grundrechtsprüfung auf diese Abgrenzung zurückgreift[381]. Dies wäre unverständlich, wenn nicht in der Parität eben jenes ausschlaggebende rechtliche Kriterium liegen würde, das die Eingriffs- und Gestaltungsmacht des Mitbestimmungsgesetzgebers verfassungsmäßig begrenzt.

d) Die von Mitbestimmungsregelungen betroffenen *Gesellschaften* sind gemäß Art. 19 Abs. 2 GG gleichfalls Träger des Eigentumsgrundrechtes[382]. Es war aber bestritten worden, ob sie durch Mitbestimmungsregelungen überhaupt im Grundrecht des Eigentumsschutzes betroffen werden können, weil sich an ihren rechtlichen Außenbeziehungen nichts ändere: Die Gesellschaft bleibe als selbständiger Rechtsträger ohne alle rechtliche Einschränkung Eigentümer des Unternehmens, weil sich das Mitbestimmungsgesetz auf diese Beziehungen gar nicht erstrecke[383].

aa) Diese Betrachtungsweise ist aus mehreren Gründen rechtlich verfehlt:

Einmal ist die überkommene Rechtsfigur der Kapitalgesellschaft ein Instrument der kollektiven *Eigentumsnutzung* und wurde von den bisherigen Gesellschaftern auch als solche bei der Begründung des

---

hat das BVerfG immer wieder klar hervorgehoben; vgl. etwa *Mitbestimmungsurteil* 347: „Das Gesellschaftsrecht verleiht der *Gesamtheit der Anteilseigner* mit dem Recht zur Wahl der Aufsichtsratsmitglieder eine Herrschaftsbefugnis von Gewicht ..."; ebenda 347: „... weil die *Anteilseigner in ihrer Gesamtheit* den maßgeblichen Einfluß im Unternehmen behalten."

[379] Daß eine *Minderheitsbeteiligung* der Gesamtheit der Anteilseigner ein „Quentchen eigener Entscheidungsmacht" des Anteilseigentums bedeute und damit ausreichend im Sinne des Art. 14 Abs. 1 GG sei, wie etwa *Däubler*, Arbeitsrecht 308 dies formuliert, kann ich nach wie vor nicht erkennen (vgl. *Pernthaler*, Qualifizierte Mitbestimmung 118 ff.). In Wahrheit liegt darin eine, das private Gesellschaftsrecht als Instrument der „*Vermittlung*" der Eigentümerbefugnisse übersteigende *Entziehung* des Verfügungsrechtes der Anteilseignerseite schlechthin. Deshalb kann man sich zu seiner Begründung auch nicht auf BVerfGE 14, 263 (283) berufen, wo die Beziehungen der Anteilseigner untereinander zur Debatte standen.

[380] *Mitbestimmungsurteil* 323 ff.; siehe dazu: III.2.c.aa. dieser Untersuchung mit Anm. 231 ff.

[381] Für die Abgrenzung der Sozialpflichtigkeit des Anteilseigentums im Hinblick auf die Mitbestimmung: *Mitbestimmungsurteil* 350 und 351.

[382] Dies wurde vom BVerfG schon mit der Vorfrage der *Beschwerdelegitimation* (Zulässigkeit der Beschwerde) der Gesellschaften entschieden; siehe *Mitbestimmungsurteil* 318 ff. und II.4.b.aa. mit Anm. 189 dieser Untersuchung.

[383] Siehe die Hinweise in Anm. 286.

Gesellschaftsverhältnisses verstanden[384]. Nur aus dieser Sicht ist überhaupt verständlich, wenn heute in der ganz einhelligen Rechtsterminologie die (eigentlichen) Gesellschafter der Kapitalgesellschaften als „*Anteilseigner*" bezeichnet werden[385] und dieses Anteilseigentum nach der Judikatur des BVerfG als „gesellschaftsrechtlich vermitteltes Eigentum am Unternehmen" qualifiziert wird[386]: Die Kapitalgesellschaft kann — jedenfalls vor Einführung einer paritätischen Mitbestimmung — als Eigentumsträger *verfassungsrechtlich* nicht vom Eigentum der Anteilseigner getrennt werden, weil das verfassungsrechtliche Schutzobjekt — das *Eigentum am Unternehmen* — identisch ist[387].

Zum anderen übersieht diese Auffassung aber auch, daß das Eigentum der Kapitalgesellschaft und ihre rechtlichen Außenbeziehungen sehr wohl auch durch *organisatorische* Maßnahmen getroffen werden können[388]. Für das von einer juristischen Person gehaltene Eigentum kann schon begrifflich nicht gleichgültig sein, wie die Entscheidungs-, Verfügungs- und Zurechnungsverhältnisse im Hinblick auf dieses Eigentum gestaltet werden. Es muß daher jedenfalls untersucht werden, ob eine zwangsweise Umgestaltung dieser inneren Rechtsbeziehungen die Qualität der juristischen Person als verfassungsrechtlich geschützter Eigentumsträger berührt[389].

Schließlich ist auch zu erwägen, daß durch zwangsweise organisatorische Maßnahmen unter Umständen auch der *Vermögenswert* oder die *Privatnützigkeit* des von der Kapitalgesellschaft innegehabten Eigentums am Unternehmen verändert werden kann und daraus möglicherweise Grundrechtsverletzungen resultieren[390].

---

[384] So durchaus zutreffend auch *Naendrup*, AuR 1977, 271; die Gegenposition von *Suhr*, NJW 1978, 2361 ff. und des *Frankfurter Gutachtens* (109 f.) wurde vom BVerfG in keiner Weise aufgegriffen.

[385] Vgl. insbes. § 2 MitbestG und die darauf beruhende völlig einheitliche Terminologie des Regierungsentwurfes (Erläuterungen) BT-Drs. 7/2172, 16 ff.

[386] *Mitbestimmungsurteil* 342: „Das Anteilseigentum (im größeren Unternehmen) ist in seinem mitgliedschaftsrechtlichen und vermögensrechtlichen Element gesellschaftsrechtlich vermitteltes Eigentum (vgl. BVerfGE 14, 263, 276; 25, 371, 407)."

[387] So schon *Pernthaler*, Qualifizierte Mitbestimmung 83 f., gegen den das *Frankfurter Gutachten* 59 ff., vergeblich argumentiert hatte; wie hier auch das *Kölner Gutachten* 201 ff.

[388] Treffend weist das *Mitbestimmungsurteil* 349 darauf hin, daß der Gesetzgeber im Falle des MitbestG zur Durchsetzung einer ausgewogenen Sozial- und Eigentumsordnung „für die Beschränkung des Eigentums nicht die herkömmliche Form des *Eingriffsgesetzes*, sondern die einer *Organisations- und Verfahrensregelung* gewählt hat", was aber an der Beurteilung (als Eigentumsbeschränkung) nichts ändere.

[389] Zu den allgemeinen grundrechtsdogmatischen Hintergründen dieses besonderen verfassungsrechtlichen Organisations- und Verfahrensschutzes siehe III.4.c. dieser Untersuchung mit Anm. 285 ff. (insbes. 293 ff.).

[390] Wenn gegen diese *Möglichkeit* immer wieder auf die „empirischen Feststellungen des Mitbestimmungsberichtes" verwiesen wird (z. B. *Stein*,

bb) Auch das BVerfG hat — unter ausdrücklicher Verwerfung entgegenstehender Auffassungen[391] — die verfassungsrechtliche Meßbarkeit der Mitbestimmungsregelungen im Hinblick auf das Eigentum der Kapitalgesellschaften eindeutig bejaht. Es stützt sich dabei vor allem auf die *„materiellen Wirkungen von Organisation und Verfahren"*, die unter den Geboten materieller Grundrechte stehen und von daher zu beurteilen sind[392]. In diesem Sinne seien die *innere Organisation* und *das Verfahren der Willensbildung der Gesellschaften* Funktionsbedingungen der Garantie des von ihnen gehaltenen Eigentums und demgemäß am Grundrecht des Eigentumsschutzes zu messen[393].

Als einen Tatbestand, der insbesondere an diesem Maßstab zu messen sei, hebt das Gericht die *Funktionsfähigkeit des Unternehmens* hervor[394]. In Übereinstimmung mit den lebhaften Auseinandersetzungen, die gerade dieses Kriterium im Streit um die paritätische Mitbestimmung hervorgerufen hat[395], stellt das BVerfG dabei vor allem auf die *inneren Entscheidungsvorgänge* im Unternehmen ab: Wenn diese so kompliziert werden, daß Entscheidungen nicht oder kaum mehr getroffen werden können, sei das Eigentumsgrundrecht der Gesellschaften verletzt[396].

Da es sich bei dieser Frage um eine Beurteilung faktischer Auswirkungen auf Grund der gesetzlichen Mitbestimmungsregelung handelt, mußte das BVerfG insofern auf den *Prognosespielraum* des Gesetzgebers zurückgehen[397]. Alle einschlägigen Prognosen, vor allem der Mitbe-

---

Qualifizierte Mitbestimmung 60 ff.), so genügt dagegen der Hinweis auf die Empfehlung der Mitbestimmungskommission zur leicht unterparitätischen Mitbestimmung gerade im Hinblick auf die *„Rentabilität als der primären unternehmerischen Zielfunktion"* (Mitbestimmungsbericht 102).

[391] Das BVerfG erwähnt ausdrücklich die entgegenstehenden Auffassungen der *Bundesregierung*, des *Frankfurter Gutachtens* und des *Deutschen Gewerkschaftsbundes*; die damit bezeichnete *wissenschaftliche* Linie der Argumentation ist in Anm. 286 dokumentiert.

[392] *Mitbestimmungsurteil* 351.

[393] So schon *Pernthaler*, Qualifizierte Mitbestimmung 83 f.; *Rittner*, Die werdende juristische Person, 1973, 300 ff.; *derselbe*, Unternehmensverfassung und Eigentum, FS Schilling (1973) 363 ff.; *Badura*, ZfA 1974, 370; *Kölner Gutachten* 207 ff.

[394] *Mitbestimmungsurteil* 352.

[395] Vor allem im Rahmen der fachwissenschaftlichen Auseinandersetzung (vgl. die Hinweise bei Anm. 93 ff.) und des parlamentarischen Anhörungsverfahrens (vgl. vor allem das Protokoll des BT-Ausschusses für Arbeit und Sozialordnung der 52. öffentlichen Informationssitzung, 2 ff.).

[396] Diese Frage spielte im Rahmen des parlamentarischen Anhörungsverfahrens eine überragende Rolle unter dem Stichwort „Pattauflösung im Aufsichtsrat"; vgl. dazu die Protokolle der 52. und 62. Sitzung des BT-Ausschusses für Arbeit und Sozialordnung.

[397] *Mitbestimmungsurteil* 352.

IV. Einzelgrundrechte als Maßstab der Mitbestimmung

stimmungsbericht[398] und die Sachverständigen im parlamentarischen Anhörungsverfahren[399] hatten bei einer leicht *unterparitätischen* Mitbestimmung keine wesentlichen Beeinträchtigungen des Entscheidungsverfahrens angenommen, so daß der Gesetzgeber diesbezüglich zu Recht von einer positiven Prognose ausgehen konnte. Im Falle der *paritätischen* Mitbestimmung dagegen war gerade das Kriterium der Entscheidungs- und Funktionsfähigkeit des Unternehmens der ausschlaggebende Streitpunkt. Es sei daran erinnert, daß der Gesetzgeber — in Übereinstimmung mit vielen Sachverständigen — die Lösung des MitbestG nicht zuletzt unter dem Gesichtswinkel eines verbesserten Entscheidungsverfahrens und einer verfassungskonformen „Auflösung der Pattsituation" im Aufsichtsrat gewählt hat[400].

Im Hinblick darauf, daß die Entscheidung über die Verfassungsmäßigkeit der derzeitigen Unternehmensverfassung lediglich auf einer *Prognose des Gesetzgebers* — der das BVerfG gefolgt ist — beruht, betont das Gericht auch an dieser Stelle ausdrücklich die Verpflichtung des Gesetzgebers zu einer *Korrektur*, falls sich herausstellt, daß das Mitbestimmungsgesetz zu einer nachhaltigen Beeinträchtigung der Funktionsfähigkeit der Unternehmen führt[401]. Auch in dieser Hinsicht bleibt also die *Mitbestimmungspraxis* unter dem Gesichtswinkel des Eigentumsgrundrechtes unter ständiger verfassungsrechtlicher Kontrolle[402].

cc) Nicht gesondert geprüft hat das BVerfG, ob das MitbestG zu einer verfassungsrechtlich relevanten Beeinträchtigung des *Vermögenswertes* oder der *Privatnützigkeit* des Eigentums der Kapitalgesellschaft führt[403]. Unter der Annahme der Zulässigkeit der diesbezüglichen Prognosen des Gesetzgebers wäre allerdings auch hier kein anderes Ergebnis zu erwarten gewesen: Wenn das BVerfG im Zusammenhang mit der Verfassungsprüfung der Auswirkungen auf das *Anteilseigentum* davon ausgegangen ist, daß das Mitbestimmungsgesetz weder den Vermögenswert, noch die Renditeaussichten, noch die Kapitallenkungsfunktion der Anteilsrechte in nennenswertem Umfang beschränke[404], so kann für das Eigentum der Gesellschaft nichts anderes gelten. Auch in dieser Hinsicht bleibt es allerdings bei der oben angeführten Kor-

---

[398] *Mitbestimmungsbericht* 76 ff. und 83 ff.
[399] Protokoll der 52. Sitzung des BT-Ausschusses für Arbeit und Sozialordnung (2 ff.).
[400] Siehe: Bericht des Ausschusses für Arbeit und Sozialordnung zum MitbestG, BT-Drs. 7/4845 (10. 3. 1976) 2 und 8 ff.
[401] *Mitbestimmungsurteil* 352.
[402] Siehe dazu die Ausführungen unter V.3.c. dieser Untersuchung.
[403] Zur Verfassungsrelevanz dieser Frage vgl. etwa *Pernthaler*, Qualifizierte Mitbestimmung 85.
[404] *Mitbestimmungsurteil* 347 (siehe Anm. 364).

2. Die Vereinigungsfreiheit

rekturverpflichtung des einfachen Gesetzgebers, falls sich die tatsächliche Lage in signifikanter Weise anders entwickelt, als die positive Prognose dies angenommen hat[405].

2. Die Vereinigungsfreiheit

a) Mit bedeutendem argumentativen Aufwand hat man nachzuweisen versucht, daß die Frage der Mitbestimmung schon „begrifflich" *nicht* am Grundrecht der Vereinigungsfreiheit zu messen sei[406]. Hauptargumente waren dabei stets, daß durch Gesetz beliebige Typen von Assoziationen geschaffen werden könnten, in deren Rahmen sich erst die Vereinigungsfreiheit als Verfassungsgarantie entfalte und daß dieses Grundrecht die *Vereinstätigkeit* nicht in besonderer Weise grundrechtlich schütze, sondern dafür die übrigen Grundrechte — in Verbindung mit Art. 19 Abs. 3 GG — maßgebend seien. Aus diesen Gründen komme Art. 9 I GG im Verhältnis zu den Grundrechten der Kapitalgesellschaft (insbes. Art. 14 GG) *keine selbständige Bedeutung* zu[407].

Diese Auffassung ist von zahlreichen verfassungsrechtlichen Untersuchungen nicht geteilt worden, die in der paritätischen Mitbestimmung einen unzulässigen Eingriff in die Autonomie der Gesellschaft als grundrechtlich geschützte Assoziation und einen verfassungsrechtlich bedenklichen Organisationszwang sehen[408]. Andere Untersuchungen gingen zwar grundsätzlich von der Anwendbarkeit der Vereinigungsfreiheit auf die Mitbestimmungsfrage aus, hielten paritätische Mitbestimmung aber deshalb für gerechtfertigt, weil die Unternehmensleitung auch von den Grundrechten der Arbeitnehmer her rechtlich beeinflußt werde und der Gesetzgeber einen entsprechenden „Ausgleich der Grundrechtssphären" anordnen könne[409]. Auch hier wird Mitbestimmung als Regelung des *Unternehmensverbands* und nicht der Kapitalgesellschaften gesehen[410].

---

[405] *Mitbestimmungsurteil* 352; die positive Prognose stützt sich hauptsächlich auf den *Mitbestimmungsbericht* (83 ff. und 91 ff.), so daß sie unter der Bedingung der leicht unterparitätischen Mitbestimmung zu sehen ist.

[406] Siehe die Literaturhinweise in Anm. 288.

[407] So insbes. das *Frankfurter Gutachten* 74 ff.; *Stein*, Qualifizierte Mitbestimmung 84 ff.; *Scholz*, Paritätische Mitbestimmung 125 f.; *Schwerdtfeger*, Unternehmerische Mitbestimmung 201 ff.

[408] *E. R. Huber*, Grundgesetz und wirtschaftliche Mitbestimmung (1970) 49 ff.; *Pernthaler*, Qualifizierte Mitbestimmung 22 ff.; *Zacher*, FS Horst Peters (1975) 224 f.; *Badura*, ZfA 1974, 370 f.; *Kölner Gutachten* 215 ff.

[409] *Bieback / Reich*, AuR 1978, 163; *Raiser*, BB 1977, 1461 ff.; *Suhr*, NJW 1978, 2361 ff.; *derselbe*, Eigentumsinstitut und Aktieneigentum (1966) 46 ff., 120 ff.; *derselbe*, Entfaltung der Menschen durch die Menschen (1976) 164 ff.

[410] Zu dieser Auffassung hat *Rittner*, Die werdende juristische Person

IV. Einzelgrundrechte als Maßstab der Mitbestimmung

b) Das BVerfG bejaht zunächst die grundsätzliche Anwendbarkeit der Vereinigungsfreiheit als *selbständiges Prüfungsthema* für gesetzliche Mitbestimmungsregelung bei Gesellschaften, weil das Grundrecht auch im Sinne einer selbständigen *Organisationsgarantie* der Vereinigungen auszulegen sei[411]. Den Inhalt dieser Verfassungsgarantie bestimmt das Gericht nach folgenden Grundsätzen:

aa) Auszugehen ist vom *Schutzgut* der Vereinigungsfreiheit, das im Prinzip freier sozialer Gruppenbildung und das diesem Prinzip entsprechende Menschenrecht auf freiwilligen Zusammenschluß in Vereinigungen besteht[412]. Dieses — wie alle Freiheitsrechte — durch seinen *personalen* Grundzug charakterisierte Schutzgut prägt auch den vom BVerfG angenommenen *Inhalt* des Grundrechtes[413].

bb) Neben der Gründungs- und Beitrittsfreiheit bzw. der Freiheit, aus einer Vereinigung fernzubleiben bzw. aus ihr auszutreten, sind es vor allem die Elemente der *inneren Autonomie* der Vereinigung und ihrer Mitglieder, welche den Inhalt des Grundrechtsschutzes ausmachen[414]. Das BVerfG hebt in diesem Zusammenhang ausdrücklich folgende wesentliche Bestimmungsstücke der verfassungsrechtlichen Vereinigungsfreiheit hervor:

(1) Selbstbestimmung über die eigene Organisation.
(2) Das Verfahren der Willensbildung.
(3) Die Führung der Geschäfte[415].

In allen diesen Elementen ist der Schutz der Vereinigungsfreiheit vor allem gegen *Fremdbestimmung* gerichtet: Sie würde dem Schutzzweck des Art. 9 Abs. 1 GG zuwiderlaufen und die Vereinigung ihres Wesens als kollektiver Grundrechtsgebrauch entkleiden[416].

(1973) 289 ff.; *derselbe*, Unternehmen und freier Beruf als Rechtsbegriff (1962) 16 f., alles Erforderliche gesagt.

[411] Dagegen hatte sich vor allem das *Frankfurter Gutachten* 74 f., gewandt.

[412] *Mitbestimmungsurteil* 353: „Mit dem Recht, Vereine und Gesellschaften zu bilden, gewährleistet Art. 9 Abs. 1 GG ein konstituierendes Prinzip der demokratischen und rechtsstaatlichen Ordnung des Grundgesetzes: das Prinzip freier sozialer Gruppenbildung (BVerfGE 38, 281, 302 ff.) ... In diesem Prinzip sind der menschenrechtliche Gehalt der Vereinigungsfreiheit und ihre Bedeutung für die Gestaltung der Gesellschaft und des Staates eng aufeinander bezogen."

[413] *Mitbestimmungsurteil* 354: „Auch Art. 9 Abs. 1 GG ist also durch einen personalen Grundzug gekennzeichnet"; vgl. dazu auch *Pernthaler*, Assoziationsfreiheit als Möglichkeit der Entfaltung von Personen in der Gemeinschaft, in: Leisner (Hg.), Staatsethik (1977) 122 ff.

[414] So schon *Pernthaler*, Qualifizierte Mitbestimmung 26 ff. und 61 ff. unter Bezugnahme auf *Ramm*, Die Freiheit der Willensbildung (1960) 28 ff. (36); ebenso: *Papier*, VVDStRL 35, 95 ff.

[415] *Mitbestimmungsurteil* 354 unter Hinweis auf BVerfGE 13, 174 (175); 30, 227 (241).

cc) Das Grundrecht der Vereinigungsfreiheit ist freilich nicht absolut gewährleistet, sondern steht unter einem immanenten *Gestaltungs- und Begrenzungsvorbehalt* des Gesetzgebers[417]. Dieser hat nicht nur eine hinreichende Anzahl von Typen der Vereinigungen zur Verfügung zu stellen, sondern in diesem Zusammenhang auch Ordnungsvorschriften über das Verhältnis der Mitglieder untereinander und nach außen, die betroffenen Rechte Dritter, öffentlichen Interessen u. ä. zu treffen. Dabei ist der Gesetzgeber nach Auffassung des Gerichts nicht an die überkommenen Rechtsformen und Normenkomplexe des Vereins- und Gesellschaftsrechts gebunden[418]. Art. 9 GG enthält insofern keine *konkrete* institutionelle Garantie[419].

Der Gesetzgeber hat aber bei der Ausgestaltung des Vereins- und Gesellschaftsrechts das Schutzgut und den Inhalt der Vereinigungsfreiheit zu wahren. Er muß dabei insbesondere auch die *Funktionsfähigkeit der Vereinigungen und ihrer Organe* gewährleisten[420]. Daß der Gesetzgeber bei der Ausgestaltung des Vereins- und Gesellschaftsrechts jeweils einen sachgerechten Ausgleich zwischen den öffentlichen Interessen und des Prinzip der Organisationsfreiheit nach dem *Verhältnismäßigkeitsprinzip* suchen und dabei den *Kernbereich* des Prinzipes freier Assoziation und Selbstbestimmung wahren muß, ergibt sich schon aus allgemeinen rechtsstaatlichen und grundrechtsdogmatischen Erwägungen[421] und wird vom BVerfG ausdrücklich hervorgehoben[422].

---

[416] *Mitbestimmungsurteil* 354: „... Denn ohne solche Selbstbestimmung könnte von einem freien Vereinigungswesen keine Rede sein; Fremdbestimmung würde dem Schutzzweck des Art. 9 Abs. 1 GG zuwiderlaufen."

[417] Dazu schon ausführlich *Pernthaler*, Qualifizierte Mitbestimmung 29 ff. („Typisierungsvorbehalt") und 49 ff. (allgemeiner Gesetzesvorbehalt); *Papier*, VVDStRL 35, 94 ff.

[418] *Mitbestimmungsurteil* 355.

[419] Dies beachtet die ständige Rede von Art. 9 Abs. 1 GG als „Institutsgarantie" zu wenig; vgl. dazu etwa *Schnorr*, Öffentliches Vereinsrecht (1965) 40; *v. Mangoldt / Klein*, Grundgesetz 318; *v. Münch*, Bonner Kommentar, Erl. zu Art. 9, 14 f.; *Füsslein*, Vereins- und Versammlungsfreiheit, in: Neumann / Nipperdey / Scheuner, Die Grundrechte, Bd. II (1954) 425 ff. (430).

[420] Auch unter diesem Gesichtspunkt hat die Frage der Auswirkungen des MitbestG auf die Vorgänge der Entscheidungsfindung und inneren Willensbildung (insbes.: Erschwerungen, Verzögerungen, Möglichkeit der Pattauflösung usw.) also eine zentrale *grundrechtsdogmatische* Bedeutung; siehe dazu vor allem die Äußerungen der Experten in der 52. (öffentlichen) Informationssitzung des BT-Ausschusses für Arbeit und Sozialordnung, 2 ff. (4. 11. 1976).

[421] Siehe dazu die Hinweise bei *Bleckmann*, Grundrechtslehren 227 ff. und 256 ff.

[422] *Mitbestimmungsurteil* 355: „Insofern sind für den Umfang und die Dichte einer erforderlichen Regelung maßgebend der jeweilige Sachbereich sowie die Ordnungs- und Schutznotwendigkeiten, die sich aus ihm ergeben; in jedem Fall muß jedoch das Prinzip freier Assoziation und Selbstbestimmung grundsätzlich gewahrt bleiben."

dd) Auf Grund seiner personalen Grundkonzeption des Schutzgutes der Vereinigungsfreiheit hegt das BVerfG gewisse Bedenken, ob bei größeren *Kapitalgesellschaften* eine Anwendung des Grundrechtes möglich sei[423]. Es verweist in diesem Zusammenhang insbesondere auf die geringe Bedeutung des personalen Elementes, die Folgen der Konzernverflechtung und die primäre Bedeutung der Aktie als Vermögensrecht. Alle diese Erwägungen müßten jedoch an Hand der Einzelgesellschaften konkretisiert werden, um rechtlich relevant zu sein und schließen keinesfalls generell die Anwendbarkeit von Art. 9 I GG auf Kapitalgesellschaften aus[424]. Insbesondere ist das BVerfG selbst bei seiner weiteren Prüfung von der Anwendbarkeit der Vereinigungsfreiheit ausgegangen und hat eingehend begründet, ob und unter welchen Voraussetzungen bzw. Schranken Mitbestimmungsregelungen mit diesem Grundrecht vereinbar seien[425].

ee) Die Gründe, die das BVerfG als ausreichend für die Verfassungsmäßigkeit des Mitbestimmungsgesetzes im Lichte des Art. 9 I GG anerkennt, ähneln strukturell denen der Eigentumsprüfung sehr stark[426] und setzen in jedem Fall *Unterparität* der Mitbestimmung voraus.

(1) Zunächst hält das Gericht fest, daß auch unter dem Gesichtswinkel der Vereinigungsfreiheit die *Funktionsfähigkeit* der Gesellschaften und ihrer Organe Voraussetzung der Verfassungsmäßigkeit sei[427]. Die durch das Mitbestimmungsgesetz herbeigeführte Erschwerung der Entscheidungsprozesse hält sich noch im Rahmen einer Ausgleichsregelung weil sie — nach der zulässigen Prognose des Gesetzgebers — nicht zur Funktionsunfähigkeit oder zur wesentlichen Erschwerung der Entscheidungsvorgänge in den Gesellschaftsorganen führen werden. Entscheidend für die Verfassungsmäßigkeit des Gesetzes ist auch hier wieder die Auflösung der Pattsituation und die Verankerung der Regelung in den Erfahrungsauswertungen der Mitbestimmungskommission und des parlamentarischen Anhörungsverfahrens[428].

---

[423] *Mitbestimmungsurteil* 355 f. unter Bezugnahme auf BVerfGE 4, 7 (26) und 14, 263 (273 ff.).
[424] *Mitbestimmungsurteil* 358 f.
[425] *Mitbestimmungsurteil* 356 ff.
[426] Dies folgt einerseits aus der Sachstruktur der *Kapitalgesellschaft* und andererseits aus der Auslegung des Eigentumsgrundrechtes als *organisatorische* Garantie (siehe oben IV.1.d. mit Anm. 382 ff.); diese Zusammenhänge beachtet das *Frankfurter Gutachten* 74, nicht, wenn es die Verknüpfung der assoziationsrechtlichen und eigentumsrechtlichen Gesichtspunkte in der Beurteilung der Verfassungsmäßigkeit des Gesellschaftsrechtes als Beweis gegen die Anwendbarkeit des Art. 9 Abs. 1 GG anführt.
[427] *Mitbestimmungsurteil* 357.
[428] Siehe die Hinweise bei Anm. 397 ff.

2. Die Vereinigungsfreiheit

(2) Die Mitwirkung von Personen in Gesellschaftsorganen, die nicht durch Mitglieder gewählt werden, ist auch nach der Auffassung des BVerfG grundsätzlich eine *Fremdbestimmung* des Gesellschaftswillens und als solche unter dem Art. 9 Abs. 1 GG zu messen[429]. Es kommt hierbei auf die Begründung und das Ausmaß der Fremdbestimmung sowie darauf an, ob der Kernbereich der Assoziationsfreiheit gewahrt bleibt[430].

Bei allen diesen Abwägungen ist primär auf die wesentlichen Merkmale der Vereinigungstype „*Kapitalgesellschaft*" abzustellen: Sie dient vor allem der Ansammlung und Nutzung von Kapital, das Stimmgewicht richtet sich demgemäß nach dem Kapitalanteil, die Mitgliedschaft erhält weithin formalen Charakter[431]. Andererseits ist die Regelungsbedürftigkeit dieser Vereinigungstype durch den Gesetzgeber aus Gründen des Interessenausgleiches und der Ordnung der inneren und äußeren Rechtsbeziehungen besonders groß, wobei freilich alle diese Regelungen freie Assoziation und Selbstbestimmung der Gesellschaft im Prinzip erhalten müssen. Aus diesen Gründen ist bei der Kapitalgesellschaft ein *gewisses Maß an Fremdbestimmung* gerechtfertigt, wenn sie nach dem Verhältnismäßigkeitsprinzip sachlich gerechtfertigt werden kann[432].

(3) Die Ziele der Arbeitnehmer-Mitbestimmung, die das Gericht wie bei der Eigentumsprüfung mit „Erweiterung der Legitimation der Unternehmensleitung, Kooperation und Integration" angibt[433], rechtfertigen an sich eine verfassungskonforme *Ausgleichslösung* zwischen Fremdbestimmung und Organisationsfreiheit der Gesellschaft ebenso wie dies auf etliche andere begrenzte Fälle der Fremdbestimmung in Kapitalgesellschaften zutrifft[434]. Als Kriterien für die Verfassungsmä-

---

[429] *Mitbestimmungsurteil* 357 ff. (insbes. 359).

[430] Dieser Argumentationsduktus entspricht völlig dem, auch im Zusammenhang mit der Abwägung der „qualitativen" und „quantitativen" Eigentumseingriffe verwendeten, klassischen „*Anspruchs- und Schrankendenken*"; siehe dazu die Hinweise bei Anm. 245 ff.

[431] *Mitbestimmungsurteil* 358 unter Hinweis auf die Möglichkeit der „Ein-Mann-Gesellschaft"; das Gericht bezieht sich auch hier auf die in Anm. 423 angeführte Vorjudikatur.

[432] *Mitbestimmungsurteil* 359 f.: „Sofern eine ausgestaltende Regelung nicht sachfremd ist, sondern im Interesse schutzwürdiger Belange ergeht, kann der Gesetzgeber vielmehr auch die Folge eines gewissen Maßes an Fremdbestimmung in Kauf nehmen."

[433] *Mitbestimmungsurteil* 360 in Übereinstimmung mit dem *Mitbestimmungsbericht* 66 ff.

[434] Das *Mitbestimmungsurteil* 358 und 356 zählt etwa auf: Bevollmächtigung von Nichtmitgliedern, stimmrechtslose Aktien, Aufsichtsrat und leitendes Organ brauchen nicht aus Mitgliedern zu bestehen; Zwangszuteilung von Aktien (BVerfGE 4, 26), Entzug der Mitgliedschaft im Falle der Mehrheitsumwandlung (BVerfGE 14, 273 ff.).

ßigkeit dieses Ausgleichs im Mitbestimmungsgesetz hebt das Gericht ausdrücklich hervor[435]:

α) Der Entzug der Wahlmöglichkeit für die Hälfte der Aufsichtsratsmitglieder wird ausgeglichen durch den *ausschlaggebenden* Einfluß der Anteilseignerseite im Aufsichtsrat.

β) Die Fremdbestimmung in der *Willensbildung des Aufsichtsrates* wird ebenfalls durch das der Anteilseignerseite verbleibende Übergewicht ausgeglichen.

γ) Dieses kann auch für die *Wahl des Vorstandes* eingesetzt werden[436].

(4) Der Einfluß der betroffenen Kapitalgesellschaft und ihrer Anteilseigner auf die *Organbestellung* und *Willensbildung der Gesellschaft* ist daher nach dem Modell des Mitbestimmungsgesetzes — trotz eines gewissen Maßes an Fremdbestimmung — grundsätzlich gewahrt und damit der Ausgleich zwischen Organisationsfreiheit und Fremdbestimmung *grundrechtsgemäß* ausgestaltet[437]. Dagegen würde eine paritätische Mitbestimmung kein einziges der vom BVerfG angeführten Merkmale eines verfassungskonformen Ausgleiches erfüllen und damit offensichtlich den Ermächtigungsrahmen des Gesetzgebers gemäß Art. 9 Abs. 1 GG überschreiten.

3. Die Berufs-(Unternehmer-)freiheit (Art. 12 und 2 Abs. 1 GG)

a) Im Streit um die Verfassungsmäßigkeit der paritätischen Mitbestimmung tauchte der Maßstab der verfassungsrechtlichen Berufs-(Unternehmer-)freiheit verhältnismäßig spät auf und wurde zudem in sehr unterschiedlichem Sinne gebraucht[438]. Neben Auffassungen, die

---

[435] *Mitbestimmungsurteil* 360.

[436] Alle drei Kriterien erhärten die Selbstverständlichkeit, daß auch nach der Auffassung des BVerfG nur die *Anteilseigner* Mitglieder der Kapitalgesellschaft sind und der Schutz des Art. 9 Abs. 1 GG sich daher auf das Verhältnis der Anteilseigner zur Kapitalgesellschaft bezieht; vgl. dagegen vor allem die in Anm. 409 Angeführten.

[437] Das *Mitbestimmungsurteil* 360 f. hält daher — nach mehrfacher Betonung des „ausschlaggebenden Einflusses" (des Gewichtes) der *Anteilseignervertreter* — zusammenfassend fest: „Insgesamt hat daher das MitbestG gegenüber dem bisherigen Rechtszustand zwar die Zahl gesellschaftsexterner Vertreter im Aufsichtsrat erhöht. Deren Einschaltung mindert aber den Einfluß der betroffenen Kapitalgesellschaft und ihrer Anteilseigner auf die Organbestellung und Willensbildung der Gesellschaft jedenfalls nicht in einem Maße, das den Anforderungen und Grenzen zuwiderläuft, die sich aus Art. 9 Abs. 1 GG ergeben."

[438] *E. R. Huber*, Grundgesetz 25 ff. und *Pernthaler*, Qualifizierte Mitbestimmung 151 ff., 160 ff.; *Grasmann*, Die paritätische Mitbestimmung, Beilage 21/75 zu DB 1975, 18 ff.; *Mestmäcker*, Zur gesellschaftsrechtlich organisierten Berufsfreiheit, FS Westermann 411 ff.; *Zacher*, FS Peters 224; *Kölner Gutachten* 196 und 232; *Schwerdtfeger*, Unternehmerische Mitbestimmung 205 ff.

3. Die Berufs-(Unternehmer-)freiheit

stärker die subjektive Seite der Unternehmerfreiheit als wirtschaftliche Betätigungs- und Entfaltungsfreiheit der Gesellschaften betonten und demgemäß hauptsächlich auf Art. 2 Abs. 1 GG abstellten[439], standen Argumentationen, die den funktionalen Zusammenhang mit Art. 14 Abs. 1 GG besonders betonen[440], und solche, die eher aus einer wirtschaftsverfassungsrechtlich verstandenen *„Gewerbe- und Unternehmerfreiheit"* argumentierten[441]. Die Befürworter der paritätischen Mitbestimmung lehnten entweder die Anwendbarkeit dieser Grundrechte auf die Mitbestimmungsproblematik von vornherein ab oder sprachen ihnen zumindestens im Verhältnis zum Eigentumsgrundrecht jede selbständige Bedeutung ab[442]. Vor diesem wirren verfassungsdogmatischen Hintergrund müssen die Ausführungen des BVerfG gesehen werden, um ihre eigentlich klärende Wirkung beurteilen zu können.

b) Das BVerfG hatte zunächst die Grundfragen der selbständigen Anwendbarkeit und Bedeutung des Grundrechtes der Berufsfreiheit für die Großunternehmen im allgemeinen und die Mitbestimmungsfrage im besonderen zu klären.

aa) Das Gericht stellte demgemäß fest, daß zwar *funktionale Wechselbeziehungen* zwischen Art. 12, Art. 2 Abs. 1 und Art. 14 GG bestünden, daß aber gleichwohl *selbständige Grundrechtsansprüche* gegeben seien[443]. Ihr Bedeutungsgehalt ist daher selbständig zu entwickeln und daran die Mitbestimmungsproblematik jeweils gesondert verfassungsrechtlich zu messen. Dabei ist von vorneherein klar, daß sich infolge der Identität des Tatbestandes, der funktionalen Wechselbeziehungen und der ähnlichen normativen Schrankensystematik von Eigentums- und Berufsausübungsfreiheit Übereinstimmungen in der Argumentation und den verfassungsrechtlich ausschlaggebenden Gesichtspunkten einstellen werden[444].

---

[439] Vor allem *E. R. Huber*, Grundgesetz 25 und *Pernthaler*, Qualifizierte Mitbestimmung 151 ff.

[440] So insbes. *Mestmäcker*, FS Westermann 414; *derselbe*, in: Vetter (Hg.), Mitbestimmung 270 ff.; *Papier*, VVDStRL 35, 87 und 99 f.

[441] *Kölner* Gutachten 196 ff.; *Papier*, VVDStRL 35, 71, 99 f.

[442] *Frankfurter Gutachten* 76 ff.; *Schwerdtfeger*, Verfassungsmäßigkeit 88 ff.; *Scholz*, Paritätische Mitbestimmung 58 f.; *Naendrup*, GK MitbestG Einl. II, Rdnr. 37 ff. (Art. 2 I GG) und Rdnr. 42 f. (Art. 12 I GG).

[443] *Mitbestimmungsurteil* 361: „Art. 12 Abs. 1 GG wird durch Art. 14 Abs. 1 GG nicht verdrängt. Zwar sind beide Grundrechte funktionell aufeinander bezogen; sie haben jedoch selbständige Bedeutung. Ebensowenig kann Art. 2 Abs. 1 GG von vornherein außer Betracht bleiben." Diese Aussagen richten sich vor allem gegen das *Frankfurter Gutachten* 76 ff.

[444] Dies ist jedoch weder aus methodischen, noch aus „Plausibilitätsgründen" ein Indiz für die Überflüssigkeit der selbständigen Grundrechtsprüfung, wie dies *Naendrup*, GK MitbestG, Einl. II, Rdnr. 38 annimmt.

IV. Einzelgrundrechte als Maßstab der Mitbestimmung

bb) Entsprechend seiner allgemeinen grundrechtsdogmatischen Grundauffassung sieht das BVerfG auch im Grundrecht der Berufsfreiheit primär den *personalen Bezug* und definiert die damit im Kern geschützte Freiheit grundsätzlich vom *Beruf* als Tätigkeit des einzelnen her, die für ihn Lebensaufgabe und Lebensgrundlage ist und damit untrennbar mit der Freiheit der Persönlichkeitsentfaltung des Menschen verbunden ist[445].

Trotz dieses individualrechtlichen Ansatzes läßt das Gericht indessen keinen Zweifel daran, daß es bei seiner ständigen Rechtsprechung bleibt, wonach das Grundrecht des Art. 12 Abs. 1 GG auch auf *juristische Personen* anwendbar ist und insofern die (subjektive) *Erwerbsfreiheit* schützt, das heißt die Freiheit, eine Erwerbszwecken dienende Tätigkeit, insbesondere ein Gewerbe, zu betreiben[446].

Im Rahmen dieser wesentlichen Inhalte der Berufsfreiheit sieht das BVerfG auch die *Unternehmerfreiheit* geschützt, die als ein in Art. 12 Abs. 1 GG begründeter *Schutz der freien Gründung und Führung von Unternehmen* definiert wird. Wenngleich der damit erfaßte Tätigkeitsbereich sehr weit sei und unterschiedlichen Bezug zum personalen Kerngehalt des Grundrechtes aufweise, könne dies nach Auffassung des Gerichtes allenfalls auf die Intensität der Regelungsbefugnis des einfachen Gesetzgebers, nicht jedoch auf den grundsätzlichen Anwendungsbereich des Grundrechtes Auswirkungen zeigen[447].

cc) Das BVerfG hat in diesem Zusammenhang die Frage gesondert geprüft, ob auch dem *Großunternehmen* der Grundrechtsschutz des Art. 12 GG zukommen könne und welche Bedeutung die „Unternehmerfreiheit" hier annehme[448]. Wenngleich der *personale* Grundzug der

---

[445] *Mitbestimmungsurteil* 361 f. in deutlicher Auseinandersetzung mit der institutionellen Sicht des *Kölner Gutachtens* 197.
[446] *Mitbestimmungsurteil* 363 unter Hinweis auf die Vorjudikatur insbes. BVerfGE 30, 292 (312) — Erdölbevorratung; damit hat das Gericht den Ansatz von *Mestmäcker*, FS Westermann 411 ff., voll aufgegriffen.
[447] *Mitbestimmungsurteil* 364: „Diese Sachlage kann indessen nicht dazu führen, Unternehmerfreiheit auf kleine und mittlere Unternehmen zu beschränken ... Sie ist jedoch für die Regelungsbefugnis des Gesetzgebers von Bedeutung."
[448] Dies vor allem vor dem Hintergrund der verbreiteten Denkfigur des „Unternehmens an sich", wo Unternehmerfreiheit allenfalls noch den Managern, keinesfalls aber dem Großunternehmen als „Technostruktur" oder „sozialem Verband" zukomme; vgl. dazu die überall in diesem Zusammenhang zitierten soziologischen Untersuchungen von *H. Pross*, Manager und Aktionäre in Deutschland (1965); *Galbraith*, Die moderne Industriegesellschaft (1968); *Roth*, Die Herrschaft der Aktionäre in der Publikums-AG als Gegenstand rechtssoziologischer Betrachtung, in: FS Paulick (1973) 81 ff.; *derselbe*, Das Treuhandmodell des Investmentrechts — Eine Alternative zur Aktiengesellschaft? (1972); von rechtswissenschaftlicher Seite mehr oder weniger kritisch aufgegriffen etwa von *Chlosta*, Wesensgehalt 166 ff. („Dabei ist die Bezeichnung ‚Unternehmerfunktion' noch irreführend ..."); *Frankfurter Gutachten* 126 f., 132 f.; *Kölner Gutachten* 205 u. v. a.

3. Die Berufs-(Unternehmer-)freiheit

Berufsfreiheit bei diesen Unternehmen im allgemeinen nicht zum Tragen kommt — nach den besonderen gesellschaftsrechtlichen Verhältnissen kann dies freilich auch hier zutreffen[449] — sei das Grundrecht in diesem Raum keine leerlaufende Garantie, sondern erfülle wichtige Funktionen. Das Gericht weist in diesem Zusammenhang ausdrücklich auf seine ständige Auffassung hin, daß Großunternehmer und Konzerne wesentliche Elemente einer hochentwickelten und leistungsfähigen Volkswirtschaft seien[450]. Allerdings sei festzuhalten, daß das Grundrecht der Unternehmerfreiheit insofern Tatbestände schützt, die nicht der individuellen Persönlichkeitsentfaltung dienen und deren Auswirkungen weit über das wirtschaftliche Schicksal des eigenen Unternehmens hinausreichen[451]. Nach der allgemeinen Grundrechtsdogmatik des BVerfG hat dies vor allem für den Umfang der Eingriffs- und Regelungsbefugnisse des einfachen Gesetzgebers besondere Bedeutung[452].

c) Das Grundrecht der Berufs-(Unternehmer-)freiheit schützt die Bereiche der *Berufswahl* und der *Berufsausübung*, die sich grundrechtssystematisch vor allem durch verschiedene Regelungsvorbehalte des einfachen Gesetzgebers voneinander abheben[453].

aa) Die *Freiheit der Berufswahl* scheint durch Mitbestimmungsregelungen nicht betroffen zu sein, weil die betroffenen Gesellschaften dadurch — abstrakt gesehen — weder rechtlich noch wirtschaftlich gehindert werden, einen bestimmten „Beruf", d. h. *Unternehmensziel* oder *Unternehmensgegenstand* zu wählen[454]. Es sind allerdings — je nach Intensität der Mitbestimmung — auch Rückwirkungen auf die Wahl des Unternehmenszieles als solche denkbar, wenn etwa die betreibende Gesellschaft einen grundlegenden Wechsel des Unternehmensgegenstandes plant und dies durch Mitbestimmung verhindert

---

[449] Das Gericht weist in diesem Zusammenhang ausdrücklich auf den Fall eines „maßgeblichen Anteilseigners" hin, der etwa — wie bei der GmbH möglich — zugleich in der Leitung des Unternehmens tätig ist.

[450] *Mitbestimmungsurteil* 364: „Großunternehmen und auch Konzerne sind wesentliche Elemente einer hochentwickelten und leistungsfähigen Volkswirtschaft (BVerfGE 14, 263, 282)."

[451] Das BVerfG weist in diesem Zusammenhang auch ausdrücklich auf den Umstand hin, daß „in der Bundesrepublik die Konzentration in der Wirtschaft weit fortgeschritten ist" und zitiert in diesem Zusammenhang die Hauptgutachten I (1973/1975) und II (1976/1977) der *Monopolkommission*.

[452] Siehe dazu die Hinweise in Anm. 331 f. (Eigentum) und 447 (Unternehmerfreiheit).

[453] Zur allgemeinen Grundrechtsdogmatik des Art. 12 GG insbesondere nach der Judikatur des BVerfG (die vom *Kölner Gutachten* 199 f., vorausgesetzt wird) siehe *Maunz / Dürig / Herzog / Scholz*, Kommentar zu Art. 12 GG (1968) und die dort angef. Hinweise.

[454] *Mitbestimmungsurteil* 364 unter Hinweis auf die ständige Rechtsprechung insbes. BVerfGE 30, 292 (314).

IV. Einzelgrundrechte als Maßstab der Mitbestimmung

wird[455]. Die verfassungsrechtliche Beurteilung dieses Tatbestandes — den das BVerfG nicht ins Auge faßt — kann jedoch prinzipiell anders verlaufen als bei der Beeinträchtigung der Berufsausübung durch Mitbestimmung, die das BVerfG ausdrücklich prüft[456].

bb) Das Gericht stellt in dieser Hinsicht zunächst ausdrücklich klar, daß Mitbestimmungsregelungen eine *Einschränkung der Berufsfreiheit* der die Unternehmen tragenden Gesellschaften bedeuten — und daher grundrechtlich zu prüfen sind —, weil danach leitende Gesellschaftsorgane in der Freiheit der Planung und Entscheidung dadurch eingeengt werden, daß sie an die Mitwirkung von Aufsichtsratsmitgliedern gebunden werden, die nicht von den Anteilseignern der Gesellschaft bestimmt sind[457]. Auch an dieser Argumentation verdient zunächst die konsequente grundrechtliche Realistik des Eingriffsdenkens hervorgehoben zu werden, die nicht bei formalen gesellschaftsrechtlichen Organisationsbetrachtungen stehen bleibt, sondern mit Recht den verfassungsrechtlichen Durchgriff auf die eigentlichen grundrechtsrelevanten Beziehungen und Tatbeständen als selbstverständlich voraussetzt[458].

cc) Die erwähnte Einschränkung der Unternehmerfreiheit wird vom BVerfG sodann in seine allgemeine judikative *Schrankensystematik der Berufsausübungsregelung* eingefügt[459], die Ähnlichkeit mit der Inhalts- und Schrankenbestimmung des Eigentums nach Art. 14 Abs. 1 Satz 2 GG aufweist. Grundsätzlich sind nämlich auch Regelungen der Berufsausübung verfassungsrechtlich danach zu beurteilen, wie sehr sie den Kern des (personal bestimmten) Grundrechtes treffen, in sachgerechten und vernünftigen Erwägungen des Gemeinwohles begründet sind und ob die Schwere des Grundrechtseingriffes in einem angemessenen Verhältnis zum Gewicht und der Dringlichkeit der rechtfertigenden Gründe steht[460].

---

[455] Dabei ist zu beachten, daß die Wahl des Unternehmenszieles oder Unternehmensgegenstandes nach der derzeitigen Rechtslage geradezu den *Kernbereich* der gesellschaftsrechtlichen Befugnisse der *Anteilseignerseite* ausmachen; so mit Recht: *Naendrup,* AuR 1977, 271.

[456] Auch hier ist nämlich die *Intensität* der Mitbestimmung — im Verhältnis zu den Befugnissen der Anteilseigner — für die Verfassungsmäßigkeit der Regelung ausschlaggebend; nach seinen allgemeinen Voraussetzungen nimmt daher das *Kölner Gutachten* 199, auch eine Beschränkung der Freiheit der *Berufswahl* durch das MitbestG an; dies dürfte nach den folgenden Ausführungen im Text nicht zutreffen.

[457] *Mitbestimmungsurteil* 364 f. im Gegensatz zur Linie der in Anm. 442 Angeführten.

[458] Dies vor allem im Gegensatz zur Grundlinie der meisten *Befürworter* der paritätischen Mitbestimmung; vgl. die Hinweise unter Anm. 286, 291 und 391.

[459] *Mitbestimmungsurteil* 364: „Unter dem Gesichtspunkt des Art. 12 Abs. 1 GG stellen sich die angegriffenen Vorschriften des MitbestG vielmehr als Regelungen der *Berufsausübung* dar (zu diesen vgl. BVerfGE 46, 246, 256 f. m. w. N.). Insoweit entspricht die Rechtslage derjenigen der Inhalts- und Schrankenbestimmung nach Art. 14 Abs. 1 Satz 2 GG ...."

3. Die Berufs-(Unternehmer-)freiheit

dd) Für die Mitbestimmungsproblematik konkretisiert das BVerfG die angeführten Kriterien der Verfassungsmäßigkeit wie folgt:

(1) Das Gericht hebt zunächst — ähnlich wie bei der Eigentumsprüfung — hervor, daß im Großunternehmen der *soziale Bezug* der Unternehmerfreiheit und ihre Angewiesenheit auf die Mitwirkung der Arbeitnehmer besonders zu beachten sei[461]. Eine Verletzung des Grundrechtskernes der Unternehmerfreiheit durch den Tatbestand der Arbeitnehmermitbestimmung an sich sei daher ausgeschlossen[462].

(2) Für die Beurteilung der Verfassungsmäßigkeit der *konkreten* Mitbestimmungsregelung unter dem Regelungsvorbehalt und Verhältnismäßigkeitsprinzip entwickelt das BVerfG folgende Maßstäbe[463]:

α) Der Einfluß der Mitwirkung der Arbeitnehmer im Aufsichtsrat auf die Unternehmensführung ist *grundsätzlich kein ausschlaggebender*.

β) Den von den Anteilseignern der Gesellschaft als Unternehmensträger gewählten Aufsichtsratsmitgliedern kommt das *Letztentscheidungsrecht* zu.

γ) Entscheidungen der Unternehmensleitung bleiben daher grundsätzlich *auf die Mitglieder der Gesellschaft* zurückzuführen.

δ) Diese Einschränkung *geringerer Intensität* ist in den Zielen der Mitbestimmung (Ergänzung der ökonomischen durch eine soziale Legitimation der Unternehmensleitung, Kooperation und Integration aller im Unternehmen tätigen Kräfte) sachlich gerechtfertigt[464] und den Betroffenen zumutbar.

(3) Wiederum ist festzuhalten, daß kein *einziges* dieser vom BVerfG als wesentlich hervorgehobenen Kriterien einer im Lichte der Unternehmerfreiheit verfassungsmäßigen Mitbestimmungsregelung auf die

---

[460] Vgl. dazu — außer den Hinweis in Anm. 453 — insbes. BVerfGE 30, 292 (315 f.); 33, 171 (186 ff.); 33, 240 (244); 36, 47 (58 ff.); 37, 1 (18 f.).

[461] *Mitbestimmungsurteil* 365, unter ausdrücklichem Hinweis auf „die Arbeitnehmer als Träger des Grundrechts aus Art. 12 Abs. 1 GG" und die funktionalen Wechselbeziehungen der Art. 12 Abs. 1 und 14 Abs. 1 GG zueinander; in dieser Argumentationslinie nähert sich das Gericht dem *Frankfurter Gutachten* 77 f. und 80 f., ohne allerdings auch hier einen *direkten* Grundrechtsausgleich mit „Grundrechten auf Mitbestimmung" anzunehmen (vgl. für das Eigentum dieselbe Linie, dargestellt bei Anm. 366 f.).

[462] So auch ganz unmißverständlich: *Pernthaler*, Qualifizierte Mitbestimmung 169 f.

[463] Sämtliche im *Mitbestimmungsurteil* 365 f., unter Bezugnahme auf die Vorjudikatur zur Berufsfreiheit (insbes. BVerfGE 30, 292, 316 m. w. N.) und die Maßstäbe:
  a) „sachgerechte und vernünftige Erwägungen des Gemeinwohls",
  b) „geeignet und erforderlich, das verfolgte Ziel zu erreichen",
  c) „angemessenes Verhältnis der Eingriffsschwere zum Gewicht und der Dringlichkeit der ihn rechtfertigenden Gründe".

[464] Siehe dazu die Ausführungen und Hinweise bei Anm. 372 ff.

paritätische Mitbestimmung zutrifft[465]. Auf Grund des Mitbestimmungsurteils des BVerfG kann die *paritätische* Mitbestimmung daher nicht als verfassungskonforme Beschränkung der Unternehmerfreiheit qualifiziert werden.

d) Eine mit der Freiheit der Unternehmensführung unmittelbar zusammenhängende Grundrechtsgarantie ist die durch Art. 2 Abs. 1 GG gewährleistete *Handlungsfreiheit auf wirtschaftlichem Gebiet*, die auch als unmittelbare Verfassungsgrundlage der *freien Unternehmerinitiative* angesehen wird[466]. Auch dieses Grundrecht hat im Verfassungsstreit um die Mitbestimmung eine bedeutende Rolle gespielt[467]. Das BVerfG ging darauf nicht ein, sondern führte die Grundrechtsprüfung ausschließlich im Lichte der von ihm selbst in der Judikatur entwickelten Maßstäbe durch.

aa) Nach der ständigen Rechtsprechung des BVerfG ist das Grundrecht des Art. 2 Abs. 1 GG thematisch sehr weit auszulegen — es handelt sich um ein allgemeines unbenanntes Freiheitsrecht —, das aber neben anderen Grundrechten subsidiär heranzuziehen ist („Auffanggrundrecht") und konkrete rechtliche Gestalt erst aus seiner *Begrenzung*, der sog. „Schranken-Trias" in Art. 2 Abs. 1 GG selbst, gewinnt[468].

Von diesen Schranken ist die „verfassungsmäßige Ordnung" die weiteste: Danach ist — im Sinne der Judikatur des BVerfG[469] — *jedes verfassungsmäßige Gesetz* legitimiert, die allgemeine Freiheit einzuschränken. Diese Formel verhindert ein totales Leerlaufen der Grundrechtsgarantie gegenüber dem einfachen Gesetzgeber nur dann, wenn man einen, jeweils durch Abwägung zu ermittelnden *unbeschränkbaren* Kern des Grundrechtes annimmt[470]. Diese Abwägung hat jeweils im Einzelfall die — mittelbar oder unmittelbar in der Verfassung ver-

---

[465] Siehe dazu die Feststellung in Anm. 370.

[466] *Maunz / Dürig / Herzog / Scholz*, Kommentar, Erl. zu Art. 2 I GG, Rdnr. 11 und 46 ff.; *E. R. Huber*, Der Streit um das Wirtschaftsverfassungsrecht, DÖV 1956, 135 ff.; *Ipsen*, Rechtsfragen der Wirtschaftsplanung, in: Kaiser (Hg.), Planung II (1966) 95 ff.; BVerfGE 4, 7 ff.; 12, 347 ff.; 14, 282; 25, 407; 29, 266 f. (m. w. H.).

[467] Vgl. etwa: *E. R. Huber*, Grundgesetz, 25 ff.; *Pernthaler*, Qualifizierte Mitbestimmung 151 ff.; *Schwerdtfeger*, Unternehmerische Mitbestimmung 205 ff.; *Stein*, Qualifizierte Mitbestimmung 81 ff.; *Naendrup*, GK MitbestG Einl. II, Rdnr. 37 ff.; *Kölner Gutachten* 232 f.; *Frankfurter Gutachten* 81.

[468] Siehe dazu *Maunz / Dürig / Herzog / Scholz*, Kommentar, Erl. zu Art. 2 I GG, Rdnr. 6 ff.; *Scholz*, Das Grundrecht der freien Entfaltung der Persönlichkeit in der Rechtsprechung des BVerfG, AöR 100 (1975) 80 ff.

[469] Vgl. insbes. BVerfGE 25, 371 (407 f.) m. w. N.

[470] *E. Hesse*, Die Bindung des Gesetzgebers an das Grundrecht des Art. 2 I GG bei der Verwirklichung einer „verfassungsmäßigen Ordnung" (1968), insbes. 48 ff., 87 ff. und 127 ff.; *Maunz / Dürig / Herzog / Scholz*, Kommentar zu Art. 2 I GG, Rdnr. 18 ff.; *Schulz-Schaeffer*, Der Freiheitssatz des Art. 2 Abs. 1 GG (1971) 35 ff.

3. Die Berufs-(Unternehmer-)freiheit

ankerten — Gemeinwohlgüter, welche durch das Gesetz verwirklicht werden sollen, mit dem beeinträchtigten Freiheitsbereich nach den Maßstäben der *Erforderlichkeit* und *Zumutbarkeit* danach abzuwägen, ob dem Grundrechtsträger nach der Einschränkung noch ein angemessener Spielraum der (konkreten) Freiheitsbetätigung bleibt[471].

Dabei ist zu beachten, daß der demokratisch legitimierte Gesetzgeber — im Rahmen der verfassungsmäßigen Schranken — die *Gemeinwohlaufgaben* selbst formulieren kann und — insbesondere im Rahmen wirtschafts- und sozialpolitischer Maßnahmen — nicht zur Verwirklichung eines abstrakt in der Verfassung angelegten Gemeinwohles oder ähnlicher allgemeiner Ordnungsprinzipien verpflichtet ist[472]. Unter diesen, stark einschränkenden Voraussetzungen hat aber die Rechtsprechung des BVerfG Art. 2 Abs. 1 GG als selbständige Garantie der Unternehmerfreiheit sehr wohl anerkannt[473], so daß dem Gericht eine Prüfung der Mitbestimmung auch unter diesem Grundrecht erforderlich erschien.

bb) Im Sinne der zuvor dargestellten Maßstäbe stellte das BVerfG zunächst fest, daß das Mitbestimmungsgesetz zur *„verfassungsmäßigen Ordnung"* gehöre und *Zwecke des Gemeinwohles* verfolge[474]. Dabei brauchte das Gericht bei dieser Frage gar keine spezielle Begründung anführen, weil die Gemeinwohlformulierung dem Gesetzgeber obliegt; es kann jedoch kein Zweifel daran sein, daß das BVerfG auch an dieser Stelle die bei den übrigen Grundrechten verwendeten sozialen Wertvorstellungen über die Ziele der Mitbestimmung als Begründung ihrer Gemeinwohlfundierung anführen hätte können[475].

Ohne weitere Begründung hat das Gericht auch verneint, daß das Mitbestimmungsgesetz eine *Verletzung des unbeschränkbaren Kernes* der wirtschaftlichen Betätigungsfreiheit der Gesellschaften oder der Anteilseigner mit sich brächte[476]. Diese lapidare Kürze der Argumen-

---

[471] *E. Hesse*, Bindung 103 f.; *Schulz-Schaeffer*, Freiheitssatz 41 ff.; BVerfGE 4, 16; 12, 347; 13, 234 f.; 15, 243 f.; 17, 306 ff.; 18, 315; 19, 93; 25, 407 f.

[472] Insofern übereinstimmen: *Pernthaler*, Qualifizierte Mitbestimmung 158; *Schwerdtfeger*, Unternehmerische Mitbestimmung 206 ff.; *Martens*, Öffentlich als Rechtsbegriff (1969) 169 ff., 185 f.; vgl. auch die Ausführungen und Hinweise bei Anm. 372 ff.

[473] Vgl. insbes. BVerfGE 29, 260 (267): „Art. 2 Abs. 1 gewährleistet die Handlungsfreiheit auf wirtschaftlichem Gebiet; ein angemessener Spielraum zur Entfaltung der Unternehmerinitiative ist unantastbar." Damit wendet sich das Gericht vor allem gegen Auffassungen, die Art. 2 I GG als Grundlage der Unternehmerfreiheit von vornherein verneinen, wie etwa *E. Stein*, Die Wirtschaftsaufsicht (1967) 63 ff.; *Schwerdtfeger*, Verfassungsmäßigkeit 63 f. (unter ausdrücklicher Verwerfung seiner eigenen früheren Auffassung in: Unternehmerische Mitbestimmung 197 ff.).

[474] *Mitbestimmungsurteil* 366.

[475] Siehe dazu die Ausführungen bei Anm. 372 ff. (Eigentum), 433 (Vereinigungsfreiheit) und 464 (Unternehmerfreiheit).

tation ist nur verständlich vor dem Hintergrund der bereits bei den übrigen Grundrechtsprüfungen mehrfach ausführlich dargelegten Kriterien der *beschränkten* Mitwirkungsrechte der Arbeitnehmervertreter an der Unternehmensleitung nach dem Mitbestimmungsgesetz: Wenn diese — wie das Gericht bei Art. 14, 9 und 12 GG betont hat[477] — den Anteilseignern und ihren Organen einen maßgebenden Einfluß auf die Unternehmensleitung und insbesondere auch das Letztentscheidungsrecht belassen, kann von einer Verletzung des unantastbaren Kerngehaltes der wirtschaftlichen Betätigungsfreiheit in der Tat keine Rede sein.

Es braucht nicht hervorgehoben zu werden, daß diese Feststellung auf die *paritätische* Mitbestimmung daher keinesfalls anwendbar ist: Bei ihr dürfte es kaum mehr möglich sein, nach den oben dargelegten Maßstäben der Erforderlichkeit und Zumutbarkeit von einem dem Unternehmer noch verbleibenden *„angemessenen Spielraum"* der wirtschaftlichen Betätigungsfreiheit im Sinne des Grundrechtes nach Art. 2 Abs. 1 GG zu sprechen[478].

4. Die Koalitionsfreiheit (Art. 9 Abs. 3 GG)

a) Die tiefgreifendste dogmatische Unsicherheit in der verfassungsrechtlichen Beurteilung der paritätischen Mitbestimmung zeigte sich in der Auseinandersetzung um die Auswirkungen auf die Koalitionsfreiheit und die damit zusammenhängenden Verfassungsgarantien, insbesondere auf das Tarifvertragssystem[479].

aa) Verfassungsrechtliche Bedenken gegen die paritätische Mitbestimmung hielten durch sie nicht nur die individuelle Koalitionsfreiheit der betroffenen Unternehmungen für gefährdet[480], sondern wiesen

---

[476] *Mitbestimmungsurteil* 366: „Gründe dafür, daß sie der Entfaltung der Unternehmerinitiative keinen angemessenen Spielraum mehr ließen und deshalb den Kern der wirtschaftlichen Betätigungsfreiheit der Gesellschaften oder der Anteilseigner berührten, sind nicht zu erkennen." Eine solche Kernbereichsverletzung des Art. 2 I GG durch das MitbestG hatte nicht einmal das *Kölner Gutachten* 232 f. behauptet.

[477] Siehe die Ausführungen und Hinweise bei Anm. 369 f., 375, 435 ff. und 463 ff.

[478] Siehe dazu nach wie vor die ausführliche Begründung bei *Pernthaler*, Qualifizierte Mitbestimmung 168 ff.; *Grasmann*, Beilage Nr. 21/75 zu DB 1975, 18 ff.

[479] Siehe dazu schon die Hinweise in den Anm. 52 - 55 (Theorie), 131 (Mitbestimmungsbericht), 151 (parlamentarisches Anhörungsverfahren und Regierungsgutachter) sowie die — nicht tendenzfreie — Zusammenstellung der widersprüchlichen Auffassungen bei *Raisch*, Mitbestimmung 36 ff.

[480] *Zöllner / Seiter*, Paritätische Mitbestimmung 37 f.; *Scholz*, Paritätische Mitbestimmung 108 ff.; *E. R. Huber*, Grundgesetz 76 ff.; *Pernthaler*, Qualifizierte Mitbestimmung 191 f.; *Kölner Gutachten*, 234 ff. (240 ff.).

vor allem auf die Wesensmerkmale der „Gegnerfreiheit" und „Gegnerunabhängigkeit" von verfassungsmäßigen Koalitionen hin, welche die Mitgliedschaft mitbestimmter Unternehmen in Frage stellt[481]. Dadurch würde aber auch das verfassungsmäßig geschützte *Tarifvertragssystem* in seinen Funktionsbedingungen gefährdet und durch interne Unternehmensabsprachen ersetzt oder unzulässigerweise vorgeformt[482]. Insgesamt sei die Koalitionsfreiheit der Arbeitgeber dadurch verletzt, daß ihre „Waffengleichheit" und Parität gegenüber den Arbeitnehmerkoalitionen aufgehoben sei, darauf beruhe aber wiederum die typische *Autonomie* des Sozialbereiches, welche die Verfassung gewährleiste[483].

bb) Befürworter der paritätischen Mitbestimmung entwickelten dagegen eine Reihe einander übergreifender Argumentationen, die entweder die tatbestandsmäßigen Voraussetzungen oder die rechtliche Stichhaltigkeit der genannten Verfassungsbedenken entkräften sollten.

α) So wurde behauptet, daß sich aus der *historischen* Entwicklung der Koalitionsfreiheit ergebe, daß sie primär auf *Arbeitnehmerkoalitionen* bezogen sei und ihre funktionelle Ergänzung nicht in einer gleichlautenden Garantie für Arbeitgeberkoalitionen, sondern in der Kapitalfunktion des *Eigentumsrechtes* finde[484]. Insbesondere könne den Unternehmensträgern — den Kapitalgesellschaften oder gar den Anteilseigner — durch die Koalitionsfreiheit kein anderer oder erweiterter Schutz gegenüber der verfassungsmäßigen Eigentumsgarantie zukommen[485]. Dies vor allem auch deshalb, weil die Kapitaleigner des Unternehmens keine *Arbeitgeber* im Sinne der Koalitionsfreiheit seien[486].

---

[481] *Zöllner / Seiter*, Paritätische Mitbestimmung 25 ff.; *Biedenkopf*, Mitbestimmung im Unternehmen, RdA 1970, 129 ff. (135 f.); *Badura*, ZfA 1974, 374 ff.; *Kölner Gutachten* 241 sowie *Barz, Mestmäcker, Scholz, Stern, Raiser, Rupp* und *Zacher* im parlamentarischen Anhörungsverfahren, 62. Sitzung des BT-Ausschusses für Arbeit und Sozialordnung (19. 12. 1974).
[482] *Pernthaler*, Qualifizierte Mitbestimmung 185; *Hanau*, BB 1969, 760 ff.; *Zöllner*, RdA 1969, 65 ff.; *Badura*, ZfA 1974, 374 ff.; derselbe, RdA 1974, 135; derselbe, RdA 1976, 277; *G. Müller*, DB 1969, 1774 ff.; *Biedenkopf*, FS Kronstein 91 ff.; *Scholz*, Paritätische Mitbestimmung 114 f.; *Raiser*, Grundgesetz 98 f.
[483] *Zöllner / Seiter*, Paritätische Mitbestimmung 46 ff.; *E. R. Huber*, Grundgesetz 77; *Kölner Gutachten* 243 f.; *Zacher* im parlamentarischen Anhörungsverfahren, Prot. d. 62. Sitzung des BT-Ausschusses für Arbeit und Sozialordnung 126 f.
[484] *Säcker*, Die Instituts- und Betätigungsgarantie der Koalitionen im Rahmen der Grundrechtsordnung, in: JArbR, Bd. 12 (1975) 17 ff. (63); *Naendrup*, GK MitbestG, Einl. II, Rdnr. 111 und 127.
[485] *Kunze*, Vereinbarkeit von Mitbestimmung und Tarifautonomie, BB 1971, 356; *Simitis*, BT-Ausschuß für Arbeit und Sozialordnung, Sten Prot 7/62. Sitzung, 15, 58 f., 118; *Schwegler*, AuR 1975, 27 ff.; *Frankfurter Gutachten* 218, 244.
[486] *Stein*, Qualifizierte Mitbestimmung 96 ff.; *Frankfurter Gutachten* 232 ff.; *Schwegler*, AuR 1975, 30.

IV. Einzelgrundrechte als Maßstab der Mitbestimmung

β) Die Merkmale der „Gegnerfreiheit" und „Gegnerunabhängigkeit" wurden entweder von vornherein als verfassungsrechtlich nicht relevant angesehen[487] oder seien zumindest durch die paritätische Mitbestimmung weder im Unternehmen noch in den Arbeitgeberverbänden — tatbestandsmäßig aufgehoben[488].

γ) Die Mitbestimmung sei mit Art. 9 Abs. 3 GG nicht nur vereinbar, sondern von dieser Verfassungsnorm neben dem Tarifvertragssystem geradezu als gleichwertiger Teil (oder Alternative) vorausgesetzt, wobei besonders auf die historische Entwicklung des *Betriebsverfassungsrechts* verwiesen wird[489]. Die deutsche Verfassung garantiere daher nicht nur ein „Kampfmodell", sondern in gleicher Weise *institutionalisierte Kooperationsformen* von Arbeitgeber und Arbeitnehmer in Betrieb und Unternehmen[490]. Aus diesem Grunde seien mögliche Rückwirkungen der paritätischen Mitbestimmung auf das Tarifsystem — selbst wenn sie tatsächlich eintreten würden — verfassungsrechtlich irrelevant[491].

b) Das BVerfG hat sich auch bei der Beurteilung der Mitbestimmung unter der verfassungsmäßigen Koalitionsfreiheit nicht auf eine der zahlreichen wissenschaftlichen Argumentationssysteme festgelegt, sondern sich im ganzen auf seine eigene, in ständiger Rechtsprechung abgesicherte Dogmatik abgestützt, von der aus es freilich zu allen entscheidenden Argumenten des Verfassungsstreites eindeutig Stellung bezog.

aa) Den Verfassungsmaßstab der Koalitionsfreiheit sieht das BVerfG dreistufig:

---

[487] *Säcker,* JArbR, Bd. 12 (1975) 23 f., 58, 62; *Schwerdtfeger,* Verfassungsmäßigkeit 104 f.

[488] *Stein,* Qualifizierte Mitbestimmung 94 ff.; *Raisch,* Mitbestimmung 36 ff.; *Frankfurter Gutachten* 238 ff.

[489] *Naendrup,* GK MitbestG, Einl. II, Rdnr. 110 ff., 120, 127; *Frankfurter Gutachten* 214 ff.; *Säcker,* JArbR, Bd. 12 (1975) 57 f.; *Richardi,* Der Mitbestimmungsgedanke in der Arbeitsrechtsordnung, JArbR, Bd. 13 (1976) 19 ff. (30); *Weiss,* Kollektivvertragliche Gestaltungsfunktion und Mitbestimmung, in: FS Vetter (1977) 293 ff. (295 f.).

[490] *Scholz,* Paritätische Mitbestimmung 119 ff.; *Frankfurter Gutachten* 42 ff. und 227 ff.; *Schwerdtfeger,* Verfassungsmäßigkeit 107; *Säcker,* Grundprobleme der kollektiven Koalitionsfreiheit (1969) 58 ff. und 75 ff.; im Prinzip wird diese Auffassung — die auf der Rechtsprechung des BVerfG und BAG beruht — aber auch anerkannt von *Pernthaler,* Qualifizierte Mitbestimmung 180 und 186 ff.

[491] Von dieser Auffassung unterscheidet sich eine Gruppe von Meinungen, die paritätische Mitbestimmung nur unter dem Vorbehalt „*konkurrenzlösender Mechanismen*" zwischen Mitbestimmung und Betriebsverfassung bzw. Koalitionsverfahren (Arbeitskampf, Tarifvertrag) zulassen wollen; so vor allem *Scholz,* Paritätische Mitbestimmung 70 ff., 116 ff., 121; *Raiser,* Grundgesetz 93 ff., 100 ff.; *Säcker,* JArbR, Bd. 12 (1975) 58 ff.; *derselbe,* BT-Ausschuß für Arbeit und Sozialordnung, Sten Prot 7/62. Sitzung 104 ff., insbes. 116 ff.

(1) Der primäre Kerngehalt des Grundrechtes sei auch hier ein *Freiheitsrecht,* das dem einzelnen und den Koalitionen den Zusammenschluß zur Förderung der Arbeits- und Wirtschaftsbedingungen sichere[492].

(2) Darauf baue eine *Betätigungs- und Funktionsgarantie* der Koalitionen auf, die insbesondere das Tarifvertragssystem, aber daneben auch andere Formen der koalitionsmäßigen „Ordnung und Befriedung des Arbeitslebens" schütze[493].

(3) Die Verfassungsgarantie der Koalitionsfreiheit sei jedoch nur in einem *Kernbereich* gesetzesfest geschützt, im übrigen aber mehr noch als die Vereinigungsfreiheit der gesetzlichen Ausgestaltung bedürftig[494]. Der Regelungsvorbehalt des Gesetzgebers umfasse nicht nur die zur Entfaltung der Koalitionsfreiheit notwendigen Rechtsinstitute und Normenkomplexe, sondern auch Ordnungsvorschriften, die der Koalitionsbetätigung — welche sehr tiefgreifende Auswirkungen auf die Wirtschafts- und Sozialordnung habe — Schranken im Interesse des Gemeinwohles ziehen können, soweit davon nicht der Kernbereich der (individuellen oder kollektiven) Grundrechtsgarantie betroffen werde.

(4) Für die Auslegung des Kernbereiches und der Regelungsbefugnis des einfachen Gesetzgebers komme es bei der Koalitionsfreiheit — zum Unterschied von den „klassischen" Grundrechten — in besonderer Weise auf die geschichtliche Entwicklung der Rechtsinstitute an[495]. Aus diesem Grunde gewinnt hier die *historische* Auslegungsmethode einen sonst in der Grundrechtsjudikatur des BVerfG ungewöhnlichen Vorrang vor anderen Betrachtungsweisen.

bb) Mit der Grundannahme, daß die Koalitionsfreiheit ebenso wie alle anderen Grundrechte *primär als Freiheitsrecht* — wenngleich nicht als „klassisches"[496] — aufzufassen sei, ist eine interpretationstheoretische Grundentscheidung weittragender Bedeutung gefallen.

(1) Zunächst werden dadurch alle jene Interpretationslinien zurückgewiesen, die in diesem Grundrecht primär gerade kein Freiheitsrecht, sondern ein *soziales* Grundrecht sehen, dessen Kernbereich vor allem

---

[492] *Mitbestimmungsurteil* 367 unter Bezugnahme auf BVerfGE 4, 96 (106); 19, 303 (312, 319); 28, 295 (304); 38, 386 (393).

[493] *Mitbestimmungsurteil* 368 unter Bezugnahme auf BVerfGE 4, 96 (107); 18, 18 (27 ff.); 44, 322 (340).

[494] *Mitbestimmungsurteil* 368 ff. unter Bezugnahme auf BVerfGE 19, 303 (321 f.) m. w. N.; 28, 295 (304); 38, 281 (305); 38, 386 (393).

[495] *Mitbestimmungsurteil* 367 unter Bezugnahme auf BVerfGE 4, 96 (101, 106 f.); 18, 18 (27, 28 f.); 19, 303 (314); 38, 386 (394); 44, 322 (347 f.).

[496] *Mitbestimmungsurteil* 366: „Art. 9 Abs. 3 GG gehört nicht zu den ‚klassischen' Grundrechten. Die Koalitionsfreiheit ist erst unter den Bedingungen moderner Industriearbeit entstanden, die sich im 19. Jahrhundert entwickelt haben."

Gruppen- und Institutionsgarantien, aber auch Ansprüche auf die Gewährleistung bestimmter *sozialer Strukturen* des Arbeits- und Wirtschaftslebens durch den Gesetzgeber seien[497]. Wenn die Koalitionsfreiheit solche Schutzbereiche umfaßt — dies ist im einzelnen noch zu klären — so sind sie jedenfalls — wie alle institutionellen Garantien der Grundrechte — aus dem primären freiheitlichen Kernbereich des Grundrechtes abgeleitet und von daher auszulegen und nicht umgekehrt[498].

(2) Gleichzeitig wird mit der freiheitsrechtlichen Konzeption eine grundrechtliche *Verpflichtung* der Koalitionen auf ein bestimmtes Verhalten zurückgewiesen und der „Innenraum" der Koalitionen primär als Freiheitsraum und nicht als soziale Ordnungsstruktur, die der Staat gewährleiste, angesehen[499]. Freilich wird damit gleichzeitig ein bestimmtes grundrechtliches Rangverhältnis zwischen der Freiheit des einzelnen und der Koalitionen festgelegt, das seinerseits eine „freiheitliche" Struktur, aber auch bestimmte Funktionsbedingungen des „Innenraums der Koalitionen" gewährleistet[500].

(3) Schließlich wird mit der Einordnung der Koalitionsfreiheit in die judikative Gesamtdogmatik der Freiheitsrechte auch die liberal-rechtsstaatliche *Anspruchs- und Schrankensystematik* der Grundrechte anwendbar und damit eine gesicherte Grundlage für die Kontrolle des gesetzgeberischen Eingriffsspielraumes geschaffen[501].

cc) Als einen wesentlichen Teilbereich der Betätigungs- und Funktionsgarantie der Koalitionen sieht das BVerfG im Sinne seiner ständigen Rechtsprechung die *Tarifvertragsautonomie* an, durch welche die Koalitionen Lohn- und Arbeitsbedingungen in eigener Verantwortung und im wesentlichen staatsfrei regeln können[502]. Partner des Tarifvertrages müssen Koalitionen im Sinne des Art. 9 Abs. 3 GG sein, d. h. sie müssen frei gebildet, gegnerfrei und auf überbetrieblicher Grundlage organisiert, ihrer Struktur nach unabhängig genug sein, um die Interessen ihrer Mitglieder nachhaltig zu vertreten und das

---

[497] Diese Interpretationslinie vertritt merkwürdigerweise in vehementer Form das *Kölner Gutachten* 235 f., findet sich aber auch bei *Säcker*, Grundprobleme der kollektiven Koalitionsfreiheit 20 ff.; derselbe, JArbR, Bd. 12 (1975) 37, 63; *Däubler*, Das Grundrecht auf Mitbestimmung (1973) 175 ff. (178); *Schwegler*, AuR 1975, 31 ff. u. v. a.

[498] Eine streng individualrechtliche Grundlegung der Koalitionsfreiheit nimmt *Scholz*, Koalitionsfreiheit als Verfassungsproblem (1971) an; vgl. dazu die sehr typische Kritik von *Däubler*, RdA 1973, 193 ff.

[499] Vgl. dagegen wiederum die Sicht des *Kölner Gutachtens* 236 f.; *Säcker*, Grundprobleme 33 ff. und 61.

[500] Ganz auf dieser Linie liegt auch *Scholz*, Koalitionsfreiheit 134 ff.

[501] Siehe die Hinweise bei Anm. 245 ff.

[502] *Mitbestimmungsurteil* 367 unter Bezugnahme auf BVerfGE 44, 322 (340) m. w. N.

geltende Tarifrecht als verbindlich für sich anerkennen⁵⁰³. Wenngleich diese Teilgarantie im Sinne der Kernbereichs- und Regelungsdogmatik des BVerfG auszulegen ist — und damit gesetzliche Ausgestaltungen der Tariffähigkeit und des Tarifvertragssystems, die sachgerecht und verhältnismäßig sind, zulassen⁵⁰⁴ —, hat das BVerfG im Mitbestimmungsurteil ausdrücklich daran festgehalten, daß nicht nur die *Funktionsfähigkeit des Tarifvertragssystems* als solches⁵⁰⁵, sondern auch die *prinzipielle Gegnerunabhängigkeit der Koalitionen* als Tarifpartner zum gesetzesfesten *Kernbereich* der Koalitionsfreiheit gehören und die entgegengesetzten Verfassungsauslegungen der Befürworter paritätischer Mitbestimmung als unrichtig verworfen⁵⁰⁶.

dd) Ebenso wie bei der Vereinigungsfreiheit hat das BVerfG die Verfassungsprüfung der Koalitionsfreiheit nicht nur auf das Außenverhältnis erstreckt, sondern auch auf das Innenverhältnis der Koalitionen bezogen. Insofern sei die Koalitionsfreiheit eine besondere Garantie der *Selbstbestimmung* der Koalitionen über ihre eigene *Organisation*, das Verfahren ihrer *Willensbildung* und *die Führung ihrer Geschäfte*⁵⁰⁷. Diese Organisationsgarantie sei vor allem auch im Hinblick auf eine mögliche Fremdbestimmung durch die Gegenseite — also dem Merkmal der Unabhängigkeit und Gegnerfreiheit der Koalition — zu sehen.

Im koalitionsrechtlichen Schutz vor Fremdbestimmung stünden zwar nicht die Anteilseigner, wohl aber die *Kapitalgesellschaften* als Unternehmensträger und Mitglieder von Arbeitgeberkoalitionen⁵⁰⁸, so daß

---

⁵⁰³ *Mitbestimmungsurteil* 368 unter Bezugnahme auf BVerfGE 4, 96 (107); 18, 18 (27 und 29 ff., insbes. 32).
⁵⁰⁴ *Mitbestimmungsurteil* 368 f. unter Bezugnahme auf BVerfGE 18, 18 (27); 19, 303 (321 f.) m. w. N.; 20, 312 (317); 28, 295 (304 und 306); 38, 281 (305); 38, 386 (393).
⁵⁰⁵ *Mitbestimmungsurteil* 369 unter Bezugnahme auf BVerfGE 4, 96 (108) und 38, 281 (305).
⁵⁰⁶ *Mitbestimmungsurteil* 373: „Diese Frage (nämlich der Gegnerunabhängigkeit) läßt sich entgegen den Auffassungen der Bundesregierung, des *Frankfurter Gutachtens* und des Deutschen Gewerkschaftsbundes nicht umgehen. Weder kann davon ausgegangen werden, daß die prinzipielle Unabhängigkeit nicht zu dem durch Art. 9 Abs. 3 GG geschützten Kernbereich der Koalitionsfreiheit gehöre ..."
⁵⁰⁷ *Mitbestimmungsurteil* 373: „Insoweit gilt das gleiche wie zu Art. 9 Abs. 1 GG: Die Koalitionsfreiheit, die in dem Element des ‚Sich-Vereinigens' die gleiche Bedeutung hat wie die allgemeine Vereinsfreiheit (vgl. oben III. 2. a), schützt nicht nur die Koalitionstätigkeit im Außenverhältnis; sie schützt auch die Selbstbestimmung der Koalitionen über ihre eigene Organisation, das Verfahren ihrer Willensbildung und die Führung ihrer Geschäfte. Hiermit kann eine Fremdbestimmung durch die Gegenseite in Konflikt geraten."
⁵⁰⁸ *Mitbestimmungsurteil* 374: „Zwar trifft es zu, daß ‚Arbeitgeber' die Unternehmensträger sind, also die Gesellschaften und nicht die Anteilseigner. Wenn die Gesellschaften indessen durch externe Kräfte mitbestimmt werden, dann kann der Einfluß, der sich daraus auf die Organisation und die

eine mögliche Fremdbestimmung der Kapitalgesellschaften über Art. 14 GG hinaus an der Koalitionsfreiheit selbständig zu messen sei. Damit hat das BVerfG gleichzeitig eine Interpretationslinie verworfen, die den Verfassungsschutz der Koalitionsfreiheit prinzipiell als *Grundrecht der Arbeitnehmerseite* konstruieren wollte, dem auf Arbeitgeberseite die Eigentumsgarantie (des „Kapitals") gegenüberstünde und nicht eine grundsätzlich inhaltsgleiche Verfassungsgarantie der Arbeitgeberkoalitionen[509].

c) Auf Grund dieses judikativen Systems der Grundrechtskonkretisierung beurteilte das BVerfG den Tatbestand der unternehmerischen Mitbestimmung im Lichte der Koalitionsfreiheit wie folgt.

aa) Das Gericht sah zunächst den primären Kernbereich des Art. 9 Abs. 3 GG, der in der *Gründungs-* und *Beitrittsfreiheit* liegt, bei den Arbeitgebern oder bei ihren Mitgliedern durch Mitbestimmungsregeln für das Unternehmen als begrifflich überhaupt nicht berührt an[510]. Das Gericht kam zu dieser These — die in Widerspruch zur eingehenden Begründung des *Kölner Gutachtens* steht[511] — dadurch, daß es die Koalitionsfreiheit lediglich als Maßstab im Verhältnis zwischen der Koalition und ihren Mitgliedern anerkannte. Dagegen seien allfällige koalitionsbehindernde Organisationsverhältnisse der Mitgliedsunternehmen — bzw. der sie tragenden Gesellschaften — nicht mehr unter dem Grundrecht der Koalitionsfreiheit, sondern nur unter der *Vereinigungsfreiheit* als Organisationsgarantie der Kapitalgesellschaft meßbar[512].

Hinter dieser These steckt die interpretationstheoretische Vorentscheidung, daß ein grundrechtlicher „Durchgriff" nur zur Beurteilung der Organisationsverhältnisse der *Koalition* selbst, nicht dagegen ihrer Mitglieder zulässig sei. Man wird diese Auffassung um so weniger für dogmatisch konsequent erachten können, als das BVerfG selbst zur Beurteilung der Binnenstruktur der Koalition einen doppelten Durchgriff — durch die Koalition als Verband und ihre Mitglieder als Gesellschaften — für notwendig erachtete[513]. Wenn der *juristischen Person*, die Unternehmensträger ist, sogar die primäre Koalitionsfreiheit als Arbeitgeber zukommt[514], kann dieses Grundrecht nicht nur

---

Willensbildung der Arbeitgeberkoalitionen ergeben kann, nicht als unbeachtlich angesehen werden."
[509] Siehe die Hinweise in Anm. 484 - 486.
[510] *Mitbestimmungsurteil* 370.
[511] *Kölner Gutachten* 144 ff. und 241 f.
[512] *Mitbestimmungsurteil* 370: „Denn auch die Beitritts- und Austrittsfreiheit betrifft nur das Verhältnis des Mitglieds zur Vereinigung, nicht Innenverhältnisse des Mitglieds. Bedenken dieser Art gehören vielmehr in den Bereich des Art. 9 Abs. 1 GG."
[513] *Mitbestimmungsurteil* 374, zitiert in Anm. 508.

4. Die Koalitionsfreiheit

durch äußere Eingriffe, sondern selbstverständlich im Prinzip auch durch Organisationsmaßnahmen beeinträchtigt werden[515], welche den Koalitionsbeitritt erschweren oder — *vom einzelnen Mitglied her* — überhaupt unmöglich machen, weil mit diesem Mitglied keine verfassungsmäßige Koalition gebildet werden kann[516].

Die Rechtslage und ihre dogmatischen Voraussetzungen sind insofern bei der Gründungs- und Beitrittsfreiheit nach Art. 9 Abs. 3 GG nicht anders als bei den übrigen Grundrechten oder beim Teilbereich der Tarifvertragsautonomie, wo das BVerfG selbst die „materielle Wirkung" von Organisations- und Verfahrensvorschriften ausdrücklich anerkannt hat[517].

bb) Breiten Raum nimmt in der Argumentation des BVerfG die Untersuchung der Vereinbarkeit und der Auswirkungen von Mitbestimmung auf das verfassungsmäßig gewährleistete *Tarifvertragssystem* ein.

(1) Das Gericht begründete in dieser Hinsicht zunächst ausführlich, daß *prinzipiell* Mitbestimmung und Tarifvertrag verfassungsrechtlich miteinander vereinbar, ja einander ergänzende Formen des Grundrechtsgebrauches der Koalitionsfreiheit seien[518]. Das BVerfG belegt die *grundsätzliche* Vereinbarkeit (deren konkrete Ausgestaltung selbstverständlich verfassungsrechtlich meßbar bleibt) mit folgenden drei Argumentationsreihen:

α) Der primären Bedeutung des Grundrechtes als *Freiheitsrecht*, das den Koalitionen keine bestimmte *Ordnungsstruktur* des Arbeits- und Wirtschaftslebens vorschreibe, sondern ihnen vor allem die Wahlfreiheit zwischen einem Kampfsystem oder der kooperativen Regelungen von Arbeits- und Wirtschaftsbedingungen offenhalte[519];

---

[514] Nach der Konzeption der Koalitionsfreiheit als primär individuelles Freiheitsrecht, siehe die Hinweise bei Anm. 492 und 498.

[515] Bei der Prüfung des MitbestG unter dem *Eigentumsrecht* hat das *Mitbestimmungsurteil* 349 ausdrücklich festgehalten: „Daß der Gesetzgeber für ihre Beschränkung nicht die herkömmliche Form des Eingriffsgesetzes, sondern die einer Organisations- und Verfahrensregelung gewählt hat, ändert an der Beurteilung nichts." Ebenda 351: „Demgemäß ist in der Rechtsprechung seit jeher anerkannt, daß auch Organisations- und Verfahrensrecht unter den Geboten der materiellen Grundrechte stehen und daß seine Gestaltung gegen diese verstoßen kann."

[516] So schon *Pernthaler*, Qualifizierte Mitbestimmung 184; *Kölner Gutachten* 144 f. und 241.

[517] Siehe die Hinweise bei Anm. 285 - 296; siehe *Mitbestimmungsurteil* 373 ff. und die folgenden Ausführungen im Text.

[518] *Mitbestimmungsurteil* 373 ff., durchaus im Sinne der h. M. (siehe die Hinweise in Anm. 490).

[519] *Mitbestimmungsurteil* 371 im Gegensatz zur „institutionellen" Auffassung des *Kölner Gutachtens* 236 f. und im Sinne der Grundkonzeption von *Scholz*, Koalitionsfreiheit 107 ff.

108   IV. Einzelgrundrechte als Maßstab der Mitbestimmung

β) der *Geschichte der Koalitionsfreiheit* in Deutschland, die erweise, daß betriebliche und unternehmerische Mitbestimmung stets gleichzeitig mit dem Tarifvertragssystem verwirklicht waren und daher geradezu einen „zweiten Kernbereich" der Betätigungsgarantie der Koalitionen ausmachen[520];

γ) der *Regelungskompetenz des einfachen Gesetzgebers* im Hinblick auf Tarifvertragssystem und Mitbestimmungsrecht, welche „Gewichtsverlagerungen", aber auch „Konkurrenzen" zwischen beiden Bereichen *auszugleichen* erlaube, soweit nicht der Kernbereich der Tarifvertragsautonomie berührt werde[521].

Nach allen drei Argumentationsreihen ergibt sich, daß Mitbestimmung und Tarifvertragssystem von Verfassungs wegen einander jedenfalls nicht wechselseitig aufheben dürfen und daß der Gesetzgeber, der beide Bereiche ordnet, die *verfassungsmäßigen Funktionsgarantien* beider Formen der Koalitionsbetätigung zu wahren hat[522].

(2) Das bedeutet für das Tarifvertragssystem zunächst, daß der Mitbestimmungsgesetzgeber die *Unabhängigkeit* der Tarifpartner dem sozialen Gegenspieler gegenüber in einem Maße wahren muß, daß die Koalitionen in der Lage bleiben, die Interessen ihrer Mitglieder auf arbeits- und sozialrechtlichem Gebiet wirksam und nachhaltig zu vertreten[523]. Diese Frage kann nicht abstrakt, sondern nur anhand der jeweiligen konkreten Mitbestimmungsregelung geprüft werden, wobei das Gericht für diese Verfassungsprüfung folgende Maßstäbe entwickelt:

α) Die Beurteilung der Gegnerunabhängigkeit von Arbeitgeberkoalitionen im Hinblick auf Auswirkungen der unternehmerischen Mitbestimmung setzt den *Durchgriff* durch die Koalitionen, aber auch

---

[520] *Mitbestimmungsurteil* 371 f. unter Bezugnahme auf die Rechtsentwicklung in der Weimarer Verfassung und die bekannte Entscheidung BVerfGE 19, 303 (312 f.); ebenso das *Frankfurter Gutachten* 209 und die übrigen, in den Anm. 489 - 491 angeführten Autoren.

[521] *Mitbestimmungsurteil* 372: „Das Nebeneinander von Tarifvertragssystem und Mitbestimmung, das sich damit ergibt, kann zu Gewichtsverlagerungen, aber auch zu Konkurrenzen führen, die einen Ausgleich erforderlich machen. Einen solchen herzustellen, ist der Gesetzgeber auf Grund seiner Regelungskompetenz befugt. Das schließt die Zulässigkeit von Beschränkungen der Tarifautonomie ein, wenn diese im Prinzip erhalten und funktionsfähig bleibt."

[522] So vor allem die Linie der in Anm. 491 angeführten Autoren, aber auch *Pernthaler*, Qualifizierte Mitbestimmung 180 und 186.

[523] *Mitbestimmungsurteil* 373: „Insofern kommt es zunächst darauf an, ob bei einem Nebeneinander von erweiterter Mitbestimmung und Tarifvertragssystem die Unabhängigkeit der Tarifpartner in dem Sinne hinreichend gewahrt bleibt, daß sie nach ihrer Gesamtstruktur gerade dem Gegner gegenüber unabhängig genug sind, um die Interessen ihrer Mitglieder auf arbeits- und sozialrechtlichem Gebiet wirksam und nachhaltig zu vertreten (BVerfGE 4, 96, 107; 18, 18, 28)."

4. Die Koalitionsfreiheit

die Gesellschaften voraus, die Mitglieder von Arbeitgeberkoalitionen sind[524]. Nur aus der Prüfung beider *organisatorischer Innenverhältnisse* kann beurteilt werden, ob eine noch erträgliche oder eine verfassungswidrige Fremdbestimmung vorliegt.

β) Diese Frage ist nicht allein aus den rechtlichen Regelungen zu beantworten, sondern setzt auch Erwägungen über *faktische Funktionsbedingungen* des Tarifvertragssystems voraus, die der Prognosekontrolle des Gerichts unterliegen[525].

γ) Im Lichte der *rechtlichen* Organisationsvorschriften ist zu beachten, daß auch die Vertreter mitbestimmter Unternehmen rechtlich auf die *Wahrung des Unternehmensinteresses* verpflichtet sind; die Wahrnehmung von Interessen des sozialen Gegenspielers wäre danach geradezu rechtswidrig[526]. Allerdings ist im Einzelfall oft schwierig zu entscheiden und von subjektiven Auffassungen bestimmt, was als Unternehmensinteresse verstanden wird. Es kann nicht ausgeschlossen werden, daß Arbeitnehmervertreter hierüber andere Auffassungen haben — die rechtlich nicht zu beanstanden sind — als Vertreter der Kapitaleigner[527].

δ) Insofern bleibt für die Verfassungsmäßigkeit der Fremdbestimmung das *organisatorische* Verhältnis von Kapitaleigner- und Arbeitnehmervertreter im Unternehmen und im Verband ausschlaggebend, wobei das BVerfG auch diesbezüglich zunächst ausdrücklich auf *den Maßstab der Unterparität im Unternehmen* abstellt[528]. Dieser unterparitätische Einfluß der Arbeitnehmervertreter schwächt sich nach Auffassung des Gerichtes in den Arbeitgeberverbänden noch erheblich ab, wobei durch deren Satzungen noch weitere Ausschluß- und Unvereinbarkeitsbestimmungen getroffen werden können[529].

ε) Der verbleibende Rest an Fremdbestimmung, der durch die *unterparitätische* Mitbestimmung verursacht wird, liege schließlich im

---

[524] Mitbestimmungsurteil 373 f. unter ausdrücklicher Gegenüberstellung von „Koalitionstätigkeit im Außenverhältnis" und organisatorischer Binnenstruktur der Koalitionen und Gesellschaften sowie unter Verwendung des Ausdruckes „Mitbestimmung externer Kräfte". Auch wird dort betont, daß der „*Durchgriff*" sich nicht auf die Anteilseigner (Art. 14 GG!), sondern auf die Koalitionen und Gesellschaften als Unternehmensträger beziehe. Ein schärferer dogmatischer Gegensatz zu den in Anm. 484 ff. angeführten Autoren ist nicht denkbar.
[525] *Mitbestimmungsurteil* 374 f.
[526] So ausdrücklich: *Mitbestimmungsurteil* 374.
[527] *Mitbestimmungsurteil* 374 f.
[528] *Mitbestimmungsurteil* 375: „Soweit hiernach ein Einfluß der Arbeitnehmer auf die Arbeitgeberkoalitionen in Betracht zu ziehen ist, muß dieser hinter dem unterparitätischen Einfluß der Arbeitnehmer in den Unternehmen zurückbleiben."
[529] *Mitbestimmungsurteil* 375 im Gegensatz zu den empirisch fundierten Analysen und Prognosen des *Kölner Gutachtens* 140 ff.

Rahmen des Eingriffsspielraumes des einfachen Gesetzgebers und berühre nicht den Kernbereich der Gegnerunabhängigkeit und Selbstbestimmung der Koalitionen. Dabei weist das BVerfG auch an dieser Stelle ausdrücklich darauf hin, daß dies unter der Voraussetzung der Vereinbarkeit der Mitbestimmung „*an ihrem Ursprung, in den Aufsichtsräten der Gesellschaften*", mit der *Vereinigungsfreiheit der Unternehmen selbst* gilt[530]. Wenn diese Voraussetzung nicht zutrifft — was bei paritätischer Mitbestimmung anzunehmen ist[531] — so setzt sich die Verfassungswidrigkeit der Unternehmensverfassung offenbar auch in den Raum der Koalitionen hinein fort.

(3) Das BVerfG schließt Rückwirkungen der erweiterten Mitbestimmung auf die *Funktionsfähigkeit* des Tarifvertragssystems nicht aus[532]. Vielerlei wechselseitige rechtliche und faktische Abhängigkeiten der Unternehmensorgane und Arbeitnehmervertreter können zu einem dysfunktionalen Verhalten in Tarifverhandlungen und Tarifabschlüssen führen[533]. Soweit solche Beeinträchtigungen des Tarifvertragssystems Rechtsfragen aufwerfen, unterliegen sie der Kontrolle der Fachgerichte. Im übrigen müssen sie nach Auffassung des BVerfG toleriert werden, soweit sie nicht zu *nachhaltigen Funktionseinbußen* oder gar zur *Funktionsunfähigkeit* des Tarifvertragssystems führen. Ob dies der Fall sein wird, ist eine *Prognoseentscheidung* des Gesetzgebers, die gerichtlicher Kontrolle unterliegt[534].

Für die im Mitbestimmungsgesetz verwirklichte Form der leicht *unterparitätischen Mitbestimmung* durfte der Gesetzgeber im Hinblick auf die Erhebungen des Mitbestimmungsberichtes und die Ergebnisse des parlamentarischen Anhörungsverfahrens davon ausgehen, daß derartige wesentliche Funktionseinbußen des Tarifvertragssystems *nicht* eintreten[535]. Sollte sich diese Prognose als unrichtig erweisen und die

---

[530] *Mitbestimmungsurteil* 376 unter Hinweis auf die Ausführungen des Gerichts zur Vereinbarkeit des MitbestG mit Art. 9 Abs. 1 GG (siehe oben IV.2. mit Anm. 406 ff.).
[531] Siehe die Ausführungen bei IV.2.b.ee. mit Anm. 426 ff.
[352] *Mitbestimmungsurteil* 376: „Die mit jeder Form unternehmerischer Mitbestimmung unvermeidlich verbundenen Interessenkollisionen und Überschneidungen können den Funktionen des Tarifvertragssystems oder auch der Mitbestimmung abträglich sein. So können sich etwa nicht unerhebliche Belastungen daraus ergeben, daß das Vorstandsmitglied eines Unternehmens in einer Tarifkommission Mitglieder des Aufsichtsrates seines Unternehmens zum Gegenüber hat, die über seine Wiederwahl mitzubestimmen haben ..."
[533] Auf diese *Möglichkeit* weist auch *Naendrup*, GK MitbestG, Einl. II, Rdnr. 73 unter Bezugnahme auf das parlamentarische Anhörungsverfahren hin; die Gruppe der in Anm. 491 genannten Autoren leitet daraus die Notwendigkeit der Anordnung „konkurrenzlösender Mechanismen" ab.
[534] *Mitbestimmungsurteil* 377 f.
[535] Sowohl der *Mitbestimmungsbericht* (93 ff.), als auch das parlamentarische *Anhörungsverfahren* (Prot der 62. Sitzung des BT-Ausschusses für

4. Die Koalitionsfreiheit

Gegnerunabhängigkeit der Koalitionen nach der erweiterten Mitbestimmung nicht mehr in einem Maße gewährleistet sein, daß die nachhaltige Interessendurchsetzung gesichert erscheint, müßte der Gesetzgeber entsprechende Korrekturen an seiner Regelung vornehmen[536]. Auch die Praxis des Tarifvertragssystems unter dem Organisationsstatut der erweiterten Mitbestimmung steht daher unter ständiger verfassungsrechtlicher Kontrolle im Hinblick auf mögliche Beeinträchtigungen der Koalitionsfreiheit der davon betroffenen Unternehmen und Arbeitgeberverbände[537].

Arbeit und Sozialordnung, 7. WP) waren zur Auffassung gelangt, daß Rückwirkungen einer *paritätischen* Mitbestimmung auf das Tarifvertragssystem nicht auszuschließen seien, so daß der Gesetzgeber schließlich „um rechtliche Risiken im voraus zu vermeiden", zur leicht *unterparitätischen* Mitbestimmung griff (Bericht des Ausschusses für Arbeit und Sozialordnung, BT-Drs. 7/4845. 8).

[536] So wörtlich *Mitbestimmungsurteil* 378.

[537] Die Konsequenzen dieser Auffassung für die *Mitbestimmungspraxis* werden im folgenden Abschnitt (V, 3) dieser Untersuchung dargestellt.

V. Die Konsequenzen für die Mitbestimmungspraxis

1. Der Grundsatz der „unterparitätischen Mitbestimmung"

a) Das Mitbestimmungsgesetz enthält keine „Unternehmensverfassung". Schon in der ursprünglichen Konzeption der Regierungsvorlage war betont worden, daß die Mitbestimmung der Arbeitnehmer unter weitgehender Beibehaltung des geltenden *Gesellschaftsrechts* geregelt werden soll[538], und diese Tendenz hat sich in der Abschwächung der Mitbestimmungsregelung naturgemäß verstärkt.

Das geltende Gesellschaftsrecht ist von seiner Gesamtanlage her gesehen eine Form der *Eigentümerorganisation* und demgemäß vom Grundsatz kollektiver *Privatautonomie der Anteilseigner* beherrscht[539]. Durch die Einfügung des MitbestG ins Gesellschaftsrecht entsteht nun ein latenter Zielkonflikt über die Gesamtrichtung des neuen Organisationsstatutes der davon betroffenen Unternehmen. Die im MitbestG bewußt offengehaltene Frage, ob es sich dabei um eine „*paritätische Mitbestimmung*" handle oder nicht[540], verschärfte die teleologische Unsicherheit über die Auslegung und Handhabung des neuen Gesetzes noch weiter.

Dazu kommt die Frage, ob das MitbestG seiner Struktur nach eher ein „sozialpolitisches Zweck- oder ein rechtsstaatliches Eingriffs-(Konditional-)Programm" sei[541]. Hält man das erste für richtig, so ist unbestritten, daß die Anwendung derartiger Gesetze schon ihrer Struk-

---

[538] Siehe die Begründung der Regierungsvorlage BT-Drs. 7/2172, 17: „Durch den Entwurf soll die Mitbestimmung der Arbeitnehmer unter weitgehender Beibehaltung des geltenden Gesellschaftsrechts geregelt werden."

[539] Daran hat das *Mitbestimmungsurteil* (etwa 349, 358, 360, 364, 365, 374) entgegen der vor allem von *Suhr* verbreiteten Auffassung (siehe die Hinweise in Anm. 409) deutlich festgehalten.

[540] Siehe die Hinweise in den Anm. 174 ff.

[541] *Naendrup*, AuR 1977, 234 hält es für „unbestreitbar", daß das MitbestG „Ausdruck eines sozialpolitischen Zweck- und nicht eines rechtsstaatlichen Eingriffs(Konditional-)Programmes" sei. Demgegenüber hat das *Mitbestimmungsurteil* 349 ausdrücklich festgehalten, daß es nichts an der Beurteilung des MitbestG ändere, „daß der Gesetzgeber für diese Beschränkung der Rechte der Anteilseigner nicht die herkömmliche Form des *Eingriffsgesetzes*, sondern die einer Organisations- und Verfahrensregelung gewählt hat". Zu den allgemeinen rechtsstaatlichen Bedenken gegen die Theorie der gesetzlichen „Finalprogrammierung" siehe *Pernthaler*, Raumordnung und Verfassung II (1978) 47 ff.

1. Der Grundsatz der „unterparitätischen Mitbestimmung"

tur nach eher *finalorientiert* sein muß[542] und daher durch normativ offengelassene *Zielkonflikte* weit mehr verunsichert wird, als dies bei streng durchnormierten Konditionalprogrammen der Fall ist. Schließlich hat das MitbestG nicht nur in abgeschlossenen Gesellschaftstypen leichte innerorganisatorische Veränderungen bewirkt, sondern durch die zwangsweise Einfügung des Aufsichtsrates[543] teilweise ganz neue *Gesellschaftstypen* geschaffen, die noch stärker dem erwähnten Zielkonflikt ausgesetzt sind, weil ihre praktische Entwicklung noch völlig offen ist[544]. Dies ist aber durch die Abstützung der Mitbestimmung auf das klassische Gesellschaftsrecht überhaupt eine der grundlegenden Strukturen der Rechtsverwirklichung, weil ja die gesetzlichen Normen hier im Hinblick auf die Organisationsautonomie der Gesellschaften in der Tat nicht mehr als ein Bündel frei kombinierbarer „Bausätze" enthalten[545].

Die Grundfrage ist nun die, inwieweit die gesellschaftsrechtliche *Organisationsfreiheit* der Anteilseigner[546] durch das Mitbestimmungsgesetz eingeschränkt wird, über die wenigen zwingenden Rahmenbestimmungen hinaus ein allgemeines „*Mitbestimmungstelos*" einzuhalten und was der konkrete Inhalt dieses Telos sein könnte[547]. Diese Zielfrage ist — wie mit Recht hervorgehoben wurde — die nach der *verfassungsrechtlich orientierten* Gesamtstruktur des Gesetzes und daher „sehr material an *Letztwertentscheidungen zum Grundrechtsschutz*" ausgerichtet[548] und nur von daher zu lösen. Daraus erklärt sich aber auch die vorrangige Bedeutung des Mitbestimmungsurteiles für diese Grundfrage der „richtigen" Gesetzesanwendung.

---

[542] So zutreffend *Naendrup*, AuR 1977, 234, unter Hinweis auf *Steindorf*, FS Larenz (1973) 218 ff.

[543] Siehe § 25 Abs. 1 Ziff. 2 und 30 MitbestG über die Anwendung von Vorschriften des Aktiengesetzes auf die GmbH und bergrechtliche Gewerkschaft sowie § 4 über die Anwendung des MitbestG auf Kommanditgesellschaften.

[544] Am schärfsten brechen die Probleme bei der *GmbH* auf, die unter das MitbestG fällt; vgl. dazu *Vollmer*, Die mitbestimmte GmbH — gesetzliches Normalstatut, mitbestimmungsrechtliche Satzungsgestaltungen und gesellschaftsrechtlicher Minderheitenschutz, ZGR 1979, 135 ff. m. w. H.

[545] *Naendrup*, AuR 1977, 226 unter Bezugnahme auf *Schulte*, FS Harry Westermann (1974) 525 ff.; auf den grundsätzlichen Weiterbestand der privatautonomen Organisationsgewalt nach dem MitbestG verweist auch *Vollmer*, ZGR 1979, 150 ff.

[546] Diese ist — nach dem *Mitbestimmungsurteil* (insbes. 351, 360, 365) unbestreitbar — verfassungsrechtlich in Art. 14 Abs. 1, 9 Abs. 1 und 12 bzw. 2 Abs. 1 GG verankert; vgl. dazu *Ulmer*, Die Bedeutung des Mitbestimmungsurteils des Bundesverfassungsgerichts für die Auslegung von Mitbestimmungs- und Gesellschaftsrecht, BB 1979, 398 ff.

[547] Zum „Mitbestimmungstelos" siehe zunächst *Naendrup*, AuR 1977, 229 ff. und sodann die berechtigte Einschränkung von *Vollmer*, ZGR 1979, 137; *Säcker*, DB 1977, 1848 f.; *Lieb*, JA 1978, 261 ff. (266).

[548] *Naendrup*, AuR 1977, 231 ff., dessen eigene verfassungsrechtliche Position zur Mitbestimmungsfrage mit der hier vertretenen aber im allgemeinen nicht übereinstimmen dürfte.

V. Die Konsequenzen für die Mitbestimmungspraxis

b) aa) Beurteilt man die Zielfrage des Mitbestimmungsgesetzes zunächst von seiner *Gesamtstruktur* her, so muß vom verfassungsrechtlich begründeten Prinzip der knapp *unterparitätischen* Mitbestimmung und des leichten organisatorischen Übergewichtes der Anteilseignerseite ausgegangen werden[549]. Das Mitbestimmungsgesetz hat damit den Grundsatz „der gleichberechtigten und gleichgewichteten Teilnahme von Anteilseignern und Arbeitnehmern an den Entscheidungsprozessen im Unternehmen"[550] weder der Idee nach noch in seinen organisatorischen Konsequenzen verwirklicht[551]. Eine Ausnützung des leichten Übergewichtes der Anteilseignerseite widerspricht daher grundsätzlich nicht dem Telos des MitbestG, sondern ist die vom Gesetzgeber bewußt angezielte Konsequenz der von ihm aus *verfassungsrechtlichen* Gründen gewählten Organisationsstruktur[552].

bb) Die im Mitbestimmungsgesetz vorgesehenen *organisatorischen* Sicherungen des leichten Übergewichtes der Anteilseignerseite sind keine *außerordentlichen Notbefugnisse,* die nur bei funktionsgefährdenden Pattsituationen angewendet werden dürfen[553] und einem vom Gesetz als „Normalzustand" vorausgesetzten *Einigungszwang* gegenüberstehen[554]. Das BVerfG hält demgegenüber ausdrücklich fest, daß das MitbestG die Eigentümerseite gerade nicht einem gesetzlichen Einigungszwang unterwerfe, sondern rechtlich das Konfliktlösungsmodell des Übergewichtes der Anteilseignerseite vorgesehen sei[555].

---

[549] *Mitbestimmungsurteil* 322 ff. sowie bei allen einzelnen Grundrechtsprüfungen an den entscheidenden Stellen der Begründung (siehe Anm. 370); ebenso *Naendrup,* AuR 1977, 226; *Reich,* Das neue Mitbestimmungsgesetz, AuR 1976, 261 ff.; *Raiser,* Das neue Mitbestimmungsgesetz, NJW 1976, 1337 ff. (1338).

[550] So in der Begründung der Regierungsvorlage, BT-Drs. 7/2172, 17; daß diese Zielsetzung im Zuge des parlamentarischen Gesetzgebungsverfahrens nicht voll verwirklicht wurde, hat das *Mitbestimmungsurteil* 350 klar hervorgehoben.

[551] Unrichtig daher *Vollmer,* ZGR 1979, 137 und 138, wo jeweils von „gleichberechtigter und gleichgewichtiger Mitbestimmung" ausgegangen wird.

[552] Siehe die Ausführungen über den Ablauf des parlamentarischen Gesetzgebungsverfahrens (oben II.3.) und (wie hier) *Naendrup,* AuR 1977, 231.

[553] So vor allem *Reich,* AuR 1976, 269 unter dem bezeichnenden Titel: „Das doppelte Stimmrecht des Aufsichtsratsvorsitzenden und seine einschränkende Auslegung"; *Kittner / Fuchs / Zachert,* Arbeitnehmervertreter im Aufsichtsrat, Teil I (1977) Rdnr. 1191 f.

[554] So etwa *BM. Arendt* aus Anlaß der Beschlußfassung des Gesetzes, Sten.Ber. des BT, 7. WP, 230. Sitzung, 16080; *Kölner Gutachten* 31 ff.

[555] *Mitbestimmungsurteil* 330: „(Das Risiko der Konfrontation) ... muß bei jeder Form einer Mitbestimmung in Kauf genommen werden, wenn die Anteilseignervertreter die Vertreter der Arbeitnehmer überstimmen. Der von den Beschwerdeführern angenommene Einigungszwang läßt sich daher nicht der Lösung zurechnen, die das MitbestG für den Konfliktsfall vorsieht. Werden aber die Rechte, die dieses der Anteilseignerseite einräumt, aus anderen Gründen nicht wahrgenommen und macht die Anteilseignerseite deshalb von ihrem gesetzlich gewährleisteten Übergewicht keinen Gebrauch,

1. Der Grundsatz der „unterparitätischen Mitbestimmung"

Daher ist die Handhabung dieses Übergewichtes kein Rechtsmißbrauch und keine Verletzung des Mitbestimmungszieles des MitbestG[556]. Dies gilt grundsätzlich nicht nur für Personalentscheidungen und die laufende Geschäftsführung, sondern auch für Verfahrens- und Organisationsfragen[557], insbesondere aber für grundlegende *Unternehmenszielentscheidungen*, die nach dem geltenden Gesellschaftsrecht verstärkt der Anteilseignerseite vorbehalten sind, ohne daß das MitbestG hieran etwas geändert hat[558].

cc) Zum organisationsrechtlich begründeten leichten Übergewicht der Anteilseignerseite gehört aber nach der Grundkonzeption des Mitbestimmungsgesetzes auch, daß die Mitbestimmung kraft Gesetzes ausdrücklich nur in *einem* Gesellschaftsorgan, dem Aufsichtsrat, vorgesehen ist. Dagegen bleibt die Anteilseignerversammlung grundsätzlich und das gesetzliche Vertretungsorgan jedenfalls nach der rechtlichen Möglichkeit völlig mitbestimmungsfrei[559]. Diese Grundkonstruktion des MitbestG gilt es im Auge zu behalten, wenn das Verhältnis der verschiedenen Gesellschaftsorgane zueinander im Lichte des Mitbestimmungsrechtes analysiert wird[560].

---

so kann das nicht bedeuten, daß das MitbestG ihr in Wahrheit kein Übergewicht verleihe." Vgl. auch *ebenda*, 324, wo von der Möglichkeit der „gesellschaftsrechtlichen Absicherung" des Übergewichtes der Anteilseignerseite gesprochen wird!

[556] Wie *Naendrup*, AuR 1977, 269 in unzulässiger Verallgemeinerung vorschlägt.

[557] So zutreffend: *Ulmer*, BB 1979, 400, unter Bezugnahme auf das *Mitbestimmungsurteil*.

[558] Dies betont auch *Naendrup*, AuR 1977, 271.

[559] *Mitbestimmungsurteil* 323: „Das Gesetz zielt nicht auf eine unmittelbare Mitbestimmung von Arbeitnehmervertretern in allen Organen der Unternehmen, namentlich der Unternehmensleitung. Die Anteilseigner behalten die alleinige Zuständigkeit für die Grundlagenentscheidungen, die nach wie vor von der Anteilseignerversammlung getroffen werden; auch bleibt es bei der grundsätzlich ausschließlichen Zuständigkeit des Vertretungsorganes zur Führung der Geschäfte"; *ebenda* 330: „Bei dieser Sachlage fehlt es an hinreichenden Gründen, die die von den Beschwerdeführern vertretene Thesen eines ‚Durchschlagens' der — angenommenen — Parität im Aufsichtrat auf das Vertretungsorgan tragen könnten"; *ebenda* 346 werden die besonderen Leitungsbefugnisse der (mitbestimmungsfreien) *Anteilseignerversammlung* bei GmbH und Genossenschaften hervorgehoben.

[560] Unrichtig scheint daher insbesondere die Grundannahme von *Vollmer*, ZGR 1979, 138 ff., daß die *Unternehmensleitung* in den vom MitbestG erfaßten Unternehmen auf Grund der (zu Unrecht angenommenen!) „grundsätzlich gleichberechtigt von Anteilseignern und Arbeitnehmern" durchgeführten Bestellung und Abberufung eine selbständige „*mitbestimmungsrechtliche Leitungsmacht*" habe, von Anteilseignern und Arbeitnehmern „gleichberechtigt legitimiert" sei und daher die Unternehmenspolitik „im Interesse beider Gruppen" des „interessendualistisch verfaßten Großunternehmens" zu führen habe. Keine dieser Annahmen vermag im Lichte des *Mitbestimmungsurteiles* zu bestehen!

V. Die Konsequenzen für die Mitbestimmungspraxis

(1) So wenig die Handhabung der im MitbestG vorgesehenen organisatorischen Sicherungen des leichten Übergewichtes der Anteilseigner gegen das Mitbestimmungstelos dieses Gesetzes verstoßen[561], kann die *gesellschaftsrechtlich zulässige* Ausnützung der Organisationsautonomie zu Kompetenzverschiebungen zwischen mitbestimmungsfreien und mitbestimmten Gesellschaftsorganen im Lichte des Mitbestimmungsgedankens von vornherein als Rechtsmißbrauch angesehen werden[562]. Im Gegenteil! Es gehört zu den rechtswesentlichen Kompromissen der Mitbestimmungsidee mit der gesellschaftsrechtlichen Wirklichkeit, daß danach wohl die grundsätzliche Struktur der Aktiengesellschaft als organisatorische Grundlage angenommen wurde[563], aber weder daraus noch aus dem MitbestG ein *abgeschlossener* Typus der konkreten inneren Struktur der mitbestimmten Gesellschaft abgeleitet werden kann[564]. Daher hält das BVerfG — im Lichte der Tatbestandsanalyse der unterparitätischen Mitbestimmung — zu Recht fest: „Wie weit der Einfluß des Aufsichtsrates insgesamt reicht, ist wegen der vielfältigen Abhängigkeiten der Unternehmensorgane untereinander und der zum Teil erheblich differierenden Gestaltungsmöglichkeiten nach dem jeweils maßgebenden Gesellschaftsrecht nicht generell zu bestimmen[565]."

(2) Unter diesen Voraussetzungen erscheint es vor allem unzulässig, die unterschiedliche Stellung der *Anteilseignerversammlung* in der Aktiengesellschaft und den übrigen vom MitbestG betroffenen Gesellschaftstypen — insbesondere in der GmbH — mitbestimmungsrechtlich über das im MitbestG vorgesehene Ausmaß hinaus einzuebnen[566].

---

[561] So ausdrücklich *Mitbestimmungsurteil 324:* „Das Übergewicht, welches das Gesetz der Anteilseignerseite einräumt, kann im Rahmen gesellschaftsrechtlicher Gestaltungsmöglichkeiten, wenn nicht verstärkt, so doch abgesichert werden."

[562] *Naendrup,* AuR 1977, 269 ff.; vorsichtiger in dieselbe Richtung: *Vetter,* Das neue Mitbestimmungsgesetz: Probleme und Aufgaben für die Gewerkschaften, AuR 1976, 257 ff. (260).

[563] Siehe §§ 25 und 30 MitbestG; *Ulmer,* BB 1979, 400, rügt daher wohl zu Unrecht die schwergewichtige Befassung des *Mitbestimmungsurteiles* und der verfahrensvorbereitenden Gutachten mit der *mitbestimmten Aktiengesellschaft:* Sie ist eben kraft Gesetzes der Grundtypus der gesellschaftsrechtlichen Mitbestimmung, von dem aus ihre Verfassungsprobleme zunächst grundsätzlich zu klären sind.

[564] Im Gegenteil! Das MitbestG nimmt sogar selbst auf die untergesetzliche („autonome") Rechtsformenvielfalt Bezug, ohne in irgendeiner Weise erkennen zu lassen, daß es hieran etwas ändern wollte; vgl. dazu insbes. § 25 Abs. 2 MitbestG, wonach (neben gesellschaftsrechtlichen Sonderbestimmungen) auch Bestimmungen der *Satzung* (Statut, Gesellschaftsvertrag) und der *Geschäftsordnung* des Aufsichtsrates unberührt bleiben, soweit sie nicht dem MitbestG widersprechen.

[565] *Mitbestimmungsurteil* 323.

[566] So vor allem *Reich,* Die Stellung des Aufsichtsrats im mitbestimmten Unternehmen, in: MitbestG 173 ff.; *derselbe,* AuR 1976, 272; *Naendrup,* AuR 1977, 268 ff.; sehr weitgehend in diese Richtung auch *Vollmer,* ZGR 1979, 142 ff.

1. Der Grundsatz der „unterparitätischen Mitbestimmung"

Insbesondere kann keine Rede davon sein, daß § 25 Abs. 1 Ziff. 2 MitbestG den *Entscheidungsvorrang der Gesellschafterversammlung* nach dem mitbestimmungsrechtlichen Überleitungsverfahren ersatzlos aufgehoben habe[567]. Das BVerfG hielt es demgegenüber gerade zur Erläuterung der verfassungsmäßigen Mitbestimmungsregelung für die übrigen Gesellschaftstypen (außer der AG) für wesentlich, daß das MitbestG der Anteilsversammlung als oberstem Unternehmensorgan die Befugnis beläßt, *erheblichen Einfluß auf die Geschäftsführung* auszuüben[568].

dd) Die gesellschaftsrechtliche Organisationsfreiheit im Rahmen der zwingenden Vorschriften des Mitbestimmungsgesetzes ist vom Standpunkt des Verfassungsrechts keine *noch geduldete* Entwicklungsstufe eines unfertigen Mitbestimmungsstatutes[569], sondern gehört zum *Kern der grundrechtskonformen Mitbestimmungsregelung* des MitbestG[570]. Dies hat das BVerfG nicht nur durch die Befugnis der Anteilseignerseite bestätigt, ihr gesetzliches Übergewicht im Rahmen gesellschaftsrechtlicher Gestaltungsmöglichkeiten „abzusichern"[571]. Darüber hinaus hat das Gericht bei der Prüfung jedes einzelnen Grundrechtsanspruches dessen *organisatorischen Garantiegehalt* ausdrücklich hervorgehoben und die Bedeutung von *Organisation* und *Verfahren* für den Grundrechtsgebrauch besonders betont[572]. Vor allem die Grundrechte des *Eigentums,* der *Vereinigungsfreiheit* und *Berufs-(Unternehmer-)freiheit* der juristischen Person „Kapitalgesellschaft"[573] gewährleisten nach dem Mitbestimmungsurteil den vom MitbestG betroffenen Gesellschaften jenen rechtlichen Freiraum der inneren Organisation

---

[567] *Naendrup,* AuR 1977, 272; dagegen aber die zu Recht als „ganz herrschende Meinung" (*Vollmer,* ZGR 1979, 142; *Ulmer,* BB 1979, 401) bezeichnete Auffassung von: *Zöllner,* ZGR 1977, 324; *Säcker,* DB 1977, 1845; *Fitting / Wlotzke / Wissmann,* Kommentar zum MitbestG (1978²), § 25, Anm. 63; *Raiser,* MitbestG, § 25, Anm. 67; *Wiedemann,* BB 1978, 7; *Baumann,* ZHR 1978, 569; *Ballerstedt,* ZGR 1977, 153; *Overlack,* ZHR 141 (1977) 140 f.

[568] *Mitbestimmungsurteil* 346 unter ausdrücklichem Hinweis auf den von *Naendrup,* AuR 1977, 272, als „ersatzlos aufgehoben" fingierten § 46 Ziff. 6 GmbHG; im Hinblick auf die grundsätzliche Bedeutung dieser Aussage im Rahmen der Eigentumsprüfung halte ich die Aussage von *Ulmer,* BB 1979, 400 f., über die Vernachlässigung der GmbH-Probleme im *Mitbestimmungsurteil* („vordergründig", keine „verfassungsrechtlichen Wertungen") nicht für berechtigt.

[569] So ausdrücklich *Naendrup,* AuR 1977, 234, unter Bezugnahme auf die Kritik der Bundesregierung am *Mitbestimmungsbericht* (BT-Drs. VI/1151) und eine Stellungnahme des DGB zum Referentenentwurf eines GmbH-Gesetzes (1970).

[570] Siehe dazu auch die gründliche Analyse von *Reuter / Körnig,* ZHR, Bd. 140 (1976) 494 ff. (508 ff., 511), die ich im *Mitbestimmungsurteil* stärker verfassungsrechtlich bestätigt sehe (siehe die folgenden Hinweise im Text!) als *Ulmer,* BB 1979, 401.

[571] *Mitbestimmungsurteil* 324 f.

[572] Siehe die Hinweise bei III.4.c. mit Anm. 285 ff.

[573] Siehe IV.1.d. mit Anm. 382 ff.

V. Die Konsequenzen für die Mitbestimmungspraxis

und des Verfahrens der Willensbildung von Verfassungs wegen[574], der durch die gesellschaftsrechtlichen Dispositionsmöglichkeiten auch im Rahmen des Mitbestimmungsstatutes erhalten blieb[575].

c) Unter den dargestellten Bedingungen und Konsequenzen der unterparitätischen Mitbestimmung gehört es freilich zu den *wesentlichen* Zielsetzungen des MitbestG, Organisations- und Verfahrensformen zur *institutionalisierten Mitwirkung der Arbeitnehmer* zu schaffen[576]. Auch dieses eigentliche Mitbestimmungstelos des Gesetzes ist in der Verfassung verankert[577]. Freilich nicht in der Weise, daß es in Grundrechten der Arbeitnehmer oder einem Verfassungsgrundsatz als Gesetzesauftrag zwingend gefordert wäre oder unmittelbar kraft Verfassungsrechts die Grundrechtssphäre der Anteilseigner begrenzte[578], sondern dadurch, daß es die gesteigerte *Sozialpflichtigkeit des Großunternehmens* als auf die Mitwirkung der Arbeiter angewiesener Grundrechtsgebrauch unabdingbar begründet[579].

Diese vom BVerfG bei jeder einzelnen Grundrechtsprüfung wiederholte und konkretisierte verfassungsrechtliche Wertung und Einordnung des Mitbestimmungstelos muß auch die dogmatische Grundlage für eine *verfassungskonforme* Auflösung des eingangs dargestellten Zielkonfliktes im Mitbestimmungsgesetz und seine organisatorische Durchführung in der Praxis bilden: Wenn auch die Qualität gesellschaftsrechtlicher Organisationsmaßnahmen als *Grundrechtsgebrauch der Gesellschaft* — und gesellschaftsrechtlich vermittelt: *der Anteilseigner* — prinzipiell durch das MitbestG nicht verändert oder gar auf-

---

[574] Siehe IV.2.b. mit Anm. 411 ff.
[575] Siehe die Hinweise bei Anm. 463 ff.
[576] Im verfassungsrechtlichen Grundansatz dürfte auch *Naendrup*, AuR 1979, insb. 231 und 271 damit übereinstimmen, wenn er betont — was richtig ist —, daß das MitbestG „sehr material an Letztwertentscheidungen zum Grundrechtsschutz ausgerichtet" ist und als *verfassungskonforme Auslegung* „die Lösung der Grundrechtskollision zwischen den Anteilseignerfreiheiten der Art. 12 Abs. 1, 14 Abs. 1 Satz 1 GG und den Arbeitnehmergrundrechten aus Art. 1 Abs. 1 und 2 Abs. 1 GG" sucht. Es scheint nur, daß er die Grundrechtsbezogenheit des Gesellschaftsrechts und der Privatautonomie in den von ihm zitierten Grundrechten der Anteilseigner nicht genug gewichtet hat.
[577] Als unrichtig muß es im Lichte der Begründung des *Mitbestimmungsurteils* erscheinen, das MitbestG inhaltlich überhaupt nicht auf die dadurch geschützten materiellen Werte des Grundrechtsschutzes der Arbeitnehmer (Art. 2, 12, 9 Abs. 3) und die gesellschaftspolitischen Zielsetzungen der Mitbestimmung (Kooperation, Integration, Sicherung der Marktwirtschaft usw.) zu beziehen (siehe insbes. *Mitbestimmungsurteil* 349 und 351), sondern als „formales Organisationsrecht" auszulegen. Die materielle Bedeutung von Organisation und Verfahren, die in dieser Untersuchung stets betont wurde (siehe insbes. Anm. 285 ff.), muß auch für die Auslegung der Mitbestimmungsrechte beachtet werden.
[578] Siehe dazu die Hinweise in Anm. 281.
[579] So ausdrücklich — unter Zurückweisung aller *unmittelbaren* verfassungsrechtlichen Begründungen der unternehmerischen Mitbestimmung — *Mitbestimmungsurteil* 349.

1. Der Grundsatz der „unterparitätischen Mitbestimmung"

gehoben wurde[580], kann ihre besondere Sozialbindung im Mitbestimmungstelos seit dem Mitbestimmungsurteil des BVerfG nicht mehr bezweifelt werden.

Unternehmerische Mitbestimmung wird damit von der Verfassung her gesehen zwar nicht als „sozialpartnerschaftliches Selbstverwaltungsrecht" konzipiert[581], aber als *inhaltliche Sozialbindung des grundrechtlich verankerten Organisationsrechtes in Richtung einer konsequenten institutionellen Beteiligung der Arbeitnehmer an den unternehmerischen Entscheidungen* verstanden. In eben diese Richtung ist nämlich die fast einhellige gesellschaftliche Wertentscheidung des Gesetzgebers im MitbestG — auf der Basis des Mitbestimmungsberichtes und der Ergebnisse des parlamentarischen Anhörungsverfahrens — gegangen, welche das BVerfG in allen Grundrechtsanalysen als verfassungsrechtlich zulässige *Grundwertung des Gesetzes* im Sinne des rechtsstaatlichen Verhältnismäßigkeitsgrundsatzes anerkannt hat[582].

Jede gesellschaftsrechtliche Gestaltung in Großunternehmen ist damit an der grundlegenden Wertentscheidung des MitbestG für einen mitbestimmungsrechtlich sozialgebundenen Grundrechtsgebrauch auszurichten, wenn sie dem gesetzlichen „Mitbestimmungstelos" entsprechen soll, das das BVerfG seiner Entscheidung zugrundegelegt hat[583]. Daß in dieser Wertentscheidung die im vorigen Abschnitt dargestellten organisatorischen Voraussetzungen der *unterparitätischen* Mitbestimmung als integrierender Bestandteil des Grundrechtsgebrauches enthalten sind, sei der Klarheit halber noch einmal ausdrücklich hervorgehoben.

---

[580] Es kann nach der vom BVerfG durchgängig festgehaltenen Anspruchs- und Schrankendogmatik der Grundrechtsauslegung kein Zweifel daran möglich sein, daß Mitbestimmung hier als *Schranke* der Grundrechte der Gesellschaften (Anteilseigner) als Unternehmensträger und nicht als „interessendualistisch" aufgebautes Unternehmensrecht und Grundlage einer neuartigen — über Anteilseigentümer und Arbeitnehmervertreter schwebenden — „unabhängigen und eigenverantwortlichen mitbestimmungsrechtlichen Leitungsmacht" der Unternehmensleitung verstanden wird (*Vollmer*, ZGR 1979, 140 ff.).

[581] So *Naendrup*, AuR 1977, 233; auch wenn der Ausdruck „*soziale Selbstverwaltung*" im Sinne von „gesellschaftlicher Selbstverwaltung" verstanden wird (zur Begriffsbildung vgl. *Pernthaler*, 3. ÖJT, Bd. I/3) scheint er für die Unternehmensverfassung auf der Grundlage des leicht unterparitätischen MitbestG in Verbindung mit dem privaten Eigentums- und Gesellschaftsrecht nicht angemessen, weil inhaltlich und formell-organisatorisch der typische Gemeinwohlbezug des Selbstverwaltungsbegriffes fehlt.

[582] Siehe insbes. *Mitbestimmungsurteil* 350 f. und dazu die Hinweise bei Anm. 372 - 374.

[583] „Mitbestimmungsfeindliche Maßnahmen" widersprechen demnach sicher dem allgemeinen Gesetzessinn des MitbestG; als solche sind jedoch weder — die rechtlich ausdrücklich vorbedachten — Konflikte mit den Arbeitnehmervertretern noch die Handhabung der gesellschaftsrechtlichen Organisations- und Verfahrensrechte der Anteilseigner und ihrer Organe anzusprechen, da auf den Fortbestand dieser Befugnisse sowohl der Gesetzgeber wie das BVerfG die spezifische „Ausgleichslösung" des MitbestG begründet hat.

2. Der Grundsatz von Kooperation und Integration

a) Mitbestimmung ist in der politischen Diskussion regelmäßig unter den Zielen einer verstärkten *Kooperation* von Arbeitnehmer- und Kapitaleignerinteressen und einer *Integration* der Arbeitnehmervertreter in den Prozeß der unternehmensleitenden Entscheidungen verstanden worden[584]. Auch das BVerfG erachtet diese Ziele im Rahmen der grundrechtlich gebotenen Güterabwägung als wichtige gesellschaftspolitische Zielsetzungen des Mitbestimmungsgesetzes, die im Gemeinwohl und nicht nur in reinem Gruppeninteresse der Beteiligten begründet seien[585]. Der Mitbestimmungsbericht hält diese Auswirkung für geeignet, die Marktwirtschaft politisch zu sichern, andere meinen, daß daraus sogar eine erhebliche Verbesserung des Wertes der Anteilsrechte und des Unternehmens resultiere[586].

b) Auf Kooperation sind aber auch die Verfahrens- und Organisationsbestimmungen des MitbestG angelegt, wenn sie grundsätzlich paritätische Vertretung im Aufsichtsrat und Zweidrittelmehrheit bei der Bestellung des Aufsichtsratsvorsitzenden und des gesetzlichen Vertretungsorganes vorschreiben[587]. Man hat daraus — in Verbindung mit der Praxis der Montanmitbestimmung — sogar geschlossen, daß das Gesetz, wenn schon nicht rechtlich, so doch faktisch von einem *Einigungszwang* der Kapitaleigner- und Arbeitnehmervertreter ausgehe und die Verfahren zur Pattauflösung durch die Anteilseignerseite in der Praxis kaum Bedeutung erlangen können, weil sie zu außergewöhnlichen Konfliktsituationen führen müssen[588]. Muß man daher von einer *Rechtspflicht zur Kooperation* und zum einschränkenden Gebrauch des leichten Übergewichtes der Anteilseignerseite im Interesse einer „friedlichen Integration" durch Mitbestimmung ausgehen[589]?

c) Das BVerfG hat diese Auffassung als *rechtlich* nicht begründet ausdrücklich zurückgewiesen[590]. Der Gebrauch der organisatorischen Sicherungen des leichten Übergewichts der Anteilseignerseite ist weder

---

[584] Siehe statt aller: *Mitbestimmungsbericht* 67, 95; *Schwerdtfeger*, Unternehmerische Mitbestimmung 100 ff.
[585] *Mitbestimmungsurteil* 350 f., 360, 365 f.
[586] *Stein*, Qualifizierte Mitbestimmung 60 ff.
[587] Siehe §§ 7, 27, 31 MitbestG; *Mitbestimmungsurteil* 329: „Zwar ist das Mitbestimmungsgesetz auf Kooperation angelegt ..." In diesem Sinne waren auch schon die rechtspolitischen Vorschläge des *Mitbestimmungsberichtes* 96 ff. konzipiert, die „mit dem MitbestG in wesentlichen Zügen übereinstimmen" (*Mitbestimmungsurteil* 335).
[588] Dies ist eine der maßgebenden Argumentationsreihen des *Kölner Gutachtens* 31 f., 53 ff. u. ä.
[589] So insbes. *Reich*, AuR 1976, 269; *Kittner / Fuchs / Zachert*, Arbeitnehmervertreter, Rdnr. 1191 f.
[590] *Mitbestimmungsurteil* 323 ff. insbes. 329 f.

2. Der Grundsatz von Kooperation und Integration

ein Rechtsmißbrauch noch ein *außergewöhnliches* Instrument der Unternehmensleitung, seine mögliche Sicherung durch gesellschaftsrechtliche Gestaltungen ist sogar ausdrücklich als Argument für die Grundrechtsmäßigkeit des MitbestG bezeichnet[591]. Handhabung der Eigentümerbefugnisse ist daher genausowenig ein „Unterlaufen der Mitbestimmung" wie die konsequente Handhabung der Mitbestimmungsrechte der Arbeitnehmer. Aber auch die Spaltung der beiden „Bänke" und daraus folgende wechselnde Mehrheiten auf Kosten der einen oder anderen Seite ist verfassungsrechtlich nicht zu beanstanden[592], weil es einzig auf das *rechtliche* Übergewicht der Anteilseignerseite ankommt.

d) Daraus folgt, daß Integration und Kooperation wohl gesetzlich angestrebte Ziele der Mitbestimmung sein mögen, konkrete *Rechtspflichten* für ein „mitbestimmungsfreundliches" Verhalten der Anteilseignerseite im Sinne eines Verzichtes auf Einsatz ihres rechtlichen *Entscheidungspotentiales* daraus aber nicht abgeleitet werden können[593].

Auch eine Rechtspflicht der Arbeitnehmerseite zur *Kooperation* mit den Anteilseignern besteht nicht[594]. Die gesetzliche Verpflichtung der Arbeitnehmervertreter auf das *Unternehmensinteresse* — die das BVerfG mehrfach als Indiz der Verfassungsmäßigkeit des MitbestG heranzieht[595] — bedeutet selbstverständlich keine inhaltliche Bindung an die Unternehmenspolitik der Anteilseignerseite, sondern im Lichte des Mitbestimmungszieles gerade umgekehrt die Verpflichtung bei der Gestaltung der Unternehmenspolitik soziale Gesichtspunkte im Interesse der von ihnen vertretenen Arbeitnehmer einzubringen[596]. Aus diesem Grunde schließt selbst das BVerfG mögliche Auseinandersetzungen um die *konkrete Formulierung* des Unternehmensinteresses

---

[591] *Mitbestimmungsurteil* 323 f.
[592] So ausdrücklich: *Mitbestimmungsurteil* 345 f.
[593] *Ulmer*, BB 1979, 398, weist zu Recht darauf hin, daß das BVerfG „die so umschriebenen Vorrechte der Anteilseignerseite ... mit dem vom Gesetzgeber verfolgten ‚Mitbestimmungstelos' für durchaus vereinbar hält"; in diesem Sinne betont auch *Naendrup*, AuR 1977, 226, durchaus zu Recht die reguläre prozessuale Bedeutung der Eigentümervorrechte neben dem von ihm noch viel weitergehend angenommenen „Mitbestimmungstelos" des MitbestG.
[594] Insofern viel zu weitgehend: *Berlit / Dreier / Uthmann*, Kritische Justiz 1979, 180 und *Aschke*, DuR 1979, 171 ff., die von einer im Mitbestimmungsurteil formulierten „Wohlverhaltenspflicht der Arbeitnehmer" bzw. „Integrationspflicht" als Voraussetzung der Verfassungsmäßigkeit ausgehen; vgl. demgegenüber klar: *Mitbestimmungsurteil* 329: „(Das MitbestG) sucht loyale Zusammenarbeit zu ermöglichen und anzuregen, ohne jedoch sicher sein zu können, daß sie sich in den Unternehmen tatsächlich einstellt ..."
[595] Vgl. insbes. im Zusammenhang mit der Koalitionsfreiheit: *Mitbestimmungsurteil* 374 f.
[596] So schon der *Mitbestimmungsbericht* 66 ff., 76 ff., 102 f.

keinesfalls aus[597]. Auch hierin äußert sich die realistische Grundtendenz des MitbestG, Kooperation und Integration nötigenfalls durch *rechtliche Entscheidung* herbeizuführen[598]. Darin kann nach allen bisherigen Ausführungen um so weniger eine rechtliche oder eine ideelle Überschreitung des „*Mitbestimmungstelos*" dieses Gesetzes erblickt werden, als nach allen Begründungen des BVerfG gerade in dieser Möglichkeit die Verfassungsmäßigkeit des MitbestG beschlossen liegt.

3. Prognose und verfassungsrechtliche Kontrolle der Mitbestimmungspraxis

a) In allen entscheidenden Begründungen des BVerfG taucht die Berufung auf „*vertretbare*" Prognosen des Gesetzgebers auf, das MitbestG werde eine bestimmte faktische Auswirkung haben oder nicht haben[599]. Diese Annahmen über verfassungsrelevante künftige Entwicklungen reichen außerordentlich weit; sie betreffen teils das Unternehmen in seiner inneren und äußeren Struktur, teils besondere gesellschaftliche und ökonomische Tatbestände innerhalb der Gesamtwirtschaft und Gesamtgesellschaft, teils aber auch diese als Gesamtsystem.

aa) Das *Unternehmen* betreffende Prognosen beziehen sich etwa auf[600]:

(1) Die Auswirkung der Mitbestimmung in Richtung einer verstärkten Kooperation und Integration.

(2) Die wechselseitige Loyalität der Mitbestimmungspartner.

---

[597] Vgl. außer *Mitbestimmungsurteil* 329 insbes. ebenda 374 f., wo deutlich wird, daß „Unternehmensinteresse" von Arbeitnehmerseite und Anteilseignerseite legitimerweise durchaus verschieden ausgelegt werden kann; „*Unternehmensinteresse*" wird damit — ähnlich wie das „Gemeinwohl" — zum Ergebnis eines zu seiner Formulierung legitimierten Entscheidungsorganes bzw. -verfahrens. So im Prinzip durchaus zutreffend: *Laske*, Unternehmensinteresse und Mitbestimmung, ZGR 1979, 173 ff. (196 ff.).

[598] Hierin sind auch die im Zuge des parlamentarischen Anhörungsverfahrens formulierten Bedenken über die Notwendigkeit einer „*Pattauflösung*" zur Sicherung der Funktionsfähigkeit des Unternehmens eingeflossen; vgl. die Hinweise bei Anm. 154.

[599] Siehe dazu die allgemeinen verfassungsdogmatischen Hintergründe dieses judikativen Standards unter III.3. dieser Untersuchung.

[600] Die nachfolgenden Prognosen finden sich konzentriert in: *Mitbestimmungsurteil* 331 ff., verstreut aber auch im Zusammenhang mit der Tatbestandsanalyse der Unterparität (*Mitbestimmungsurteil* 323 ff.) und den einzelnen Grundrechtsanalysen, die dort jeweils im Zusammenhang der Argumentation des BVerfG angeführt wurden. Über den sachlichen Zusammenhang dieser Prognosefeststellungen mit den fachwissenschaftlichen Auseinandersetzungen um die Mitbestimmung und den Stellungnahmen in parlamentarischen Anhörungsverfahren siehe die Abschnitte II.2. und 3. dieser Untersuchung.

3. Verfassungsrechtliche Kontrolle der Mitbestimmungspraxis

(3) Die Effizienz der Willensbildung und Entscheidungsprozesse in den unternehmensleitenden Organen.
(4) Die Wahrung des Unternehmensinteresses durch Arbeitnehmervertreter.
(5) Die Milderung des Betriebsegoismus durch Gewerkschaftsvertreter als Mitbestimmungsorgane.
(6) Die Unabhängigkeit der Unternehmen von Gewerkschaftseinfluß insbes. im Rahmen ihrer Funktionen als „Sozialpartner".
(7) Die ökonomische Funktionsfähigkeit des Unternehmens, insbesondere seine Orientierung am Rentabilitätsprinzip.
(8) Die Erhaltung des Vermögenswertes und der Rentabilität des Anteilseigentums.
(9) Die Ergänzung der ökonomischen Legitimation des Unternehmens durch eine soziale, an den Interessen der Arbeitnehmer orientierte.
(10) Die dadurch erreichte „Milderung der Abhängigkeit und Fremdbestimmung der Arbeitnehmer".

bb) Prognosen über soziale (ökonomische) *Gesamtbeziehungen* betreffen etwa[600]:
(1) Die Kapitallenkungsfunktion der Aktien.
(2) Die innere Struktur der Arbeitgeberverbände.
(3) Die Funktionsfähigkeit des Tarifvertragssystemes.
(4) Die Auswirkung der Mitbestimmung in Richtung einer „sinnvollen Ordnung und Befriedung des Arbeitslebens".
(5) Die politische Sicherung der Marktwirtschaft.
(6) Die Bewährung der Mitbestimmung unter radikal veränderten gesamtwirtschaftlichen Bedingungen.
(7) Die Auswirkungen der Mitbestimmung auf die nationale und internationale Verflechtung und Abhängigkeit der Unternehmen.

b) Das BVerfG hat seine Entscheidung in zweifacher Hinsicht bewußt im Lichte dieser nahezu unübersehbaren faktischen Auswirkungen des MitbestG[601] getroffen und sie damit in die Frage der *Verfassungsmäßigkeit der Regelung* einbezogen:

aa) Indem das Gericht bei jeder *einzelnen* Grundrechtsprüfung die dafür maßgebenden Sachverhalte nicht als Fakten, sondern als Prognosen des Gesetzgebers qualifiziert und damit die zukünftige Entwicklung der selbständigen richterlichen Überprüfung eröffnet hat[602] und

---

[601] So vor allem *Mertens*, RdA 1975, 89 ff. (94 f.), auf den sich das *Mitbestimmungsurteil* 332 ausdrücklich bezieht.

V. Die Konsequenzen für die Mitbestimmungspraxis

bb) indem es die Verantwortung des Gesetzgebers, aber auch des überprüfenden Verfassungsgerichtes für die ganz unabsehbaren *Dimensionen* der möglichen Verfassungseingriffe stets in besonderer Weise betont hat[603] und daher dem Ausschluß jedmöglichen verfassungsrechtlichen Zweifels besonderen Wert zugemessen hat. Auch unter diesem Gesichtswinkel ist das Urteil über die Verfassungsmäßigkeit der leicht *unterparitätischen Mitbestimmung* zu sehen, die der Gesetzgeber selbst schon in außerordentlich vorsichtigen Sachbeurteilungen und Prognosen begründet hat[604] und auf dieser Grundlage vom Gericht im Hinblick auf die gerade noch übersehbaren Verfassungskonsequenzen der Regelung als eine „vertretbare Prognoseentscheidung" aufgefaßt und begründet wurde[605].

c) Eine weitere Konsequenz der Prognose-Dimensionen des MitbestG und des Mitbestimmungsurteiles sind die dadurch eröffneten Möglichkeiten der *Korrektur* und *Kontrolle* der tatsächlichen Entwicklung unter verfassungsrechtlichen Gesichtspunkten.

aa) Mit Recht ist darauf hingewiesen worden, daß die theoretisch angenommenen Korrekturmöglichkeiten des MitbestG aus politischen Gründen *praktisch limitiert* sind: Eine Aufhebung oder auch nur eine wesentliche Einschränkung eines einmal erreichten sozialen Besitzstandes durch den demokratischen Gesetzgeber ist in aller Regel undenkbar[606]. Auch unter diesem Gesichtspunkt ist die „Vorsicht" des

---

[602] Vgl. dazu BVerfGE 16, 147 (188); 30, 250 (263); 33, 171 (189), u. a., wo das Unterlassen einer späteren Überprüfung und Differenzierung trotz ausreichenden Erfahrungsmaterials als Grund für eine verfassungsrechtliche Beanstandung genannt wird; vgl. dazu insbes. *Ossenbühl*, in: FS BVerfG I (1976) 517 f.; *Pestalozza*, ebenda 541 ff. und (kritisch) *Aschke*, DuR 1979, 174 („embryonale Grundgesetzwidrigkeit"); *Berlit / Dreier / Uthmann*, Kritische Justiz 1979, 180 f.

[603] Siehe dazu insbes. *Mitbestimmungsurteil* 331 ff. (333): „Das MitbestG bewirkt wesentliche Veränderungen auf dem Gebiet der Wirtschaftsordnung. Es unterscheidet sich von wirtschaftslenkenden Gesetzen anderer Art durch seinen weitreichenden Inhalt, teilt mit diesem aber die Bezogenheit auf Tatbestände, die rascheren Wandlungen unterliegen als andere, denen eine relativ größere Konstanz eignet. Das Gesetz regelt einen Ausschnitt komplexer schwer übersehbarer Zusammenhänge, diese hängen ihrerseits von Faktoren einer nicht auf die Bundesrepublik beschränkten Entwicklung ab, die sich zuverlässiger Einschätzung entziehen."

[604] Siehe dazu den Bericht des Ausschusses für Arbeit und Sozialordnung über das MitbestG, BT-Drs. 7/4845, 8, wo die schließlich gewählte Lösung des Gesetzes ausdrücklich mit den Bedenken der Sachverständigen im Anhörungsverfahren und der Vermeidung „rechtlicher Risiken" begründet wurde.

[605] *Mitbestimmungsurteil* 334 f., wo die Prognose der Funktionsfähigkeit des Unternehmens unter ausdrücklichem Hinweis auf die gleichlautende Begründung im Hochschulurteil (BVerfGE 35, 79, 142 f.) mit dem „*leichten Übergewicht der Anteilseignerseite im Aufsichtsrat*" begründet wurde; das Gericht folgt damit voll und ganz der Begründungslinie des *Mitbestimmungsberichtes* 100 ff. (102) für die leichte Unterparität der Mitbestimmung.

3. Verfassungsrechtliche Kontrolle der Mitbestimmungspraxis

Gesetzgebers im Hinblick auf das MitbestG und seine Entscheidung für die leicht unterparitätische Mitbestimmung zu beurteilen.

bb) Kommt demnach eine *Aufhebung* des MitbestG als Instrument einer Prognosekorrektur aus politischen Gründen schon deshalb von vornherein nicht in Betracht, weil die Mitbestimmung an sich der nahezu einhelligen gesellschaftlichen Wertvorstellung einer zeitgemäßen Unternehmensorganisation entspricht[607], so sind *ergänzende* oder *korrigierende* Maßnahmen, die sich aus einer Revision der Prognosen des Gesetzgebers ergeben, nicht ausgeschlossen[608]. Aus diesem Grunde müssen die vom BVerfG freigelegten *prognostischen* Grundlagen des MitbestG sorgfältig und laufend kontrolliert werden, ob sie den vom Gesetzgeber angenommenen günstigen Verlauf nehmen[609]. Andernfalls würde das unkorrigiert weitergeltende MitbestG durch Änderung seiner realen Voraussetzungen *verfassungswidrig werden*, wobei in diesem Falle sich — wegen des geänderten Tatbestandes — niemand auf die Rechtskraftwirkung des Mitbestimmungsurteiles oder die Stichhältigkeit seiner Begründung berufen könnte.

cc) Die verfassungsrechtliche Kontrolle der faktischen Voraussetzungen und Auswirkungen des MitbestG — d. h. über die Realisierung der Prognosen, die Verfassungsmäßigkeit tragen — reicht indessen über die Korrekturverpflichtung des Gesetzgebers noch hinaus: Sie bedingt eine laufende Beobachtung und Überprüfung der *Mitbestimmungspraxis* im Hinblick auf die dabei im Spiele stehenden Grundrechte und Verfassungsprinzipien. Wenn es sich nämlich herausstellt, daß eine bestimmte Prognose des Gesetzgebers — etwa über die Entscheidungsbildung und Funktionsfähigkeit des Unternehmens — nur unter bestimmten Voraussetzungen oder bei einer bestimmten Rechtsauslegung gewährleistet sind, gehören diese unabdingbar zur Verfassungsmäßigkeit der Gesetzesanwendung. Alle Fachgerichte und staatlichen Verwaltungsorgane sind insofern zur *laufenden „Prognosekontrolle"* im Dienste einer verfassungskonformen Handhabung des Mitbestimmungsgesetzes verpflichtet[610].

---

[606] *Mertens*, RdA 1975, 95 f.; *Stern*, BT-Ausschuß für Arbeit und Sozialordnung, Sten Prot 7/62, 121; *Zacher*, ebenda 22; *Ossenbühl*, FS BVerfG I (1976) 513; *Kölner Gutachten* 280 f.; *Meesen*, NJW 1979, 837.

[607] Siehe dazu die Hinweise oben bei Anm. 23 f. und 371 - 374.

[608] So ausdrücklich: *Mitbestimmungsurteil* 336, 352 und 377 f.

[609] Dies erkennen — unter negativen Vorzeichen — an sich sehr treffend: *Berlit / Dreier / Uthmann*, Kritische Justiz 1979, 180; *Aschke*, DuR 1979, 173 f.

[610] In diesem Sinne vor allem: *Ulmer*, BB 1979, 398 f. unter richtigem Hinweis auf die Sanktion *erneuter Verfassungsbeschwerden* gegen nicht verfassungskonforme Auslegungen des MitbestG und der Mitbestimmungspraxis durch die Fachgerichte; richtig weist auch *Aschke*, DuR 1979, 172, darauf hin, daß „die Ausgestaltung einer Mitbestimmungsregelung im Detail nun zur Verfassungsfrage geworden ist".

Literaturverzeichnis

Aschke: Mitbestimmung und Integration, DuR 1979, 166 ff.

Auffarth: Zur Bedeutung der Beteiligungsrechte des Betriebsrates nach dem Betriebsverfassungsgesetz 1972 für eine paritätische Mitbestimmung der Arbeitnehmer auf Unternehmensebene, RdA 1976, 2 ff.

Badura: Grundfreiheiten der Arbeit, FS Berger (1973) 11 ff.
— Der Regierungsentwurf eines Mitbestimmungsgesetzes, ZfA 1974, 357 ff.
— Das Prinzip der sozialen Grundrechte und seine Verwirklichung im Recht der Bundesrepublik Deutschland, Der Staat 1975, 17 ff.
— Unternehmerische Mitbestimmung, soziale Selbstverwaltung und Koalitionsfreiheit, RdA 1976, 275 ff.
— Grundprobleme des Wirtschaftsverfassungsrechts, JuS 1976, 205

Badura / Rittner / Rüthers: Mitbestimmungsgesetz 1976 und Grundgesetz. Gemeinschaftsgutachten (1976)
(zit.: *Kölner Gutachten*)

Ballerstedt: Das Mitbestimmungsgesetz zwischen Gesellschafts-, Arbeits- und Unternehmensrecht, ZGR 2/1977, 134 ff.

Benda: Industrielle Herrschaft und sozialer Staat (1966)

Berlit / Dreier / Uthmann: Mitbestimmung unter Vorbehalt?, Kritische Justiz 1979, 173 ff.

Bieback: Grundrechtliche Freiheit und paritätische Mitbestimmung, in: Mayer / Reich (Hgg.), Mitbestimmung contra Grundgesetz (1975) 11 ff.

Bieback / Däubler / Fabricius: MitbestG (1976)

Biedenkopf: Auswirkungen der Unternehmensverfassung auf die Grenzen der Tarifautonomie, FS Kronstein (1967) 97 ff.
— Mitbestimmung im Unternehmen, RdA 1970, 129 ff.
— Anmerkungen zum neuen Betriebsverfassungsgesetz, FS Kaufmann (1972) 91 ff.

Bleckmann: Allgemeine Grundrechtslehren (1979)

Blücher: Integration und Mitbestimmung (1966)

Böckenförde: Grundrechtstheorie und Grundrechtsinterpretation, NJW 1974, 1529 ff.
— Die Methoden der Verfassungsinterpretation — Bestandsaufnahme und Kritik, NJW 1976, 2089 ff.

Böhm: Das wirtschaftliche Mitbestimmungsrecht der Arbeiter im Betrieb, Ordo IV (1951) 21 ff.

Böhm / Briefs (Hgg.): Mitbestimmung — Ordnungselement oder politischer Kompromiß (1971)

Literaturverzeichnis

Breuer: Legislative und administrative Prognoseentscheidungen, Der Staat 1977, 21 ff.

Brinkmann-Herz, D.: Entscheidungsprozesse in den Aufsichtsräten der Montanindustrie. Eine empirische Untersuchung über die Eignung des Aufsichtsrates als Instrument der Arbeitermitbestimmung (1972)

Brinkmann-Herz / Prim / Rölke: Bedeutung und Arbeit der Mitbestimmungskommission, Die neue Ordnung 6/1969, 442 ff.

Buchner: Das wirtschaftliche Mitbestimmungsrecht nach dem Betriebsverfassungsgesetz in seinem Verhältnis zur Forderung nach qualifizierter Mitbestimmung, Die Aktiengesellschaft 1970, 127 ff.

Bundesvereinigung der deutschen Arbeitgeberverbände: „Zum Mitbestimmungsurteil des Bundesverfassungsgerichts vom 1. März 1979"

Chlosta: Der Wesensgehalt der Eigentumsgewährleistung (1975)

Däubler: Das Grundrecht auf Mitbestimmung (1973)

— Das Arbeitsrecht (1976)

Dietz: Das wirtschaftliche Mitbestimmungsrecht (1958)

— Die Koalitionsfreiheit, in: Bettermann / Nipperdey / Scheuner, Die Grundrechte III/1 (1958) 417 ff.

Ebsen: Paritätische Mitbestimmung und Grundgesetzinterpreten, Neue Politische Literatur 1976, 302 ff.

Eichenberger: Sachkunde und Entscheidungskompetenz in der Staatsleitung, FS Tschudi (1973) 3 ff.

Erdmann: Die Bedeutung des Betriebsrates für die unternehmerische Entscheidung, RdA 1976, 87 ff.

Fitting / Wlotzke / Wissmann: Mitbestimmungsgesetz (1978²)

Fleischmann: Mitbestimmung und wirtschaftliche Leistungsfähigkeit, in: Vetter (Hg.), Mitbestimmung, Wirtschaftsordnung, Grundgesetz (1976) 92 ff.

Frankfurter Gutachten: siehe *Kübler / Schmidt / Simitis*

Friauf / Wendt: Eigentum am Unternehmen (1977)

Friedmann: Unterbewertete Aspekte der paritätischen Mitbestimmung (1970)

Füsslein: Vereins- und Versammlungsfreiheit, in: Neumann / Nipperdey / Scheuner, Die Grundrechte, Bd. II (1954) 425 ff.

Galbraith: Die moderne Industriegesellschaft (1968)

Galperin: Die Grenzen der Mitbestimmung, BB 1951, 257 ff.

— Eine neue Betriebsverfassung, BB 1971, 137

Gaugler: Betriebswirtschaftliche Komponenten des Mitbestimmungsgutachtens, in: Böhm / Briefs (Hgg.), Mitbestimmung — Ordnungselement oder politischer Kompromiß (1971) 109 ff.

George: Mitbestimmung nach Biedenkopf, Dialog 2/1970, 10 ff.

Giese: Mitbestimmung und Eigentum (1951)

Giese / Boesebeck: Rechtsgutachten über Fragen des Mitbestimmungsrechts (1951)

Grasmann: Die paritätische Mitbestimmung, Beilage 21/75 zu DB 1975, 18 ff.

Gromoll: in: Mayer / Stuby (Hgg.), Die Entstehung des Grundgesetzes 1976, 112 ff.

Hanau: Was bedeutet paritätische Mitbestimmung für das kollektive Arbeitsrecht, BB 1969, 760 ff.

— Arbeitsrechtliche Probleme der paritätischen Mitbestimmung, BB 1969, 1497 ff.

— Lösungsmöglichkeiten mitbestimmungsbedingter Interessenskonflikte, RdA 1975, 23 ff.

Hartmann: Mitbestimmung im Unternehmen: Eine Institution auf dem Prüfstand, Zeitschrift für Rechtspolitik 1970, 85 ff.

Hesse, E.: Die Bindung des Gesetzgebers an das Grundrecht des Art. 2 I GG bei der Verwirklichung einer „verfassungsmäßigen Ordnung" (1968)

Hestermann: Eigentum und Mitbestimmung (1959) 167

Hölters: Satzungsgestaltung und Organisationsstruktur von Unternehmen bei Einführung der qualifizierten Mitbestimmung, BB 1975, 797 ff.

Hondrich: Mitbestimmung und Funktionsfähigkeit von Unternehmen, in: Vetter (Hg.), Mitbestimmung, Wirtschaftsordnung, Grundgesetz (1976) 126 ff.

Huber, E. R.: Wirtschaftsverwaltungsrecht II (1954) 573

— Der Streit um das Wirtschaftsverfassungsrecht, DÖV 1956, 97 ff., 135 ff., 173

— Grundgesetz und wirtschaftliche Mitbestimmung (1970)

— Die erweiterte wirtschaftliche Mitbestimmung und der Verfassungsstaat, FS Kaufmann (1972) 237 ff.

Huber, H.: Das Gemeinwohl als Voraussetzung der Enteignung, ZSR NF 84 (1965), 1. Halbband, 39 ff.

Hueck, A.: Mitbestimmung und Aufsichtsrat, DB 1951, 166 ff.

Imboden: Bedeutung und Problematik juristischer Gutachten, FS Gutzwiller (1959) 503 ff.

Ipsen: Enteignung und Sozialisierung, VVDStRL 10 (1952) 74 ff.

— Rechtsfragen der Wirtschaftsplanung, in: Kaiser (Hg.), Planung II (1966) 95 ff.

Issensee: Wirtschaftsdemokratie — Wirtschaftsgrundrechte — soziale Gewaltenteilung, Der Staat 1978, 161 ff.

Jellinek, G.: System der subjektiven öffentlichen Rechte (1905[2])

Kimminich: Erläuterungen zu Art. 14 GG, Bonner Kommentar, Drittbearbeitung (1976)

Kitter: Zur verfassungsrechtlichen Zukunft von Reformpolitik, Mitbestimmung und Gewerkschaftsfreiheit, Gewerkschaftliche Monatshefte 1979, 321 ff.

Kittner / Fuchs / Zachert: Arbeitnehmervertreter im Aufsichtsrat, Teil I (1977)

Koch / Senghaas (Hgg.): Texte zur Technokratiediskussion (1970)

Kölner Gutachten: siehe *Badura / Rittner / Rüthers*

Koenigs: Grundsatzfragen der betrieblichen Mitbestimmung (1954)

Literaturverzeichnis

Körner, M.: Mitbestimmung der Arbeitnehmer als Instrument gesamtwirtschaftlicher Einkommenspolitik (1974)

Korsch: Mitbestimmung und Eigentum (1951)

Kötter: Mitbestimmungsrecht (1952)

Koubek / Küller / Scheiber-Lange: Betriebswirtschaftliche Probleme der Mitbestimmung (1974)

Krüger: Der Regierungsentwurf eines Betriebsverfassungsgesetzes vom 29. Jänner 1971 und das Grundgesetz (1971)

— Paritätische Mitbestimmung, Unternehmensverfassung, Mitbestimmung der Allgemeinheit (1973)

Kübler / Schmidt / Simitis: Mitbestimmung als gesetzgebungspolitische Aufgabe. Zur Verfassungsmäßigkeit des Mitbestimmungsgesetzes 1976 (1978) (zit.: *Frankfurter Gutachten*)

Küchenhoff: Mitbestimmung und Grundrechte, DÖV 1952, 453 ff.

Kunze: Vereinbarkeit von Mitbestimmung und Tarifautonomie, BB 1971, 356

— Unternehmensrechtsreform (1976) 24 f.

Küpper: Grundlagen einer Theorie der betrieblichen Mitbestimmung (1974)

Langner: Rechtsposition und praktische Stellung des Aufsichtsrates im unternehmerischen Entscheidungsprozeß (1972)

Laske: Unternehmensinteresse und Mitbestimmung, ZGR 1979, 173 ff.

Leisner: Sozialbindung des Eigentums (1972) 63 ff.

Lerche: Grundrechtsverständnis und Normenkontrolle in Deutschland, in: Vogel (Hg.), Grundrechtsverständnis und Normenkontrolle (1979) 218 f.

Liffers: Privateigentum und Mitbestimmung, Bergbau und Wirtschaft 1952, 182

Loderer: Unser Kampf wird weitergehen, Metall, Heft 6/1979, 3 ff.

Martens: Öffentlich als Rechtsbegriff (1969) 169 ff., 185 f.

— Allgemeine Grundsätze zu Anwendbarkeit des Mitbestimmungsgesetzes, Die Aktiengesellschaft 1976, 113 ff.

Maunz / Dürig / Herzog / Scholz: GG. Erläuterungen zu Art. 12 GG (1968)

Meesen: Das Mitbestimmungsurteil des Bundesverfassungsgerichts, NJW 1979, 833 ff.

Mertens: Über politische Argumente in der verfassungsrechtlichen Diskussion der paritätischen Mitbestimmung, RdA 1975, 89 ff.

Mestmäcker: Zur gesellschaftsrechtlich organisierten Berufsfreiheit, FS Westermann, 411 ff.

— Über Mitbestimmung und Vermögensverteilung (1973)

— Mitbestimmung und Vermögensverteilung in der Marktwirtschaft, in: Harbusch / Wiek, Marktwirtschaft (1975) 279 ff.

Meyer: Schutz des Eigentums, Grundgesetz und paritätische Mitbestimmung, in: Mayer / Reich (Hg.), Mitbestimmung contra Grundgesetz (1975) 60 ff.

Mirkin-Getzewitsch, B.: Die Rationalisierung der Macht im neuen Verfassungsrecht, ZÖR 1929, 161 ff.

Müller, F.: Normstruktur und Normativität (1966)

Müller, F.: Normbereiche von Einzelgrundrechten in der Rechtsprechung des BVerfG (1968)
— Die Positivität der Grundrechte (1969)

Müller, G.: Zur Tariffähigkeit der unter das Mitbestimmungsgesetz Bergbau und Eisen fallenden Unternehmen (1953)
— Tarifvertrag und Mitbestimmung (1953)
— Gedanken zum Entwurf des Mitbestimmungsgesetzes, DB 1975, 205
— Das Mitbestimmungsteil des Bundesverfassungsgerichts vom 1. März 1979, DB 1979, Beilage 5/79 zu Heft 16/79, 205

Müller / Lehmann: Kommentar zum Mitbestimmungsgesetz Bergbau und Eisen (1952)

Naendrup: Mitbestimmung und Verfassung, Einleitung, Teil II, in: Fabricius, Gemeinschaftskommentar zum Mitbestimmungsgesetz (1977)
— Mitbestimmungsgesetz und Organisationsfreiheit, AuR 1977, 225 ff.

Neuloh: Der neue Betriebsstil (1960) 232 ff.

Nipperdey: Das Erfordernis der Gegnerfreiheit bei Koalitionen, namentlich im Öffentlichen Dienst, in: FS Möhring (1965) 87 ff.

Oberndorfer: Grundrechte und staatliche Wirtschaftspolitik, ÖJZ 1969, 449 ff.

Ossenbühl: Die Kontrolle von Tatsachenfeststellungen und Prognoseentscheidungen durch das Bundesverfassungsgericht, FS 25 Jahre BVerfG, Bd. I (1976) 458 ff.

Papier: Unternehmen und Unternehmer in der verfassungsrechtlichen Ordnung der Wirtschaft, VVDStRL 35 (1977) 56 ff.
— Mitbestimmungsgesetz und Verfassungsrecht, ZHR 142 (1978) 71 ff.
— Zur Verfassungsmäßigkeit der paritätischen Mitbestimmung unter historischen und entstehungszeitlichen Aspekten, Die AG 1978, 241 ff. und 285 ff.

Pernthaler: Die verfassungsrechtlichen Schranken der Selbstverwaltung, Verh. III. ÖJT, Bd. I/3, 7 f.
— Qualifizierte Mitbestimmung und Verfassungsrecht (1972)
— Assoziationsfreiheit als Möglichkeit der Entfaltung von Personen in der Gemeinschaft, in: Leisner (Hg.), Staatsethik (1977) 122 ff.

Pernthaler / Pallwein-Prettner: Die Entscheidungsbegründung des österreichischen Verfassungsgerichtshofes, in: Sprung (Hg.), Die Entscheidungsbegründung in europäischen Verfahrensrechten und im Verfahren vor internationalen Gerichten (1974) 209 ff.

Pestalozza: Kritische Bemerkungen zur Grundrechtsauslegung, Der Staat 2 (1963) 425 ff., 429
— „Noch verfassungsmäßige" und „bloß verfassungswidrige" Rechtslage, FS 25 Jahre BVerfG, Bd. I (1976) 458 ff.

Philippi: Tatsachenfeststellungen des BVerfG (1971)

Pirker / Braun / Lutz / Hammelrath: Arbeiter, Manager, Mitbestimmung (1955) 420 ff.

v. Plessen: Qualifizierte Mitbestimmung und Eigentumsgarantie (1969) 97 ff.

Prosi: Volkswirtschaftliche Auswirkungen des Mitbestimmungsgesetzes 1976 (1978)

Pross, H.: Manager und Aktionäre in Deutschland (1965)
Raisch: Mitbestimmung und Koalitionsfreiheit (1975)
Raiser: Marktwirtschaft und paritätische Mitbestimmung (1973)
— Grundgesetz und paritätische Mitbestimmung (1975)
— Das neue Mitbestimmungsgesetz, AuR 1976, 261 ff.
— Mitbestimmung im Betrieb und Unternehmen, FS Duden (1977) 423 ff.
— Mitbestimmungsgesetz (1977)
Ramm: Die Freiheit der Willensbildung (1960)
Reich: Eigentumsgarantie, paritätische Mitbestimmung und Gesellschaftsrecht, in: Mayer / Reich (Hgg.), Mitbestimmung contra Grundgesetz (1975) 41 ff.
— Das neue Mitbestimmungsgesetz, AuR 1976, 261 ff.
Richardi: Kritische Anmerkungen zur Reform der Mitbestimmung, DB 1971, 621 ff.
— Der Mitbestimmungsgedanke in der Arbeitsrechtordnung, JArbR, Bd. 13 (1976) 19 ff.
— Mitbestimmung — das nicht gelöste Ordnungsproblem, Die AG 1979, 29 ff.
Ridder: Zur verfassungsrechtlichen Stellung der Gewerkschaften im Sozialstaat nach dem Grundgesetz für die Bundesrepublik Deutschland (1960) 12 ff.
— Der Grundrechtsschutz des Eigentums, in: Spanner / Pernthaler / Ridder, Grundrechtsschutz des Eigentums (1977) 39 ff.
Riem: Die grundrechtliche Freiheit der arbeitsteiligen Berufsausübung, FS Ipsen (1977) 385 ff.
Rittner: Unternehmen und freier Beruf als Rechtsbegriff (1962)
— Die werdende juristische Person (1973)
— Unternehmensverfassung und Eigentum, FS Schilling (1973) 363 ff.
Roth: Das Treuhandmodell des Investmentrechts — Eine Alternative zur Aktiengesellschaft? (1972)
— Die Herrschaft der Aktionäre in der Publikums-AG als Gegenstand rechtssoziologischer Betrachtung, in: FS Paulick (1973) 81 ff.
Rupp: Grundgesetz und „Wirtschaftsverfassung" (1974)
— Vom Wandel der Grundrechte, AöR 101 (1976) 161 ff.
Rüthers: Arbeitsrecht und politisches System (1972)
— Arbeitgeber und Gewerkschaften — Gleichgewicht oder Dominanz, DB 1973, 1649 ff.
Schäffer: Verfassungsinterpretation in Österreich (1971)
Schnorr: Der Koalitionsbegriff in der Montanindustrie, RdA 1954, 168 f.
— Öffentliches Vereinsrecht (1965)
Scholz: Koalitionsfreiheit als Verfassungsproblem (1971)
— Paritätische Mitbestimmung und Grundgesetz (1974)
— Das Grundrecht der freien Entfaltung der Persönlichkeit in der Rechtsprechung des BVerfG, AöR 100 (1975) 80 ff.
— Mitbestimmung und Grundgesetz — Positionen zum Karlsruher Verfassungsstreit, NJW 1978, 2083 ff.

Schulz-Schaeffer: Der Freiheitssatz des Art. 2 Abs. 1 GG (1971)

Schwabe: Probleme der Grundrechtsdogmatik (1977)

Schwegler: Paritätische Mitbestimmung und Koalitionsfreiheit, AuR 1975, 27 ff.

Schwerdtfeger: Unternehmerische Mitbestimmung der Arbeitnehmer und Grundgesetz (1972)

— Mitbestimmung in privaten Unternehmen, Aktuelle Dokumente (1973)

— Zur Verfassungsmäßigkeit der paritätischen Mitbestimmung (1978)

Säcker: Grundprobleme der kollektiven Koalitionsfreiheit (1969)

— Die Instituts- und Betätigungsgarantie der Koalitionen im Rahmen der Grundrechtsordnung, in: JArbR, Bd. 12 (1975) 17 ff.

Seetzen: Der Prognosespielraum des Gesetzgebers, NJW 1975, 429 ff.

Serik: Rechtsform und Realität juristischer Personen (1955)

Spanner: Zur Verfassungskontrolle wirtschaftspolitischer Gesetze, DÖV 1972, 217 ff.

Stein, E.: Die Wirtschaftsaufsicht (1967)

— Qualifizierte Mitbestimmung unter dem Grundgesetz (1976)

Suhr: Eigentumsinstitut und Aktieneigentum (1966)

— Entfaltung der Menschen durch die Menschen (1976)

— Das Mitbestimmungsgesetz als Verwirklichung verfassungs- und privatrechtlicher Freiheit, NJW 1978, 2361 ff.

Thierfelder: Zur Tatsachenfeststellung durch das BVerfG, JA 1970, 879 ff.

Thüsing: Verfassungsbeschwerde — sachlich und politisch notwendig, der arbeitgeber 3/78

Ulmer: Die Bedeutung des Mitbestimmungsurteiles des Bundesverfassungsgerichts für die Auslegung von Mitbestimmungs- und Gesellschaftsrecht, BB 1979, 398 ff.

U. M. (= E. R. Huber): Wirtschaftliches Mitbestimmungsrecht und Enteignung, AöR 77 (1951/52) 366 ff.

Unterhinninghofen: MitbestG 1976

Vetter: Gewerkschaften und Mitbestimmung in der sozialstaatlichen Demokratie, in: Vetter (Hg.), Mitbestimmung 23 f.

— Der Mitbestimmungsbericht — Analyse, Kritik, Folgerungen (1970)

— (Hg.): Mitbestimmung, Wirtschaftsordnung, Grundgesetz. Protokoll der Wissenschaftlichen Konferenz des Deutschen Gewerkschaftsbundes vom 1. bis 3. Oktober 1975 in Frankfurt am Main (1976)

— Das neue Mitbestimmungsgesetz: Probleme und Aufgaben für die Gewerkschaften, AuR 1976, 257 ff.

Vogel: Videant Judices!, DÖV 1978, 665 ff.

Voigt: Die Mitbestimmung der Arbeitnehmer in den Unternehmungen, in: Voigt / Weddingen, Zur Theorie und Praxis der Mitbestimmung (1962) 87 ff.

Vollmer: Die mitbestimmte GmbH — gesetzliches Normalstatut, mitbestimmungsrechtliche Satzungsgestaltungen und gesellschaftsrechtlicher Minderheitenschutz, ZGR 1979, 135 ff.

Wahsner: Mitbestimmung, Koalitionsrecht und Streikrecht, Tarifautonomie, in: Mayer / Reich (Hgg.), Mitbestimmung contra Grundgesetz (1975) 87 ff.

Walter: Grundrechtsverständnis und Normenkontrolle in Österreich, in: Vogel (Hg.), Grundrechtsverständnis und Normenkontrolle (1979) 2 ff.

Weber, W.: Die sozialethischen Implikationen im Mitbestimmungsbericht der Sachverständigenkommission („Wertentscheidung"), in: Böhm / Briefs (Hgg.), Mitbestimmung 51 ff.

Weiss: Kollektivvertragliche Gestaltungsfunktion und Mitbestimmung, in: FS Vetter (1977) 293 ff.

Wilburg: Entwicklungen eines beweglichen Systems im bürgerlichen Recht (1950)

— Zusammenspiel der Kräfte im Aufbau des Schuldrechts, AcP 1963, 346 ff.

Wolff, H. J.: Organschaft und juristische Person I (1933)

Zacher: Der Regierungsentwurf eines Mitbestimmungsgesetzes und die Grundrechte des Eigentums, der Berufsfreiheit und der Vereinigungsfreiheit, in: FS Horst Peters (1975) 223 ff.

Zezschwitz: Das Gemeinwohl als Rechtsbegriff (1967)

Zöllner: Die Einwirkung der erweiterten Mitbestimmung auf das Arbeitsrecht, RdA 1969, 68 ff.

Zöllner / Seiter: Paritätische Mitbestimmung und Art. 9 Abs. 3 Grundgesetz, ZfA 1970, 97 ff.

Zweigert: Die Neutralität des Grundgesetzes gegenüber der paritätischen Mitbestimmung, in: Vetter (Hg.), Mitbestimmung, Wirtschaftsordnung, Grundgesetz (1976) 205 ff.

— Mitbestimmung und Grundlagen der Wirtschaftsverfassung (1978)

Printed by Libri Plureos GmbH
in Hamburg, Germany